Neu anfangen

Neu anfangen

Meg Kennedy Dugan, Roger R. Hock

Meg Kennedy Dugan
Roger R. Hock

Neu anfangen

nach einer Misshandlungsbeziehung

Aus dem Englischen von Katharina Schröder
und Angelika Pfaller

2., überarbeitete Auflage

hogrefe

Bibliografische Information der Deutschen Nationalbibliothek
Die Deutsche Nationalbibliothek verzeichnet diese Publikation in der Deutschen Nationalbibliografie; detaillierte bibliografische Daten sind im Internet über http://www.dnb.de abrufbar.

Anregungen und Zuschriften bitte an:
Hogrefe AG
Lektorat Psychologie
Länggass-Strasse 76
3012 Bern
Schweiz
Tel. +41 31 300 45 00
info@hogrefe.ch
www.hogrefe.ch

Lektorat: Dr. Susanne Lauri
Herstellung: Daniel Berger
Umschlagabbildung: Jim Avignon, Berlin
Umschlaggestaltung: Claude Borer, Riehen
Satz: punktgenau GmbH, Bühl
Druck und buchbinderische Verarbeitung: Multiprint OOD, Kostinbrod
Printed in Bulgaria

2., überarbeitete Auflage 2020

(E-Book-ISBN_PDF 978-3-456-96071-5)
(E-Book-ISBN_EPUB 978-3-456-76071-1)
ISBN 978-3-456-86071-8
http://doi.org/10.1024/86071-000

Inhaltsverzeichnis

Teil III
Blick voraus

Teil IV
Anhang

Danksagung

Wir möchten Anna Moore unseren aufrichtigen Dank für ihre Unterstützung bei dieser dritten (englischen [Anm. des Verlags]) Auflage von *Neu anfangen nach einer Misshandlungsbeziehung* aussprechen. Außerdem gehen unsere besten Wünsche an all die mutigen Menschen, denen es gelungen ist, sich aus einer Misshandlungsbeziehung zu befreien, bei der möglicherweise auch Gewalt im Spiel war, und sich ein neues Leben ohne Angst und Schmerz aufzubauen.

Meg Kennedy Dugan möchte auch ihrer Mutter, Helen C. Kennedy, danken, die ihr immer noch eine Quelle der Inspiration und Orientierung ist, denn sie hat ihr Leben der sozialen Gerechtigkeit verschrieben und begegnet allem Leben mit Ehrfurcht. Diese Einstellungen wirken auf alle, die sie kennen. Außerdem möchte Meg Kennedy Dugan sich bei Tina, Tina E. und Sonja bedanken, die in den letzten fünf Jahren ihr Wissen, ihre Leidenschaft und ihre Einblicke in das Denken von Überlebenden häuslicher Gewalt mit ihr geteilt haben. Sie haben das Leben Tausender positiv beeinflusst und tun dies weiterhin, indem sie diesen Menschen zu verstehen geben, dass ihnen Möglichkeiten offenstehen, dass man ihnen glaubt und dass sie Unterstützung erhalten können.

Die Erfahrung, in einer engen Beziehung sexuell missbraucht worden zu sein, erschwert die Heilung zusätzlich. Viele Überlebende von Misshandlungsbeziehungen erkennen nicht oder gestehen sich nicht ein, dass sie von ihren Partnern sexuell missbraucht worden sind. Vergewaltigung und andere Formen sexuellen Missbrauchs sind emotional verheerende Erfahrungen. Falls das, was man Ihnen angetan hat, auch sexuelle Gewalt einschließt, empfinden Sie daher vielleicht noch zusätzliche Qualen und Schmerzen. Mit einiger zusätzlicher Anstrengung können Sie aber auch darüber hinwegkommen.

Um Ihre momentanen Herausforderungen geht es ab Kapitel 5 „Wie konnten Sie einen Misshandler lieben?“, in dem ein verwirrendes und oft schmerzhaftes Hindernis auf Ihrem Weg zur Heilung diskutiert wird: weiterhin bestehende Gefühle der Liebe für Ihren Ex-Partner. Wie kann das sein? Er ist gewalttätig! Er hat Sie *misshandelt!* Sollte diese Einsicht nicht jede Spur der Liebe und Zuneigung, die Sie einmal für ihn empfanden, für immer auslöschen? Nun sind menschliche Emotionen aber nicht immer geordnet und logisch. Tatsächlich kommt es häufig vor, dass Überlebende von Misshandlungsbeziehungen ihren früheren Partner noch immer lieben, nachdem sie ihn verlassen haben. Haben Sie aber erst einmal verstanden, weshalb diese Gefühle aufkommen und welche Bedeutung sie haben, werden Sie sich fähig fühlen, sie endlich hinter sich zu lassen.

Misshandlung und Gewalt können in jeder Art von intimer Beziehung vorkommen. Das Kapitel 6 „Misshandlung von Männern durch Frauen und Misshandlung in homosexuellen und Transgender-Beziehungen“ richtet sich an diejenigen von Ihnen, auf die die „traditionelle“ Rollenverteilung mit einer Frau als Opfer und einem Mann als Täter nicht zutrifft. Das gilt für Männer, die von Frauen misshandelt wurden, aber auch für Gewalterfahrene in gleichgeschlechtlichen Beziehungen. Sie müssen – anders als bei Beziehungen mit klassischer Rollenverteilung – oft sehr spezielle und häufig auch schwierigere Hürden überwinden, um aus der Misshandlungsbeziehung auszubrechen, sich vor Ihrem Peiniger in Sicherheit zu bringen, sich zu erholen und ein neues Leben aufzubauen.

Möglicherweise empfinden Sie seit der Trennung eine tiefe Trauer oder haben das Gefühl, etwas Bedeutendes verloren zu haben. Solche

Gefühle gehören dazu, wenn eine enge Beziehung zu Ende geht; selbst dann, wenn die Bindung schmerzhaft und zerstörerisch war. Beziehungen sind kompliziert, und in gewisser Weise sind gewalttätige Beziehungen noch schwieriger zu verstehen als gesunde. Kapitel 7 „Verlorener Partner, verlorener Traum, verlorenes Leben" richtet den Blick darauf, wie Verlustgefühle nach dem Ende einer Misshandlungsbeziehung paradoxerweise oft genauso belastend sind wie der empfundene Verlust nach dem Zusammenbruch einer intakten Beziehung.

Inzwischen sind Sie vor Ihrem Partner vergleichsweise sicher. Nun werden in Ihnen Gefühle aufkommen, für die kein Raum vorhanden war, als Sie all Ihre Kraft zum Überleben brauchten. Nachdem Misshandlungsopfer ihren Partner verlassen haben, verspüren sehr viele eine starke Wut, fühlen sich sehr niedergeschlagen oder haben Schuldgefühle. Auch diese Empfindungen können sehr belastend sein, und mit ihnen umzugehen, ist häufig viel schwieriger, als man dachte. Dennoch sind sie ein normaler Bestandteil solch schmerzhafter Veränderungen. Daran können Sie erkennen, dass Sie Gefühle wieder zulassen. Kapitel 8 „Wenn Emotionen Sie überwältigen" unterstützt Sie dabei, besser mit Emotionen umzugehen, von denen Sie sich übermannt fühlen, und hilft Ihnen, Gefühle wieder zuzulassen, die Ihnen abhandengekommen waren. Wenn Sie wieder über ein gesundes Gefühlsleben verfügen, haben Sie einen entscheidenden Meilenstein in Ihrem Heilungsprozess erreicht.

Wie weit ist Ihre Heilung jetzt fortgeschritten? Was deutet alles darauf hin, dass Sie noch weiter an sich arbeiten müssen? Das Kapitel 9 „Anzeichen von unerfüllter Heilung" wird Ihnen helfen, innezuhalten und sich genau zu beobachten: Ihre Gefühle und Ihr Verhalten sind nämlich wie Wegweiser auf Ihrem Pfad zur Heilung. Wie fühlen Sie sich gerade? Wie steht es um Ihre sozialen Beziehungen? Wie funktionieren Sie von Tag zu Tag und von Stunde zu Stunde? Welche Aktivitäten bereiten Ihnen Freude? Indem Sie Ihre Gedanken und Ihr Verhalten aufmerksam betrachten, können Sie sich vergewissern, dass Sie auf dem Weg der Heilung sind.

Einige Misshandlungsopfer müssen sich während ihres eigenen Heilungsprozesses noch um weitere Menschen kümmern. In Kapitel 10 „Und die Kinder?" geht es um Kinder, die in Ihre Misshandlungsbeziehung verwickelt waren. Höchstwahrscheinlich wurden auch sie zum Opfer der Misshandlungen: entweder direkt, indem sie ebenfalls von Ihrem

Partner misshandelt wurden, oder indirekt, weil sie die schlimmen Ereignisse mit ansehen mussten, die sich bei Ihnen zu Hause abspielten. Jetzt brauchen sie Ihre Unterstützung und Schutz vor Ihrem gewalttätigen Ex-Partner. Sie müssen ihnen dabei helfen, mit ihren Erlebnissen fertigzuwerden. Für Sie selbst kann es sehr schwierig und aufreibend sein, sehen zu müssen, was die Misshandlungserfahrungen mit dem Leben Ihrer Kinder angerichtet haben.

Wenn man einen Partner verlässt, von dem man misshandelt wurde, braucht man dringend Unterstützung von anderen und hofft, diese von der Familie, Freunden oder Kollegen zu bekommen. Leider wird man häufig enttäuscht. Der Gedanke an Gewalt in der Partnerschaft bereitet vielen Menschen so großes Unbehagen, dass sie sich von Ihnen und dem Thema abwenden. Andere wiederum können sich einfach nicht vorstellen, was Sie durchgemacht haben, oder beschuldigen Sie sogar dafür. Für Ihre Heilung wird es wichtig sein, dass Sie sich entscheiden, wen Sie an Ihrem neuen Leben teilhaben lassen möchten. Außerdem müssen Sie lernen, damit fertigzuwerden, dass Außenstehende sich von Ihnen zurückziehen, Sie enttäuschen oder nicht in der Lage sind, Ihnen die Unterstützung zu geben, auf die Sie gezählt hatten. In Kapitel 11 „Die Reaktionen anderer“ geht es um den schwierigen Prozess, in dem Sie damit umzugehen lernen, wie andere auf Ihre Situation reagieren.

Ihr wichtigstes Anliegen besteht zwar im Moment darin, Ihre seelischen Verletzungen zu heilen. Dennoch stehen Sie jetzt, wo Sie allmählich einer besseren Zukunft entgegensehen, wahrscheinlich auch vor einer Menge ganz praktischer Probleme, die ebenso dringend nach einer Lösung verlangen. Die Trennung vom Partner ist häufig mit schwierigen rechtlichen und finanziellen Herausforderungen verbunden. Dazu gehören zum Beispiel die Scheidung, Eigentums- und Unterhaltsfragen oder die Tilgung von Krediten. Wenn Kinder da sind, muss das Sorge- und Umgangsrecht geklärt werden. In Kapitel 12 „Praktische Erwägungen“ werden die wichtigsten praktischen Schwierigkeiten diskutiert, vor denen Sie gerade stehen. Es enthält auch Hinweise, wie Sie die nötige professionelle Unterstützung finden. Denn je effektiver Sie diese Dinge regeln, desto weniger stehen sie Ihrer seelischen Heilung im Weg.

Was können Sie nun konkret tun, um Ihre Heilung voranzutreiben? Nach der Loslösung aus einer gewalttätigen Beziehung verspüren viele

Misshandlungsopfer starke Wut, bekommen Depressionen oder haben große Angst. Kapitel 13 „Die Heilung beginnt“ beschäftigt sich mit diesen typischen zermürbenden Emotionen. Es ist wichtig, dass Sie diese Gefühle erkennen, ihre Auswirkungen auf Ihr gegenwärtiges Leben einschätzen und angemessene Maßnahmen ergreifen, um ihnen zu begegnen. Vielleicht werden Sie feststellen, dass Sie mit diesen heftigen Gefühlen ganz gut allein zurechtkommen. Aber bei vielen Überlebenden kommt die Heilung ins Stocken, wenn solche Emotionen über sie hereinbrechen. In diesem Fall kann professionelle Hilfe durch einen geschulten Berater oder Therapeuten Ihnen helfen weiterzukommen.

Eine der schlimmsten Auswirkungen von häuslicher Gewalt ist der Verlust an Selbstachtung. Viele Misshandlungsopfer sind davon überzeugt, dass sie die Liebe und den Respekt anderer nicht verdienen. Um ein gesundes Selbstwertgefühl zurückzugewinnen, müssen Sie sich zuerst klarmachen, wer Sie im Augenblick sind und wer Sie werden wollen. Kapitel 14 „Wer sind Sie jetzt?“ wird Sie dabei unterstützen zu erkunden, wie Sie sich selbst wahrnehmen und welche Gefühle Sie zu sich haben. Während Sie wieder zu einem positiven Selbstbild finden, werden Sie spüren, dass Ihnen in einer Beziehung sehr viel mehr zusteht: Sie verdienen sehr wohl, von einem Partner liebenswürdig behandelt und geachtet zu werden. Dabei geht es nicht darum, einem Leben aus dem Märchen nachzujagen. Es geht darum, sich klarzumachen, was Sie von einer Partnerschaft erwarten sollten – und natürlich dafür zu sorgen, dass Sie das, was Ihnen zusteht, auch bekommen!

Zu den Dingen, die manche Überlebende nach dem Ende der Misshandlungsbeziehung besonders stark verwirren, gehört die Versuchung, zum Misshandler zurückzukehren. Ihr Ex-Partner will Sie zurückerobern und erzählt Ihnen vermutlich genau die „richtigen Dinge“: dass er sich verändern werde, dass es ihm so leidtue, dass es nie wieder vorkommen werde. Manchmal hört sich das alles äußerst überzeugend an! Vielleicht *sind* Sie sogar schon einmal nach einer Trennung zu ihm zurückgekehrt und haben dann leider noch einmal erleben müssen, wie sich die Situation nach und nach wieder zuspitzte und die Gewalt und die Misshandlungen von vorne begannen. Freunde und Verwandte reagieren fassungslos, besorgt und ungläubig, wenn sie erfahren, dass Sie darüber nachdenken, Ihrem Ex-Partner noch eine Chance zu geben. Kapitel 15

„Von der Versuchung zurückzugehen“ zeigt Gründe dafür auf, weshalb es Sie von Zeit zu Zeit zu Ihrem Peiniger zurückzieht. Außerdem wird in Erinnerung gerufen, aus welchen Gründen Sie ihn verlassen haben. Um wieder die Kontrolle über das eigene Leben zurückgewinnen zu können, ist es unheimlich wichtig, dass Sie bei der Frage, ob Sie zu Ihrem Partner zurückgehen, die richtige Entscheidung treffen.

Nach dem Ende einer Misshandlungsbeziehung ist es besonders schwierig und unangenehm, wenn Sie Ihren Ex-Partner aus bestimmten Gründen nicht vollkommen aus Ihrem Leben verbannen können. Wenn Sie gemeinsame Kinder haben, stehen Sie möglicherweise noch in persönlichem Kontakt oder Sie erfahren durch die Kinder indirekt voneinander. Leben Sie in derselben Nachbarschaft, ist es nicht unwahrscheinlich, dass Sie einander hin und wieder dort begegnen. Kapitel 16 „Ist Ihr Misshandler noch immer in Ihrem Leben?“ wird Ihnen helfen, sich auf Begegnungen mit Ihrem früheren Partner vorzubereiten, und zeigt Ihnen, wie Sie trotz der Kontakte in Sicherheit bleiben und sich vor weiteren Qualen und Misshandlungen schützen können.

Werden Sie jemals wieder lieben können? Die Antwort lautet: „Ja!“ Trotzdem haben Überlebende einer Misshandlungsbeziehung meistens große Angst, dass sich ihre schrecklichen Erfahrungen in einer neuen Beziehung wiederholen werden. Sich von den Misshandlungen vollständig zu erholen und das eigene Leben wieder in der Hand zu haben, bedeutet auch, dass Sie rechtzeitig erkennen und verhindern können, dass eine neue Beziehung schädlich für Sie wird. Wie Betroffene von häuslicher Gewalt wieder zur Liebe finden, ist das Thema von Kapitel 17 „Neue Liebe“.

Sie sind nicht allein. Es gibt viele andere, die eine Misshandlungsbeziehung überlebt und sich erfolgreich ein neues Leben aufgebaut haben. Da häusliche Gewalt und Misshandlungen in der Partnerschaft leider keineswegs selten sind, gibt es viele Informationsquellen und Einrichtungen, die Ihnen in der Zeit nach Ihrer Trennung helfen können. Der Anhang „Beratungsangebote und Kontaktadressen“ am Ende dieses Buches bietet eine Übersicht über nützliche Internetadressen und Telefonnummern, die für Sie hilfreich sind, falls Sie Unterstützung suchen.

Der Gedanke an Ihr neues Leben erscheint Ihnen im Moment vielleicht beängstigend, verwirrend und überwältigend. Doch Sie sind vermutlich schon viel weiter, als Sie denken. Es *ist* für Sie wirklich möglich, an sich zu glauben, eine gesunde, enge Beziehung zu führen und glücklich zu sein. Auch wenn Ihnen der Weg bis dahin noch lang und Ihr Ziel noch nicht in Reichweite scheint – nur Mut! Es ist näher, als Sie glauben.

Vorsicht: Es kann passieren, dass Sie in der Zeit, in der Sie dieses Buch lesen, das Gefühl haben, stärker unter den Folgen der zurückliegenden Misshandlungen zu leiden als vorher. Außerdem können neue Symptome erscheinen, die Sie quälen. Dies bedeutet meistens, dass Ihre Heilung Fortschritte macht. Wenn Sie allerdings beim Lesen der Kapitel und bei der Bearbeitung der Selbsterkundungsübungen immer wütender, ängstlicher oder niedergeschlagener werden oder wenn Sie daran zweifeln, dass Sie Ihre Emotionen unter Kontrolle halten können, sollten Sie in Erwägung ziehen, professionelle Hilfe aufzusuchen, damit Sie so gut wie möglich von diesem Buch profitieren können und nicht auf der Stelle treten.

Bedenken Sie beim Lesen auch, dass manche Themen in diesem Buch für einige von Ihnen schwieriger sind als für andere. Durch die zurückliegenden Erfahrungen haben viele Misshandlungsopfer Schwierigkeiten, eigene oder fremde Emotionen und Handlungen angemessen einzuschätzen. Viele benötigen länger, um Informationen zu verarbeiten; bei manchen ist das Gedächtnis vorübergehend beeinträchtigt. Und manchmal fällt es ihnen schwer zu beurteilen, ob andere wütend, traurig oder auf andere Weise verstimmt sind. Einige Überlebende fühlen sich auch eine Zeit lang wie betäubt, als seien sie von ihren eigenen Gefühlen getrennt.

Falls solche Erfahrungen Sie davon abhalten, an Ihrer Heilung zu arbeiten, möchten Sie sich vielleicht die Zeit nehmen, erst einmal gegen Ihre innere Unruhe vorzugehen, bevor Sie Ihre Reise mithilfe dieses Buches beginnen. Es gibt einige einfache Techniken, die Ihnen dabei helfen können. Dazu gehören ein strukturierter und routinierter Tagesablauf, Entspannungs- und Atemtechniken, Spaziergänge und andere Formen leichter körperlicher Betätigung. Außerdem ist es förderlich, wenn Sie sich bemühen, in Ihrem Alltag einen Gang zurückzuschalten. Eine Technik, die vielen Menschen hilft, wenn ihr Leben oder ihre Gefühle sie zu überwältigen drohen, ist die *progressive Muskelentspannung* (PME).

Die progressive Muskelentspannung ist ein bewährtes Verfahren, um körperliche Anspannung und Stress abzubauen. Ziel ist es, durch die bewusste An- und Entspannung verschiedener Muskelgruppen einen Zustand tiefer Entspannung des ganzen Körpers zu erreichen. Besonders gut bewährt hat sich das Verfahren gegen die körperlichen Auswirkungen von Stress und bei Einschlafschwierigkeiten. Die Übungen funktionieren am besten, wenn Sie die Anweisungen *hören* können, während Sie sich entspannen. Vielleicht können Sie daher jemanden bitten, Ihnen die Anweisungen vorzulesen, oder Sie nehmen sie vorher auf (oder Sie nutzen die Vorlesefunktion, wenn Sie dieses Buch auf einem E-Book-Reader lesen).

Setzen Sie sich auf einen bequemen Stuhl oder legen Sie sich auf den Boden oder ein Bett. Beginnen Sie die Entspannungsübung, indem Sie die Muskeln in Ihrem rechten Fuß anspannen und die Spannung halten, bis Sie langsam bis fünf gezählt haben. Dann lassen Sie die Spannung wieder los. Zählen Sie wieder bis fünf und entspannen Sie dieselben Muskeln dabei vollkommen. Als Nächstes spannen Sie die Muskeln im rechten Knöchel an, zählen bis fünf, dann entspannen Sie sie und zählen dabei wieder bis fünf. Dann spannen und entspannen Sie im Wechsel auf dieselbe Weise die Muskeln in Ihrer rechten Wade. Wenn Sie alle Muskeln in Ihrem rechten Bein im Wechsel erst ge- und dann entspannt haben, gehen Sie weiter zum linken Fuß, dann zum linken Bein. Setzen Sie die Übung langsam mit allen Muskelgruppen Ihres Körpers fort, indem Sie immer zuerst anspannen und dann wieder loslassen, bis Sie von den Zehen bis zur Kopfhaut alle Muskelgruppen entspannt haben. Die untenstehende Liste bietet Ihnen eine Orientierung für die Reihenfolge, in der Sie sich den einzelnen Muskelgruppen zuwenden.

Beziehen Sie immer alle aufgelisteten Körperregionen in die Übung ein, wenn Sie PME anwenden. Denken Sie daran, immer langsam bis fünf zu zählen, wenn Sie die Muskeln anspannen oder die Spannung lösen.

- rechter Fuß
- rechter Knöchel
- rechte Wade
- rechter Oberschenkel
- linker Fuß
- linker Knöchel
- linke Wade

- linker Oberschenkel
- Gesäß
- Rücken
- Bauch
- Brust
- rechte Hand
- rechtes Handgelenk
- rechter Unterarm
- rechter Oberarm
- linke Hand
- linkes Handgelenk
- linker Unterarm
- linker Oberarm
- Schultern
- Nacken
- Gesicht
- Unterkiefer
- Zunge
- Stirn
- Kopfhaut

Lassen Sie keine Muskelgruppe aus. Nehmen Sie sich für jede Muskelgruppe genügend Zeit und spannen Sie immer nur eine auf einmal an, spannen Sie niemals das ganze Bein oder den ganzen Arm an, um schneller fertigzuwerden. Spannen und entspannen Sie stattdessen beispielsweise zuerst Ihre Hand, dann Ihr Handgelenk, dann Ihren Unterarm und dann Ihren Oberarm.

Probieren Sie diese Technik für einige Wochen aus. Wie bei allen Entspannungstechniken ist es ganz normal, wenn es eine Weile dauert, bis Sie gelernt haben, sich vollkommen zu entspannen. Wenn Ihnen während der Entspannungsübung unerwünschte Gedanken in den Sinn kommen, dann schieben Sie diese sanft beiseite und konzentrieren Sie sich auf Ihren Körper. Seien Sie nicht verärgert oder beunruhigt, wenn Ihre Aufmerksamkeit hin und wieder abschweift. Es dauert einige Zeit, aber wenn Sie PME erst einmal beherrschen, sind Sie sehr viel besser gegen Stress gewappnet.

Wir hoffen, dass diese neue Auflage von *Neu anfangen nach einer Misshandlungsbeziehung* Überlebenden helfen wird zu verstehen, dass sie keine Schuld an ihren Misshandlungen trifft. Ebenso hoffen wir, dass Ihnen dieses Buch helfen wird, ein neues Leben ohne Misshandlungen zu beginnen, ein Leben, in dem Sie an sich und all Ihre wundervollen Eigenschaften und Charakterzüge glauben.

Meg Kennedy Dugan
Roger R. Hock

Selbsterkundungsübung

Die Heilung ist im Gang

Wo stehen Sie in fünf Jahren?

Um herauszufinden, wie Sie Ihre Zukunft sehen, ist es hilfreich, sich möglichst ausführlich vorzustellen, wie Ihr Leben in fünf Jahren wohl aussehen wird. Die folgende Übung wird Ihnen dabei helfen, sich über Ihre Ziele klar zu werden und über Ihren Glauben daran, sie erreichen zu können. Beschreiben Sie so genau wie möglich, wie Sie sich Ihr Leben in fünf Jahren in den unten genannten Lebensbereichen vorstellen.

Anmerkung: Jeder Mensch braucht unterschiedlich viel Zeit, um zu heilen. Wir schlagen bei vielen Übungen in diesem Buch vor, sie nach etwa einem Monat zu wiederholen. Zögern Sie aber nicht, den Wiederholungszeitpunkt zu verschieben, wenn das besser mit dem Fortschritt Ihrer Heilung übereinstimmt. Sie können die Aufgaben auch nach sechs Wochen, nach zwei Monaten oder auch erst nach sechs Monaten wiederholen. Natürlich können Sie die Übungen auch häufiger als einmal monatlich wiederholen, wenn Sie möchten.

Berufliche Situation:

____

____

____

____

Intimbeziehung:

____

____

____

____

Familienleben:

Freundschaften:

Äußeres Erscheinungsbild:

Andere Dinge, die auf Sie persönlich zutreffen:

1.

2.

3.

Nachdem Sie nun Ihre Vorstellungen von Ihrer Zukunft beschrieben haben, nehmen Sie sich Zeit, alles noch mal zu durchdenken. Wie fühlen Sie sich, wenn Sie Ihre Aufzeichnungen lesen? Sind Sie glücklich, wenn Sie an die Zukunft denken, die Sie sich vorstellen? Wenn Sie diese Frage mit Ja beantworten, fantastisch! Dann sind Sie auf dem richtigen Weg. Falls Sie sich jedoch durch Ihre Vorstellungen entmutigt fühlen, ist es noch ein Stück Arbeit, von vorne anzufangen und von den Misshandlungen zu heilen. *Wir empfehlen, dass Sie diese Übung über Ihren gesamten Heilungsprozess hinweg alle vier Wochen wiederholen.* Indem Sie die Notizen vergleichen, die Sie zu den verschiedenen Zeitpunkten gemacht haben, können Sie sich Ihre Fortschritte vor Augen führen. Sie werden sehen, wie das Bild, das Sie von sich selbst haben, sich wandelt, und werden spüren, wie Ihre Heilung voranschreitet und Ihr Leben sich verändert.

Teil I
Rückblick

1
Waren Sie in einer Misshandlungsbeziehung?

Mythen:

Sie müssen irgendetwas getan haben, das die Misshandlung ausgelöst hat.

Nur schwache Menschen sind von Misshandlung betroffen.

Mit Opfern, die ihre Misshandlungsbeziehung nicht sofort beenden, stimmt etwas nicht.

Es gibt keine eindeutige Definition, unter welchen Bedingungen von einer Misshandlungsbeziehung gesprochen wird. Jede intime Beziehung ist einzigartig – und so ist es auch mit jeder intimen *Misshandlungs*beziehung. Wenn Sie Ihre Beziehung rückblickend betrachten, werden Sie im Nachhinein aber bestimmte Anzeichen, Hinweise und Merkmale entdecken, die Ihnen Aufschluss darüber geben können, ob Sie in Ihrer Beziehung misshandelt wurden. Es gibt zwei wichtige Kennzeichen, die in nahezu jedem Fall von Misshandlung in der Beziehung zu finden sind: *Macht und Kontrolle.*

Definition von Misshandlung

Misshandlung in der Beziehung ist meist durch ein *Muster mehrerer Misshandlungsvorfälle* gekennzeichnet. Mit Ausnahme weniger Fälle macht ein einziger Zwischenfall noch keine Misshandlung aus. Typischerweise erfahren Misshandlungsopfer eher ein sich fortwährend wiederholendes Muster kontrollierender Verhaltensweisen, die mit der Zeit eskalieren.

Misshandlungsbeziehungen basieren auf *Macht* und *Kontrolle.* Ziel des Täters ist, sich die absolute Kontrolle über sein Opfer und über die Beziehung zu sichern. Die Kontrolltaktiken Ihres Ex-Partners mögen subtil und nur schwer zu durchschauen gewesen sein. Vielleicht hat er versucht, Sie davon zu überzeugen, dass er nur Ihr Bestes wolle und es als Zeichen der Fürsorge anzusehen sei, wenn er Ihre Zeit kontrollierte, Ihren Umgang mit Freunden beeinflusste oder den Großteil Ihrer Alltagsgestaltung steuerte. Nach einiger Zeit verloren Sie aber zunehmend die Kontrolle über Ihr Leben. Allmählich gelang es Ihrem Ex-Partner mithilfe vielfältiger Strategien, Sie vollkommen zu entmachten und sich vollständige Kontrolle über Sie und die Beziehung zu verschaffen.

Die Merkmale Macht und Kontrolle finden sich in jeder Misshandlungsbeziehung. Die spezifischen Verhaltensweisen, mit denen Misshandelnde ihre Ziele durchsetzen, variieren jedoch beträchtlich. Am Anfang Ihrer Beziehung sind Ihnen die negativen Verhaltensweisen Ihres Ex-Partners vielleicht nicht einmal aufgefallen. Manchmal wirkte er womöglich sogar liebevoll und aufmerksam. Wenn Sie Zeit ohne ihn verbrachten, wurde er so eifersüchtig, dass es Ihnen schon extrem erschien, aber er überzeugte Sie davon, dass diese Eifersuchtsgefühle nur aufkamen, weil er Sie so sehr liebte. Vermutlich war er so gut wie immer um Sie herum und erzählte Ihnen, dass er es nicht ertragen könnte, von Ihnen getrennt zu sein. Er schien Sie anzubeten, und das fühlte sich für Sie womöglich richtig gut an. Die Beziehung entwickelte sich sehr schnell, und wenn Sie gerade nicht zusammen waren, rief er häufig an oder schickte Ihnen Textnachrichten. Zu diesem Zeitpunkt dachten Sie vielleicht, es wäre die beste Beziehung Ihres Lebens.

Langsam begannen sich einige dieser wunderbaren Dinge jedoch zu verändern. Möglicherweise hatten Sie das Gefühl, Ihr Ex-Partner wolle die Beziehung zu schnell vorantreiben. Vielleicht hat er Sie dazu gedrängt, Ihre gesamte Zeit mit ihm zu verbringen und andere Freunde oder Familienmitglieder von gemeinsamen Treffen auszuschließen. Waren Sie einmal getrennt voneinander, so fragte er anschließend ständig nach, wo Sie gewesen waren und was Sie in der Zwischenzeit getan hatten. Manchmal mündeten diese Befragungen vielleicht in Eifersuchts- und Wutausbrüche.

Als Nächstes stellen Sie vielleicht fest, dass Ihr Ex-Partner im Umgang mit Ihnen immer kritischer wurde. Er kritisierte die Menschen, mit denen Sie sich umgaben, Ihre Kleidung, Ihre Art zu sprechen und vielleicht auch Ihren Musikgeschmack. Jedes Mal fügte er seiner Kritik hinzu, dass er Ihnen diese Dinge nur erzähle, um Ihnen „zu helfen“. Und jedes Mal bekannte Ihr Ex-Partner nochmals seine Liebe zu Ihnen.

An diesem Punkt begannen Sie vielleicht, sich Sorgen zu machen. Trotzdem erklärten Sie sich sein Verhalten wahrscheinlich durch Belastungen, denen Ihr Ex-Partner zu dem Zeitpunkt ausgesetzt war. Er entschuldigte sich für seine Eifersuchtsausbrüche und *versprach* Ihnen, dass so etwas nie wieder vorkommen würde. Er überzeugte Sie davon, sich keine weiteren Sorgen zu machen. Trotzdem kritisierte er Sie immer wieder, sodass Sie nach und nach selbst eine kritische Haltung zu sich und dem, was Sie taten, entwickelten.

Allmählich begannen Sie zu begreifen, dass das beunruhigende Verhalten nicht aufhörte. Es wurde schlimmer. Es wurde missbräuchlich. Obwohl die negativen Verhaltensweisen weiter zunahmen, sahen Sie darin möglicherweise noch immer keine Misshandlungen. Vielleicht gefiel Ihnen nicht, was Ihr Ex-Partner tat oder zu Ihnen sagte. Sie fühlten sich verletzt und unglücklich. Trotzdem überzeugte er Sie davon, dass es sich um „normale Beziehungsprobleme“ handelte – Probleme, die Sie gemeinsam schon in den Griff bekämen. Oder er redete Ihnen ein, Sie seien in irgendeiner Weise selbst daran schuld; wenn Sie sich nur ändern würden, würde sich sein Verhalten Ihnen gegenüber ebenfalls ändern.

Im weiteren Verlauf Ihrer Beziehung haben Sie sicher Berichte über häusliche Gewalt und Misshandlung gehört oder gelesen. Überwiegend wurden wahrscheinlich entsetzlich grausame Geschichten dokumentiert: Opfer wurden von ihrem Partner ermordet oder erlitten in ihrer Beziehung so starke körperliche Gewalt, dass sie regelmäßig die Notaufnahme eines Krankenhauses aufsuchen mussten. Solche Extrembeispiele haben es Ihnen vermutlich noch schwerer gemacht, die Vorkommnisse in Ihrer Beziehung als Misshandlungen aufzufassen. Die Misshandlungen, die Sie in Ihrem eigenen Leben erduldeten, nahmen anfangs möglicherweise viel weniger offensichtliche Formen an. Unabhängig davon, ob Sie körperliche Gewalt erfahren haben oder nicht, wurden Sie möglicherweise zum Opfer verbaler, emotionaler, sexueller oder spiritueller Misshandlungen. Es ist möglich, dass Sie nicht ein einziges Mal körperliche Gewalt erlitten haben und dennoch eine Beziehung durchlebt haben, in der Sie schwer misshandelt wurden.

Falls Sie bereits in Ihrer Kindheit oder in einer früheren Beziehung Opfer von Misshandlungen gewesen waren, lief der Prozess, in dem Sie die Misshandlung als solche erkannten, vielleicht etwas anders ab. Falls Sie bis dahin nichts als Misshandlungsbeziehungen kennengelernt hatten, nutzte Ihr Peiniger womöglich dieses Wissen aus, sodass es für Sie schwieriger zu erkennen war, dass ein Problem existierte. Wenn Sie in früheren Beziehungen misshandelt wurden, haben Sie vielleicht gehofft, dieses Mal würde alles besser verlaufen. Aber vielleicht konnten Sie sich nicht einmal vorstellen, was eine gesunde, misshandlungsfreie Beziehung ausmacht.

Aufgrund Ihrer früheren Misshandlungserfahrungen haben Sie vielleicht geglaubt, dass Sie überreagieren. Ihr Peiniger hat womöglich sein Wissen um Ihre Vergangenheit ausgenutzt, um seine eigenen Misshandlungstaten zu verharmlosen. Er stellte dann all die „netten" Dinge heraus, die er für Sie tat, und gab Ihnen das Gefühl „überempfindlich" zu sein und sich die Probleme einzureden. Möglicherweise ist sehr viel Zeit vergangen, bis Ihnen klar wurde, dass er Sie tatsächlich misshandelte; dass sein Verhalten falsch war und dass Sie Besseres verdienen.

Misshandlung und Gewalt sind in einer Misshandlungsbeziehung für gewöhnlich nicht immer präsent: sie kommen und gehen. Furchtbare Zeiten der Misshandlung wechseln sich ab mit besseren oder sogar guten Zeiten. Ihr Peiniger kann dieses Hin und Her dazu nutzen, Unsicherheit zu erzeugen, sodass Sie nicht erkennen, ob Ihre Beziehung tatsächlich ungesund verläuft und Ihr Partner gewalttätig ist.

Das Rad der Macht und Kontrolle

Der Mythos, dass ausschließlich offene Gewalt als Missbrauch zu werten sei, ist ein Grund dafür, dass es Ihnen so schwerfiel, das, was Ihnen widerfahren ist, als Missbrauch zu identifizieren. Tatsächlich gibt es eine Vielzahl von Maßnahmen und Taktiken, um in einer Beziehung Macht und Kontrolle auszuüben. Häufig erkennen Betroffene nicht, dass sie sich in einer Misshandlungsbeziehung befinden, weil ihr Peiniger verschiedene Methoden einsetzt, um Macht und Kontrolle über sie als Opfer auszuüben. Das Rad der Macht und Kontrolle aus dem Duluth-Modell **(Abb. 1-1)**, einem Programm gegen häusliche Gewalt in Duluth, Minnesota, USA, kann Ihnen dabei helfen, die vielfältigen Arten Ihres Missbrauchs zu erkennen.

Im Laufe Ihrer Misshandlungsbeziehung ist Ihnen vielleicht aufgefallen, dass es Phasen gab, in denen sich keine Zwischenfälle von offener Gewalt ereigneten. Möglicherweise gab es Zeiten äußerlicher Ruhe, in denen kein erkennbarer Missbrauch stattfand. Wahrscheinlich haben Sie erkannt, dass Ihr Peiniger so vorging, um Sie zu verunsichern, indem er zwischen offenem emotionalem, verbalem oder körperlichem Missbrauch und Phasen des Friedens und des Komplimente-Machens abwechselte. Sie können sich dies wie eine Achterbahnfahrt vorstellen **(Abb. 1-2)**: Wenn Sie sich gerade „oben" befanden, fühlten Sie sich besser in der Lage, Ihrem Alltag nachzugehen, fürchteten sich innerlich aber davor, wie es weitergehen würde. Viele Opfer erleben diese Phasen der „Ruhe“ als schwierigste Zeiten, weil sie nicht wissen, wann die Stimmung wieder umschlagen wird. Manchmal wenn Sie in den „freien Fall“ absetzten und auf den nächsten Gewaltausbruch zusteuerten, wussten Sie nicht, wo alles enden würde. In anderen Fällen schien sich das „Warten“ darauf endlos hinzuziehen. Sobald es vorbei war, konnte man nicht wissen, was als Nächstes kommen würde. Das Ziel Ihres Misshandlers bestand darin, Sie aus dem Gleichgewicht zu bringen, sodass Sie sich weder seiner noch Ihrer selbst sicher sein konnten.

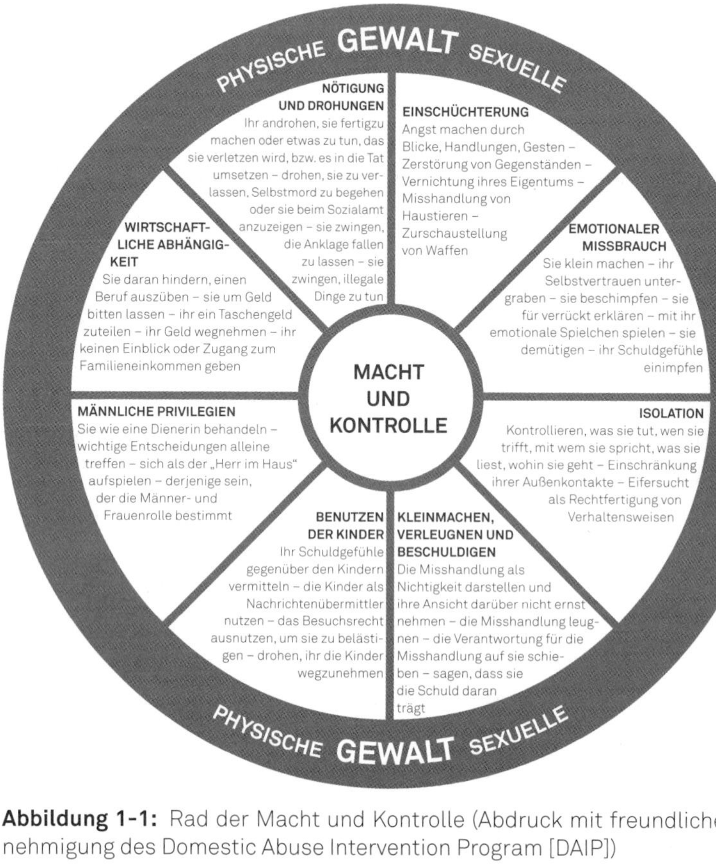

Abbildung 1-1: Rad der Macht und Kontrolle (Abdruck mit freundlicher Genehmigung des Domestic Abuse Intervention Program [DAIP])

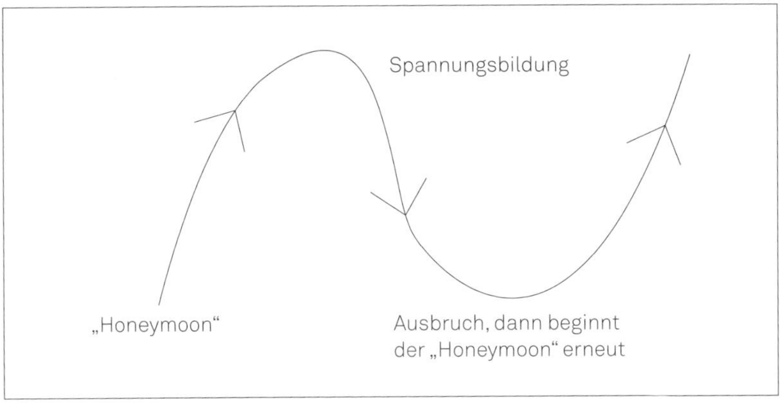

Abbildung 1-2: Achterbahnfahrt der Misshandlung

Emotionale Misshandlung

Wenn es Ihnen so geht wie vielen Frauen, die eine Misshandlungsbeziehung überlebt haben, fühlen Sie sich paradoxerweise durch die körperlichen Misshandlungen im Großen und Ganzen vielleicht weniger stark verletzt als durch die seelischen Verletzungen, die Sie ertragen mussten. Emotionale Misshandlungen sind heimtückisch und verheerend, sodass die Heilung dieser seelischen Wunden oftmals am längsten dauert. Es ist vielfach einfacher, sich von Blutergüssen, Schnittverletzungen und sogar von Knochenbrüchen zu erholen als von den Folgen psychischer Misshandlungen. Vermeintlich nutzte Ihr Partner verschiedenartige Strategien, um die Kontrolle über Ihre Gefühle und Emotionen zu erlangen und Sie zu manipulieren.

Hat Ihr Misshandler Ihnen das Gefühl vermittelt, dass Sie nicht liebenswert seien? Hat er darauf hingewirkt, Sie von Ihrer eigenen Dummheit zu überzeugen oder davon, dass Sie dumm, hässlich oder dick seien? Durch diese Taktik suggerierte er Ihnen, dass niemand jemanden wie Sie attraktiv finden würde. Dadurch versuchte er sicherzustellen, dass Sie auf jeden Fall bei ihm blieben.

Hat Ihr Misshandler Ihnen das Gefühl gegeben, dass Sie eigentlich selbst an den Misshandlungen schuld waren? Wahrscheinlich hat er versucht Ihnen einzureden, dass mit Ihnen etwas nicht in Ordnung sei, da die Misshandlungen sonst schließlich ein Ende hätten. Bald glaubten Sie, die Misshandlungen würden aufhören, wenn Sie nur geduldiger oder besser organisiert, eine bessere Liebhaberin oder auf irgendeine Weise anders wären. Aber was Sie auch taten – es kam immer wieder zu Übergriffen. Langsam fühlten Sie sich wertlos, hoffnungslos, hilflos.

Jedes Mal, wenn es zu einer Misshandlung gekommen war, versuchte Ihr Ex-Partner vermutlich, alles so aussehen zu lassen, als seien Sie selbst der Auslöser dafür gewesen, nach dem Motto: „Es tut mir so leid, *aber* wenn du nur nicht ...“. Auf diese Weise schaffte er es, in einem Atemzug seine scheinbare Reue zu bekunden und Ihnen gleichzeitig zu sagen, dass Sie eigentlich selbst schuld an allem waren.

Ihr Ex-Partner hat Ihnen vielleicht gedroht, wenn Sie nicht genau das taten, was er wollte. Eine Drohung ist eine sehr vernichtende Form emotionaler Misshandlung. Manchmal sind Bedrohungen durch einen Misshandler gut erkennbar und deutlich: „Wenn ich dich noch einmal mit ihm sprechen sehe, werde ich dafür sorgen, dass du niemals wieder redest.“ Drohungen können aber auch verschleiert und unterschwellig sein. „Klar, geh nur ruhig heute Abend aus – ich hoffe nur, dass es deiner Katze gut gehen wird, während du weg bist.“

Zusätzlich verstand es Ihr Peiniger wahrscheinlich, die Misshandlungen auf verschiedene Weise zu verharmlosen. Vielleicht mussten Sie sich nach den emotionalen Übergriffen anhören, es wäre ja nun wirklich nicht so schlimm gewesen. Oder er sagte, Sie wirkten nicht gerade, als hätten Sie allzu großen Schaden davongetragen, oder nannte Sie ein großes Baby. Durch diese Taktik vermittelte er Ihnen das Gefühl, als würden Sie einen harmlosen Zwischenfall aufbauschen. Und indem er Ihnen suggerierte, dass alles „halb so wild“ gewesen sei, ließ er Sie gleichzeitig auch wissen, dass viel schlimmere Dinge möglich wären.

Die folgende (unvollständige) Liste enthält Tätigkeiten, die emotionale Misshandlung ausmachen:

- Anspruchshaltung („Ich habe ein Recht auf Sex.“; „Ich erwarte von dir, dass du tust, was ich sage.“)
- Vorenthaltungen („Ich muss dir nicht sagen, was ich denke oder fühle.“; „Warum sollte ich mit jemandem wie dir schlafen wollen?“)
- Verdrehte Darstellung Ihrer Emotionen („Ach, was für ein Quatsch, du bist doch nicht verletzt. Du bist einfach bloß zu empfindlich.“)

- Sich gehen lassen (Drogenkonsum, riskantes Verhalten wie waghalsiges Autofahren, keine Inanspruchnahme ärztlicher Betreuung, mangelnde Körperhygiene)
- Verweigerung von Hilfe (finanzieller Hilfe, Hilfe im Haushalt, Hilfe bei der Kinderbetreuung)
- Extrem eifersüchtig handeln („Wieso hast du mit ihm gesprochen? Möchtest du mit ihm zusammen sein statt mit mir? Du betrügst mich, nicht wahr?“)
- Androhung von Selbstverletzung oder Suizid („Wenn du mich verlässt, bringe ich mich um – da kannst du sicher sein. Es liegt ganz an dir.“)
- Androhung, Sie, Ihre Freunde, Verwandte oder Haustiere zu verletzen oder zu töten („So sehr liebst du deine kleine Freundin? Es wäre ja schlimm, wenn ihr etwas zustoßen würde, wenn du zum Einkaufen gehst.“)
- Fremdsteuerung und Kontrolle (Kontrolle darüber ergreifen, wohin Sie gehen, wen Sie treffen, was Sie tun; Kontrolle über alle Entscheidungen Ihres gemeinsamen sowie Ihres eigenen Lebens)

Weitere Beispiele für emotionalen Missbrauch finden Sie auf dem Rad der Macht und Kontrolle.

Verbale Misshandlung

Vielleicht hat Ihr Ex-Partner Ihnen keine (oder nicht nur) körperliche oder emotionale Gewalt angetan. Möglicherweise misshandelte er Sie mit *Worten*, entweder indem er Sie direkt von Angesicht zu Angesicht beschimpfte oder indem er gegenüber anderen abfällige, erniedrigende Bemerkungen über Sie machte oder in E-Mails und anderen Textnachrichten verbreitete. Vielleicht hat er Sie auch vor anderen schlecht gemacht, Sie gedemütigt oder Ihnen fälschlicherweise vorgeworfen, ihn betrogen zu haben.

Verbale Misshandlungen können extrem schmerzhaft sein, und ihre schädigenden Folgen sind oft langwierig. Ähnlich wie bei körperlicher Gewalt kann auch verbale Misshandlung verschiedene Formen annehmen. Folge dieser Art von Gewalt ist aber immer, dass sich das Selbstbild des Opfers ändert. Ziel der verbalen Angriffe mag gewesen sein, dass Sie sich ängstlich und machtlos fühlten. Vielleicht waren die Beschimpfungen darauf ausgerichtet, dass Sie sich wertlos vorkamen oder den Eindruck erhielten, Sie seien irgendwie an all dem schuld, was Ihr Ex-Partner Ihnen antat. Oder Ihr Partner beabsichtigte damit, Sie zu überzeugen, dass Sie unbedeutend, unwürdig, unattraktiv, dämlich oder gefühlskalt seien und dass niemand außer ihm Sie jemals lieben würde (siehe voriger Abschnitt „Emotionale Misshandlung").

Die nachfolgende (unvollständige) Liste enthält Verhaltensweisen, die im Zuge von verbaler Misshandlung vorkommen:

- Anschreien
- Lächerlich machen
- Beschuldigen
- Verantwortlich machen
- Sarkasmus
- Herabwürdigen Ihrer Ideen
- Bedrohen
- Beschimpfen
- Beleidigen
- Schlechtmachen
- Ablehnen Ihrer Meinungen
- Einschüchtern
- Kritisieren
- Demütigen
- Verspotten
- Heruntermachen
- Ihre Bedürfnisse und Wünsche nicht ernst nehmen

Spirituelle Misshandlung

Vielleicht hat Ihr Partner Wege gefunden, mit denen er Kontrolle über Sie erlangen konnte, indem er sich Grundsätze zunutze machte, die Ihnen heilig sind: Ihre Spiritualität, Ihre persönlichen Werte, Ihre Moralvorstellungen und Ihre philosophischen Glaubenssätze. Hat sich Ihr Ex-Partner einmal auf religiöse Zitate berufen, um Sie davon zu überzeugen, dass Misshandlungen, die er gegen Sie verübt hatte, in Ordnung seien? Hat er Passagen aus den heiligen Schriften Ihrer Religion oder aus philosophischen Texten angeführt, die Ihnen sehr wichtig sind? Hat er diese so ausgelegt, als seien Sie sein Eigentum oder als müssten Sie seinen Bedürfnissen dienen und sich seiner Autorität und Macht unterwerfen? Interpretierte er sie, als gehörten Sie bestraft, wenn Sie nicht gehorchten? Ganz gleich *welchen* geistlichen Überzeugungen Sie anhängen – Ihr Peiniger mag versucht haben, diese Grundsätze – und damit auch Sie – lächerlich zu machen.

Er hat möglicherweise nicht nur Ihren religiösen Glauben gegen Sie verwendet. Vielleicht hat er auch nicht religiöse Grundsätze verleumdet, die Ihnen heilig sind. Solche Ansichten sind häufig ein wesentlicher Bestandteil der eigenen Erziehung und davon, wer man wirklich ist. Ihre Vorstellungen von Ihrem Verhältnis zu anderen Menschen, zu Tieren oder zur Umwelt gehören zu den Überzeugungen, die möglicherweise zum Nährboden für seine Misshandlungstaten wurden.

Einige Beispiele für spirituelle Misshandlungstaten sind:

- Belanglosreden Ihrer Vorstellungen, Meinungen, Sichtweisen und Bedürfnisse
- Heruntermachen Ihrer Werte als unwichtig, dumm oder unrealistisch
- Festlegung seiner eigenen Werte als die einzig „wahren“ Werte
- Berufung auf heilige oder von Ihnen hochgeschätzte Texte zur Rechtfertigung seiner Misshandlungstaten
- Benutzung von Religion, um seine Ausübung von Macht und Kontrolle zu rechtfertigen
- Ihren religiösen Glauben in Abrede stellen
- Hinderung an der Teilnahme an Gottesdiensten oder anderen heiligen Zeremonien
- Hinderung an der Wahrnehmung von religiösen Feiertagen und Ritualen
- Lächerlichmachen Ihrer Religion und Ihres Glaubens
- Einschüchtern anhand von Religion („Wenn du nicht tust, was ich sage, wirst du in die Hölle kommen.“)

- Zerstörung oder Beschmutzung von Büchern oder anderen Objekten, die Ihre philosophischen Wertsysteme repräsentieren
- Abwertung oder Ablehnung Ihres kulturellen oder ethnischen Hintergrunds

Körperliche Misshandlung

Es ist möglich, dass Sie während Ihrer Beziehung körperliche Gewalt erfahren haben, die Sie zu dem Zeitpunkt nicht als Missbrauch bezeichnet haben. Körperliche Gewalt muss nicht immer Knochenbrüche, Blutungen oder genähte Wunden nach sich ziehen – in diesen Fällen kann jeder erkennen, dass eine Misshandlung stattgefunden hat. Meist ist der Schaden, der durch körperliche Beziehungsgewalt verrichtet wird, nach außen hin nicht sichtbar, und somit wissen andere nicht einmal, dass sich Gewalt ereignet hat. Misshandelnde werden zu Experten auf dem Gebiet. Stellen Sie sich nur vor, was passieren würde, wenn Ihre Freunde, Familie oder Kollegen die Anzeichen Ihrer Misshandlung tatsächlich täglich oder wöchentlich *sehen* könnten – sein Geheimnis wäre gelüftet.

Vielleicht hat Ihr Partner Sie gestoßen, weggeschoben oder Sie gepackt, um Sie daran zu hindern, den Raum zu verlassen. Vielleicht hat er Ihnen den Arm umgedreht und damit erhebliche Schmerzen zugefügt, aber keine sichtbaren Spuren hinterlassen. Wie hätten andere ahnen sollen, dass Ihr Ex-Partner Sie gegen die Wand geschleudert oder zu Boden gedrückt hat? Vielleicht hat er Sie so stark gewürgt, dass Sie kaum noch Luft bekamen, aber es wiederum geschafft, ohne Spuren zu hinterlassen. So hatten andere nicht die leiseste Ahnung, was sich tatsächlich abspielte. Wenn er manchmal doch so heftig zuschlug, dass Blutergüsse entstanden, achtete er gut darauf, Sie nur an den Stellen Ihres Körpers zu treffen, die andere nicht sehen würden.

Zu körperlicher Gewaltanwendung gehören unter anderem:

- Stoßen
- Zupacken
- Boxen

- Kneifen
- Mit Gegenständen werfen oder damit auf das Opfer einschlagen
- Wegschieben
- Würgen
- Beißen
- Eigentum zerstören
- Haustiere quälen oder töten
- Zuschlagen
- Ohrfeigen
- Schnitte oder Stiche zufügen
- Festhalten (z.B. jemanden auf den Boden oder gegen eine Wand gedrückt halten, jemanden davon abhalten, sich zu bewegen oder einen Ort zu verlassen usw.)
- Vergewaltigung und Erzwingung anderer sexueller Aktivitäten (siehe Kapitel 4 „Verdeckter Horror: Sexueller Missbrauch“)
- Körperliche Einschüchterung (sich vor Ihnen auftürmen, den Ausgang versperren, die Faust ballen usw.)

Es wird für Sie hilfreich sein, sich eine klare Übersicht über die vielfältigen Formen von Beziehungsgewalt zu verschaffen und die Verhaltensweisen zu kennen, die für eine Misshandlungsbeziehung typisch sind. Zweifel darüber, ob Sie sich in einer solchen Beziehung befunden haben, lassen sich damit ausräumen. Darüber hinaus geht es aber um die Betrachtung des Gesamtbildes der Beziehung und des Prozesses, der den Beginn, die Ausdehnung und schließlich die Eskalation der Misshandlung vorangetrieben hat.

Warum Sie geblieben sind

Vermutlich sind Sie schon gefragt worden: „Warum bist du nicht einfach gegangen?“ Viele Menschen, die noch nie in einer Misshandlungsbeziehung waren, finden es sehr schwierig zu verstehen, wie schwer es für Sie war zu entkommen.

Sie wissen nur zu gut, dass es viele Gründe gab, weshalb Sie nicht früher losgekommen sind. Ihr Ex-Partner versprach Ihnen, sich zu ändern.

Sie wollten ihm glauben. Sie dachten vielleicht, Sie müssten sich lediglich ein bisschen stärker bemühen.

Vielleicht hat Ihnen Ihr Peiniger nach jedem Misshandlungsvorfall erzählt, dass er ein Problem habe, das an allem schuld sei: Depressionen, Stress auf der Arbeit oder dass er selbst in seiner Vergangenheit misshandelt wurde. Vielleicht glaubten Sie, dass sich die Lage bessern würde, wenn Sie ihn nur dabei unterstützten, Hilfe für die Beseitigung dieser Probleme aufzutreiben.

Vielleicht schob Ihr Ex-Partner alles auf seine Trinkgewohnheiten oder auf andere Drogen, die er nahm. Sie versuchten mehrmals, ihm Hilfe gegen sein Alkoholproblem oder andere Drogenprobleme zu beschaffen, aber nichts schien zu wirken. Wenn es Ihnen doch gelang, stellten Sie fest, dass die Misshandlungen nach Abbruch des Drogenmissbrauchs zwar in den Hintergrund rückten, aber trotzdem nicht aufhörten.

Vielleicht sorgten Sie sich auch darum, wie Sie eine mögliche Trennung finanziell überstehen würden. Möglicherweise waren Sie finanziell von ihm abhängig geworden. Vielleicht hatte er alles so gedeichselt, dass alle Bankkonten allein auf seinen Namen geführt wurden.

Sich zu trennen bedeutete für Sie, dass die Kinder nicht mit beiden Eltern aufwachsen würden. Ihr Ex-Partner erzählte Ihnen vielleicht, dass Sie das Sorgerecht für die Kinder niemals erhalten würden. Sie waren davon überzeugt, dass Sie Ihre Kinder im Falle einer Trennung verlieren könnten oder dass Ihre Kinder beide Elternteile in ihrem Leben brauchten.

Wie oft hatte Ihr Ex-Partner Ihnen gesagt, dass Sie wertlos, dumm oder hässlich seien und dass kein anderer Sie jemals wollen würde? Ihn zu verlassen bedeutete für Sie also, dass Sie womöglich für den Rest Ihres Lebens allein blieben, falls er recht hatte.

Und dann waren da noch seine Drohungen. „Wenn du mich jemals verlässt ...“ Bis dahin hatte Ihr Peiniger seine Drohungen noch immer wahr gemacht. Sie glaubten, dass er sie auch diesmal wieder in die Tat umsetzen würde, sogar wenn er damit drohte, Ihnen das Leben zu nehmen.

Oder, vielleicht blieben Sie, weil er Ihnen einfach so viel bedeutete.

Wie konnte es dazu kommen, dass Sie so sehr an Ihrem Misshandler hingen?

Sie werden sich bestimmt gefragt haben, wie es nur möglich war, dass Sie trotz der erlittenen Misshandlungen so stark an Ihrem Peiniger hingen. Falls es nicht Ihre erste ernsthafte Beziehung war, haben Sie vielleicht das Gefühl, dass diese Bindung paradoxerweise irgendwie stärker und schwieriger zu brechen war als vorherige, nicht gewalttätige Beziehungen. Wie kann das sein?

Bindungstrauma

Hinter dem Begriff *Bindungstrauma* verbirgt sich eine Theorie, die erklären soll, warum gerade in Misshandlungsbeziehungen häufig eine besonders starke Bindung zum Partner vorliegt. Es sind zahlreiche Faktoren identifiziert worden, die vorliegen müssen, damit eine solche Verbindung entsteht. Erstens: Damit es zu einem Bindungstrauma kommt, muss zwischen den Partnern ein *Ungleichgewicht von Macht* vorliegen. Unter *Macht* kann man nun dieses oder jenes verstehen, aber gemeinhin bedeutet Macht, dass ein Partner über Schlüsselaspekte der Beziehung mehr Kontrolle besitzt als der andere. Hat Ihr Partner alle oder fast alle Entscheidungen allein getroffen, hatte er die Kontrolle über die Finanzen, hat er sich als „Alleinherrscher" aufgeführt, Sie durch Drohungen oder Gewalt eingeschüchtert oder hat er Ihnen auf andere Weise ein Gefühl von Machtlosigkeit vermittelt, so waren die Machtverhältnisse in Ihrer Beziehung vollkommen einseitig.

Eine zweite Bedingung für eine traumatische Bindung ist, dass die Misshandlungsvorfälle *sporadisch auftreten*. Offenkundige Misshandlungen sind eingebettet in vorangehende und folgende Phasen der Ruhe, die von liebevoller Zuwendung und Fürsorge geprägt sind. Dieses Muster von nur gelegentlich auftretender Gewalt und scheinbarer Ruhe ist die stärkste Form von Verstärkung.

Der dritte Faktor, der für Bindungstraumata eine wichtige Bedeutung hat, ist eine gewisse *Verleugnung*. Um sich selbst emotional zu schützen, haben Sie sich eingeredet, es sei „schon alles nicht so tragisch". Sie erfanden „Ausreden", um die Situation besser erscheinen zu lassen, als sie eigentlich war. Vielleicht haben Sie sogar Ihre Einstellung zu den Gewalttaten verändert oder Sie haben neue Denkweisen entwickelt, um die Wahrheit vor sich selbst zu verbergen. Womöglich haben Sie sich eingeredet, dass die Art, wie Ihr Ex-Partner Sie behandelte, nur allzu berechtigt war, weil Sie das Essen nicht rechtzeitig fertig hatten, nicht absolut pünktlich nach Hause gekommen waren oder weil Sie vergessen hatten, die Kleidung bei der Reinigung abzuholen. Sie dachten, solange die Gewaltauswirkungen Sie nicht ins Krankenhaus beförderten, könne keine wirkliche Misshandlung vorliegen.

Selbst wenn die Gewaltausübung massiv war, haben Sie vielleicht Wege gefunden, der Gewalt im Moment des Geschehens zu entkommen, indem Sie sich vorstellten, außerhalb Ihres Körpers zu sein und die schreckliche Szene von oben herab zu beobachten. Dabei handelt es sich um einen weiteren psychischen Schutzmechanismus, der sich *Dissoziation* nennt. Dies ist eine sehr wirksame Strategie, um eine Distanz zwischen sich selbst und der Gewalt herzustellen. Dissoziation wird in Kapitel 9 „Anzeichen von unerfüllter Heilung" genauer erläutert.

Das, was hinter diesen Formen der Verleugnung und Distanzierung steht, wird von Psychologen als *kognitive Dissonanz* bezeichnet. Bezogen auf Misshandlungsbeziehungen bedeutet kognitive Dissonanz, dass das, was Ihnen widerfahren ist, so furchtbar und fernab von Ihren Erwartungen und Vorstellungen über die Welt war, dass es mit der Wirklichkeit nicht in Einklang zu bringen war; Realität und Erwartung waren unstimmig. Da Sie nicht in der Lage waren, etwas an der Situation zu verändern, stützten Sie sich auf innerliche, emotionale Strategien, mit denen Sie versuchten, die erlebte Abweichung zu verkleinern und alles irgendwie stimmig zu machen. Mit anderen Worten: um zu überleben, mussten Sie buchstäblich Ihre Wahrnehmung von der Wirklichkeit verändern.

Der letzte Faktor, der beim Bindungstrauma eine wichtige Rolle spielt, betrifft die Verdeckung der Misshandlungen. Möglicherweise durften Sie niemandem gegenüber zugeben, dass Sie Misshandlungen erduldeten. Oder Sie flüchteten mithilfe von Alkohol oder anderen Drogen, wie es viele Menschen in dieser Situation tun. Trinken oder die Einnahme anderer Drogen war für Sie vielleicht ein Weg der Selbstmedikation. Während die „Medikamente wirkten", schien es sowohl gedanklich als auch emotional leichter, sich vor den Misshandlungen oder der Gewalt zu verstecken. Zusätzlich mag es auch ein Weg gewesen sein, die Tatsache zu verleugnen, dass das eigentliche Problem tatsächlich die Misshandlung war. Stattdessen konnten Sie den Drogen die Schuld an den Gewalttaten geben.

Wenn diese vier Elemente *Ungleichgewicht von Macht, intermittierende Misshandlung, kognitive Dissonanz* und *Maskierungstechniken* zusammenwirken, entsteht häufig eine *traumatische Bindung* zum Misshandler. Wenn diese Bindung sich erst einmal aufgebaut hat, wird es entsetzlich schwierig, aus der Beziehung auszubrechen.

Das Stockholm-Syndrom

Das Stockholm-Syndrom ist eine weitere Theorie darüber, wie Menschen, die jemandem zum Opfer fallen, eine Bindung zum Täter aufbauen. Diese Theorie geht auf ein Geiseldrama zurück, bei dem 1973 in Schweden eine Frau und drei weitere Geiseln für sechs Tage von Bankräubern in Gefangenschaft gehalten wurden. Als die Gefangenen schließlich befreit wurden, stellte die weibliche Geisel fest, dass sie eine starke Zuneigung zu ihrem Geiselnehmer entwickelt hatte, ja geradezu von ihm betört war.

Dem Stockholm-Syndrom liegen ebenfalls vier Bedingungen zugrunde, die an das Bindungstrauma erinnern, aber nicht damit identisch sind. Erstens droht dem Opfer der Tod oder das Erleiden von schwerer Körperverletzung, und es erlebt den Täter als fähig, diese Bedrohung in die Tat umzusetzen. Zweitens sieht das Opfer keine Fluchtmöglichkeit und hat daher die Wahrnehmung, das eigene Leben hänge vom Geiselnehmer ab. Drittens fühlt sich das Opfer von der Außenwelt abgeschnitten und hat wenig Hoffnung, dass Freunde oder Familienmitglieder von außen eingreifen werden. Und viertens verkörpert der Geiselnehmer nicht nur Gewalt, sondern strahlt zusätzlich Güte aus. Dadurch verstärkt sich die Wahrnehmung des Opfers, vollkommen hilflos und abhängig vom Täter zu sein.

In den Jahrzehnten nach dem Originalfall ist das Syndrom auf zahlreiche Täter-Opfer-Situationen angewendet worden. Es passt erschreckend genau auf Misshandlungsbeziehungen, da die meisten, wenn nicht alle der genannten Bedingungen dort oft gegeben sind. Wenn solche Beziehungen das Syndrom hervorrufen, klammert sich das Opfer an seinen Peiniger, da dies seine einzige Hoffnung bleibt zu überleben. Diese Bindung kann, obwohl sie ungesund ist, manchmal stärker erscheinen als eine Bindung, die aus der Liebe einer gesunden Beziehung erwachsen ist.

Fazit

Die Einsicht in die Verhaltensweisen, die Misshandlung ausmachen, sowie verwertbare Kenntnisse darüber, dass *Missbrauch häufig intermittierend auftritt*, über *Bindungstraumata* und das *Stockholm-Syndrom* werden Ihnen zu mehr Klarheit darüber verhelfen, dass Sie in einer Misshandlungsbeziehung waren. Dieses Wissen soll Ihnen auch helfen, besser zu verstehen, warum Sie sich so schwergetan haben, Ihren Misshandler zu verlassen und weshalb Sie so lange in der Beziehung geblieben sind, wie Sie es getan haben.

Selbsterkundungsübung 1

Checkliste der Misshandlungen

Wenn Sie immer noch grübeln, ob es sich bei Ihrer zurückliegenden Beziehung um eine Misshandlungsbeziehung handelte, probieren Sie es einmal mit dem folgenden Quiz. Setzen Sie vor alle Verhaltensweisen, die auf Ihren Partner zutrafen, einen Haken.

Welche der nachstehenden Verhaltensweisen kamen wiederholt vor?

- ☐ schrie
- ☐ beschimpfte Sie
- ☐ kritisierte Sie
- ☐ kontrollierte Sie
- ☐ tauchte unerwartet auf
- ☐ bot keine emotionale Unterstützung
- ☐ verfolgte immer, wo Sie sich gerade aufhielten
- ☐ übernahm die gesamte Alltagsplanung
- ☐ verwaltete alleine das gesamte Geld
- ☐ beschuldigte Sie ungerechtfertigt
- ☐ machte Sie nieder
- ☐ schenkte Ihnen keine Beachtung

Markieren Sie, was einmal oder mehrmals vorgekommen ist:

- ☐ drohte Ihnen oder bedrohte Sie
- ☐ sagte Ihnen, wen Sie treffen und wen Sie nicht treffen durften
- ☐ hielt Sie von Ihrer Familie fern
- ☐ sagte, er habe immer Recht
- ☐ türmte sich vor Ihnen auf
- ☐ schlug Sie
- ☐ packte Sie grob an
- ☐ schränkte Sie ein

- ☐ schubste Sie
- ☐ bedrohte Sie gewaltsam
- ☐ verfolgte Sie
- ☐ trat Sie
- ☐ würgte Sie
- ☐ erzwang Geschlechtsverkehr

Wenn Sie auch nur eine dieser Verhaltensweisen markiert haben, waren Sie wahrscheinlich in einer Misshandlungsbeziehung. Misshandlungsbeziehungen sind nicht alle „gleich schlimm", aber alle sind auf ihre eigene Art und Weise sehr schmerzhaft und destruktiv. Obgleich einige der Verhaltensweisen eine gravierendere Misshandlung darstellen als andere, kann man im Allgemeinen sagen, dass das Ausmaß der Misshandlungen schlimmer war, je mehr Verhaltensweisen markiert sind. Diese erste Übung hat Ihnen geholfen zu ermitteln, welche Misshandlungen Sie durchgestanden haben. Im nächsten Teil haben Sie nun die Möglichkeit, die Auswirkungen dieser Misshandlungen genauer zu analysieren.

Selbsterkundungsübung 2

Analyse der Misshandlungen

Erläutern Sie bei den folgenden Aufgaben kurz, welche *Wirkung* die missbräuchlichen Verhaltensweisen auf Sie hatten.

- Zählen Sie auf, was Ihr Partner gesagt oder getan hat, damit Sie ein schlechtes Bild von sich bekommen (falls er so etwas getan hat). Beispiele wären: Er belegte Sie mit Schimpfworten, sagte Ihnen, dass Sie dumm oder unattraktiv seien oder machte Sie nieder, womöglich sogar vor anderen. Erläutern Sie kurz, welche Gefühle die Verhaltensweisen in Ihnen ausgelöst haben.

- Notieren Sie, mit welchen Mitteln Ihr Ex-Partner sich die Kontrolle über die Beziehung sicherte (falls er das tat). Beispiele dafür wären: Er hatte bei sämtlichen finanziellen Entscheidungen das letzte Wort; er beschloss, wann Sie welche Freunde oder die Familie sahen, was Sie taten und wohin Sie allein oder mit ihm gemeinsam gingen.

- Erklären Sie, welche Auswirkungen es auf Ihr damaliges Leben hatte, dass er die Kontrolle besaß.

- Zählen Sie auf, was Ihr Partner tat oder sagte, um Ihnen das Gefühl zu geben, Sie hätten keine andere Wahl, als bei ihm zu bleiben (falls er dies tat). Beispiele hierfür wären: Er erzählte Ihnen, dass Sie die Kinder nie sehen würden, wenn Sie ihn verließen; oder er sagte, dass niemand Ihnen bezüglich der Misshandlungen glauben würde oder dass die Misshandlungen sich verschärfen würden, wenn Sie versuchten, ihn zu verlassen.

- Erklären Sie, welche Auswirkungen es damals hatte, dass er es schaffte, Sie in der Beziehung gefangen zu halten. Hielt er Sie zum Beispiel davon ab, Ihre Familie zu sehen oder zur Schule zu gehen? Verloren Sie deshalb Ihren Job?

- Zählen Sie auf, durch welche Worte oder Taten Ihr Partner Ihnen das Gefühl gab, nicht liebenswert zu sein (falls er das tat). Beispiele wären: Er sagte Ihnen, Sie seien dumm, hässlich, eine schlechte Liebhaberin oder wüssten nicht, wie man mit einem Partner umgehen müsse usw.

- Erklären Sie, wie sich seine Behauptung, dass Sie nicht liebenswert seien, auf Ihr damaliges Leben auswirkte. Beispiele wären, dass Sie sich von Ihren Freunden zurückzogen, dass Sie an Selbstachtung verloren oder dass Sie dadurch zu dem Glauben gelangten, Sie seien hässlich, dumm oder faul.

____

____

____

____

- Notieren Sie, durch welche Worte oder Taten Ihres Partners Sie sich unsicher oder bedroht fühlten. Beispiele wären: Ihr Partner wurde immer gewalttätiger, versicherte Ihnen, dass er Sie überall finden würde, wo Sie auch hingingen, oder er drohte Ihnen ganz offen mit Verletzungen oder dem Tod.

____

____

____

____

- Erklären Sie, welche Auswirkungen die Angst auf Ihr damaliges Leben hatte, die er Ihnen machte. Sind Sie zum Beispiel deshalb in der Beziehung geblieben? Haben Sie deshalb immer nach den Wünschen Ihres Partners gehandelt? Hatten Sie deshalb ständig Angst, verletzt zu werden?

____

____

____

____

Diese genauere Analyse sollte Ihnen dabei helfen zu bestimmen, ob Sie in einer Misshandlungsbeziehung waren. Das Ausmaß, in dem sein Verhalten negative Auswirkungen auf Sie hatte, verhilft Ihnen zu einer größeren Klarheit darüber, dass Sie in einer Misshandlungsbeziehung waren. So können Sie der Verleugnung ein Ende setzen und den Weg zur Heilung frei machen.

2
Sind Sie jetzt in Sicherheit?

Mythen:

Ist man einmal aus der Gewaltbeziehung ausgebrochen, ist alle Gefahr vorüber.

Es gibt keinen Weg, die eigene Sicherheit zu erhöhen.

Wenn es innerhalb der Beziehung keine körperliche Gewalt gab, wird es auch nach der Trennung keine geben.

Anmerkung: Durch einen früheren Peiniger tätlich angegriffen zu werden, ist eine wirkliche Gefahr. Sie haben den besten Einblick in Ihre Lage und können so bestimmen, ob und wie sehr Ihr Ex-Partner für Sie noch immer eine Gefahr darstellt. Schließlich kennen Sie Ihren Misshandler besser als jeder andere. Falls Außenstehende (Ihr Therapeut, Sozialarbeiter, Ihre Familie oder Freunde) Ihnen jedoch sagen, dass sie um Ihre Sicherheit besorgter sind als Sie selbst, sollten Sie dies auf jeden Fall auch beherzigen. Denn vielleicht sind Sie noch nicht vollkommen bereit, sich einzugestehen, wie groß die Gefahr tatsächlich ist, die von Ihrem früheren Partner ausgeht.

Falls Sie das Gefühl haben, dass Sie immer noch in Gefahr sind, können die folgenden Informationen Ihnen wieder zu größerer Sicherheit verhelfen. Die Richtlinien, die Sie in diesem Kapitel kennenlernen werden, dürfen nicht als Garanten für absolute Sicherheit vor Gewalt interpretiert werden. Denken Sie daran: Lassen Sie *niemals* zu, dass andere Menschen Gefahren, die Sie wahrnehmen, kleinreden oder Ihnen das Gefühl geben, dass Ihre Angst dumm sei. Führen Sie sich die folgenden US-amerikanischen Statistiken vor Augen:

- Für das Opfer steigt das Risiko, getötet zu werden, wenn es dabei ist, sich aus einer Misshandlungsbeziehung zu lösen, oder die Beziehung gerade beendet hat.
- Fast drei Viertel der übel zugerichteten Frauen, die den medizinischen Notdienst aufsuchten, zogen sich ihre Verletzungen zu, nachdem sie den Misshandler verlassen hatten.
- Aus einer anderen Untersuchung, in der Männer befragt wurden, die ihre Ehefrauen getötet haben, geht hervor, dass die Androhung einer Trennung oder die tatsächliche Trennung seitens der Partnerin am häufigsten ausschlaggebend für den Mord war.

Diese Statistiken sind sehr beängstigend. Aber so erschreckend sie auch sein mögen – Sie wissen, dass es undenkbar gewesen wäre, länger in der Beziehung zu bleiben, anstatt sie zu beenden. Während Sie dieses Kapitel lesen und auf eine größere Sicherheit hinarbeiten, sollten Sie sich immer wieder in Erinnerung rufen, dass Sie die richtige und kluge Entscheidung getroffen haben, Ihren Misshandler zu verlassen. Dafür haben Sie eine Menge Mut und innere Stärke aufgebracht.

Wie steht es um Ihre Sicherheit?

Jetzt sind Sie aus der Beziehung heraus – welche Risiken bleiben bestehen? Verglichen mit dem Leben an der Seite eines gewalttätigen Partners *fühlen* die meisten sich sehr viel sicherer. Doch wie wir schon sagten: Hat man sich aus einer Misshandlungsbeziehung befreit, enden die Sorgen um die eigene Sicherheit nicht zwangsläufig – manchmal werden sie dann sogar noch größer. Möglicherweise sind Sie noch immer auf die eine oder andere Weise mit Ihrem Misshandler verbunden, z. B. über Ihre Kinder oder andere Familienmitglieder oder weil Sie in derselben Wohnumgebung leben oder zur selben Schule gehen. Und selbst, wenn Sie all diese Verbindungen abgebrochen haben, sind Sie vielleicht noch nicht außer Gefahr.

Wenn Sie in Ihrer Beziehung viel Gewalt erlebt haben, liegt es auf der Hand, sich weiterhin Sorgen um die persönliche Sicherheit zu machen. Wenn Sie aber in Ihrer Beziehung eher verbale oder emotionale Misshandlungen erdulden mussten oder wenn Sie Kontrolltaktiken zum Opfer fielen, ohne tätlich angegriffen zu werden, denken Sie vielleicht, das Thema Sicherheit sei für Sie nicht relevant. Bedauerlicherweise müssen einige Frauen erfahren, dass die Misshandlungen nach der Trennung schlimmer werden oder dass es dann erstmals zu körperlichen Angriffen kommt, selbst wenn tätliche Gewalt zuvor nie vorgefallen ist.

Ob Sie Ihren Misshandler erst kürzlich verlassen haben oder schon seit einiger Zeit „frei" sind – Ihr früherer Partner stellt vielleicht weiterhin eine gefährliche Bedrohung für Sie dar. Vielleicht kommt er mit seinem Leben nicht so schnell zurecht, wie Sie gehofft hatten.

Falls Sie gegangen sind, obwohl Ihr Partner es Ihnen verboten hatte (was meistens der Fall ist), ist er vermutlich wutentbrannt, weil er keine Kontrolle mehr über Sie hat. Bei den Misshandlungen ging es schließlich immer um Kontrolle. Sein Bedürfnis, sie zurückzuerlangen, ist jetzt vielleicht stärker denn je. Sein Zorn ist vielleicht heftiger als alles, was Sie vorher je miterlebt haben, da er seinen Einfluss auf Sie verloren hat. Das ist oft der Punkt, an dem Misshandler die schlimmsten Gewalttaten verüben.

Wie können Sie nun feststellen, wie groß die Gefahr für Sie ist, die von Ihrem früheren Partner ausgeht? Es wäre großartig, wenn es perfekt verlässliche Anzeichen für Gewalt nach dem Ende einer Misshandlungsbeziehung gäbe, aber so etwas gibt es nicht. Das Beste, was Sie tun können, besteht darin, nach Hinweisen zu suchen, die auf mögliche Gewalt gegen Sie oder Ihre Kinder hindeuten. Hier einige mögliche Indikatoren, an denen Sie festmachen können, dass weiterhin Gefahr besteht.

Verhaltensvorgeschichte Ihres Misshandlers

Hat Ihr Ex-Partner Ihnen einmal erzählt, er würde dafür sorgen, dass Sie nie wieder mit jemandem zusammenkämen, wenn Sie ihn verließen? Hat er Ihnen damit gedroht, Sie schwer zu verletzen oder Ihnen das Leben zu nehmen? Androhungen von Gewalt und Tod sind offensichtliche und wichtige Anzeichen dafür, dass Sie sich um Ihre Sicherheit Gedanken machen sollten. Hat er in der Vergangenheit Gewaltandrohungen wahr gemacht? Dann haben Sie allen Grund zu glauben, dass er dies jetzt, nachdem Sie gegangen sind, wieder tun könnte.

Auch wenn Ihr Ex-Partner Zugang zu Waffen besitzt, ist dies ein Zeichen für Ihre stärkere Gefährdung, durch ihn verletzt oder tödlich verwundet zu werden. Besitzt er eine Schusswaffe oder hat er durch Freunde, Familienmitglieder oder seine Arbeit Zugang zu solchen Waffen? Kann er mit einer Schusswaffe umgehen? Hat Ihr Misshandler früher einmal in irgendeiner Weise im Umgang mit Ihnen von einer Schusswaffe Gebrauch gemacht? Besitzt er andere Waffen wie Messer, die er benutzt hat, um Sie zu bedrohen? All diese Faktoren können darauf hindeuten, dass Sie sich auch jetzt ernsthaft in Gefahr befinden.

Ist Ihr Misshandler Ihnen gegenüber allmählich immer gewalttätiger geworden? Wurden die körperlichen Misshandlungen über die Monate und Jahre, in denen Sie zusammen waren, massiver? Hatten Sie das Gefühl, dass alles noch eskalieren würde, wenn Sie ihn nicht verließen? Falls ja, könnte es sein, dass seine Gewalt noch stärker zunimmt, jetzt wo Sie sich getrennt haben.

Denken Sie daran zurück, was Ihr Misshandler Ihnen für den Fall in Aussicht gestellt hat, dass Sie ihn verließen. Sprach er versteckte Drohungen aus, wie „Das willst du nicht wirklich tun, und das weißt du auch!“? Sagte er solche Dinge in einem Ton, der Ihnen sehr bekannt war und von dem Sie wussten, dass er auf Gewalt hindeutete? Hat Ihr Ex-Partner Ihnen direkt oder indirekt gedroht, Ihre Kinder, Familienmitglieder, einen möglichen zukünftigen Partner oder andere, die Ihnen viel bedeuten, zu verletzen, wenn Sie ihn verließen? Hat er Ihnen angedroht, persönliche Dinge, die Ihnen wichtig sind, zu zerstören oder Ihr Haustier zu töten, falls Sie jemals versuchten, sich von ihm zu trennen? Falls ja, wäre es ratsam, diese Drohungen ernst zu nehmen.

Psychische Vergangenheit Ihres Misshandlers

Die meisten Menschen, die an einer psychischen Störung leiden, sind weder gewalttätig, noch verhalten sie sich missbräuchlich. Dennoch ist es wichtig, die psychische Vergangenheit Ihres Misshandlers zu berücksichtigen, während Sie das Ausmaß der Bedrohung einschätzen, die im Moment von ihm ausgeht. Ist er sehr impulsiv? Handelt er, ohne vorher viel nachzudenken? Ist er zu Zeiten Ihrer Beziehung häufig einer Idee oder einem Gefühl gefolgt, ohne sich über die Konsequenzen Gedanken zu machen? Impulsive Menschen sind oft unberechenbar. Wenn eine solche Impulsivität bei den Misshandlungen eine Rolle spielte, steigt Ihr Risiko, auch nach der Trennung durch ihn Gewalt zu erfahren.

Zeigte Ihr Misshandler manchmal drastische oder schnelle Stimmungsumschwünge? Und führten diese Stimmungswechsel manchmal zu Gewaltausbrüchen? Tendierte er dazu, schon bei kleinsten Provokationen „in die Luft zu gehen“ oder von einer Minute zur anderen plötzlich in Rage zu geraten? Schien er manchmal in einem Moment zufrieden, im nächsten furchtbar deprimiert? Die meisten Menschen, die solche Stimmungsschwankungen erleben, sind nicht gewalttätig. Gefährlich wird es dann, wenn jemand zu plötzlichen Stimmungsumschwüngen neigt und gleichzeitig ein Macht- und Kontrollbedürfnis hat. Wenn die Laune Ihres Misshandlers unberechenbar und beängstigend war, haben Sie allen Grund zu glauben, dass seine Stimmung auch in Zukunft unbeständig sein wird. Und auch das erhöht Ihr Risiko, wieder von ihm misshandelt zu werden.

Hatte Ihr Ex-Partner in seiner Vergangenheit einmal eine depressive Episode? Es liegt auf der Hand, dass Depressionen normalerweise nicht auf Gewalt hindeuten. Depressivität erhöht jedoch das Risiko für zukünftige Gewalttaten, wenn sie mit einer Vorgeschichte kontrollierender Verhaltensweisen und Misshandlungstaten zusammentrifft. Menschen, die akut suizidgefährdet sind, empfinden manchmal Gleichgültigkeit darüber, was mit ihnen geschehen wird, da sie davon ausgehen, ihrem Leben ohnehin bald ein Ende zu bereiten. Das Gefühl, nichts verlieren zu können, indem er Sie verletzt oder Ihnen das Leben nimmt, wird es Ihrem Misshandler leichter machen, Ihnen Schaden zuzufügen. (Dies wird im nächsten Abschnitt genauer erläutert.)

Auch wenn Menschen, die in ihrer Kindheit selbst misshandelt wurden oder Misshandlungen mit ansehen mussten, vielleicht häufiger zu Tätern werden, kann Misshandlung oder Gewalt nicht damit entschuldigt werden. Solche Misshandlungen durchgestanden zu haben, mag sich psychisch nachteilig ausgewirkt haben, aber die Entscheidung, sich als Reaktion auf solche Emotionen schlecht zu verhalten, ist selbst gewählt. Die Tatsache, selbst misshandelt worden zu sein, gibt niemandem das Recht, andere zu misshandeln, auch wenn Täter dies oft zur Rechtfertigung ihrer Handlungen heranziehen. Vielleicht hat Ihr Ex-Partner Ihnen gesagt, dass er Sie misshandelt hat, weil auch er misshandelt wurde. Dann ist es wichtig, dass Sie sich ins Gedächtnis rufen, dass er sich *frei dazu entschieden* hat, Sie zu misshandeln, statt sich Hilfe zur Bewältigung seiner Vergangenheit zu suchen. Und vermutlich wird er das auch weiterhin so handhaben.

Ein anderes bedeutendes Thema ist der Umgang Ihres Ex-Partners mit Alkohol oder Drogen. Wenn die Misshandlungen an Häufigkeit und Intensität zunahmen, wenn Ihr Partner Alkohol getrunken oder andere Drogen genommen hatte, und dies immer noch der Fall ist, kann auch dies Ihre Sicherheit stärker gefährden. Der Konsum von Alkohol oder Drogen *verursacht* keine Misshandlungen. Allerdings liefern Drogen einem Misshandler eine bequeme Ausrede für seine Gewalt.

Wie denkt Ihr Misshandler?

Mit welchen Konsequenzen rechnet Ihr Partner, wenn er Sie jetzt verletzt? Je weniger nach seinem Ermessen für ihn auf dem Spiel steht, umso stärker sind Sie gefährdet. Wenn es ihm nicht wert ist, eine Gefängnisstrafe zu riskieren, indem er Ihnen Gewalt zufügt, reduziert es die Gefahr vielleicht ein bisschen.

Es ist sehr schwer zu beantworten, ob Ihr Ex-Partner das Gefühl hat, dass er „verlöre“, wenn er Sie jetzt verletzte. Wie er die möglichen Folgen abwägt, hängt von vielen Faktoren ab. Hat er Ihnen gegenüber einmal erwähnt, sein Leben wäre ohne Sie nicht mehr lebenswert? Dann empfindet er vielleicht, dass er nichts verlieren wird, wenn er Ihnen jetzt wehtut. Möglicherweise hat er auch das Gefühl, nicht mit der „Schande“ (wie *er* es sieht) leben zu können, dass Sie ihn verlassen haben. Dieses Gefühl von verletzter Ehre ist vielleicht so dominant, dass es seine Wahrnehmung für Risiken überdeckt.

Hat Ihr Peiniger Sie behandelt, als seien Sie sein Eigentum? Tat er, als gehörten Sie ihm? Viele Misshandler verdinglichen ihre Partnerin. Sie machen sie zu einem Objekt, das ihnen und allein ihnen gehört, und sehen sie nicht als ebenbürtigen Menschen an. Wenn Ihr Misshandler Sie auf diese Weise behandelt hat, mag er nun das Gefühl haben, dass ihm etwas genommen wurde, das ihm „rechtmäßig zusteht“. Er könnte denken, dass er zu jeder Handlung berechtigt sei, die notwendig ist, um Sie zurückzubekommen. Oder vielleicht meint er, er habe das Recht, Sie zu vernichten, damit kein anderer Sie jemals haben kann. Er wird vielleicht sogar versuchen, Sie körperlich zu verletzen (z. B. zu entstellen, Ihnen Narben zuzufügen), sodass niemand Sie mehr wollen wird (zumindest ist das seine Vorstellung). Falls Sie für ihn lediglich ein Objekt waren, erhöht dies wiederum die Wahrscheinlichkeit, dass er Ihnen jetzt Gewalt antun wird.

Was ist, wenn Ihr Misshandler sagt, dass er sich geändert hat? Vielleicht erzählt er sogar, dass er bei einer Beratung oder in Therapie war und nun ein vollkommen neuer Mensch sei. Aber es ist nicht einfach, missbräuchliches Verhalten und alte Denkmuster zu ändern. Falls Sie in Betracht ziehen, Ihren früheren Partner in irgendeiner Weise in Ihr Leben zurückzulassen, sollten Sie, bevor Sie sich endgültig dazu entschließen, das Kapitel 15 „Von der Versuchung zurückzugehen“ lesen.

In Verbindung mit Misshandlung oder kontrollierendem Verhalten deutet jedes der genannten emotionalen, psychologischen und handlungsbezogenen Muster darauf hin, dass Sie jetzt einer erhöhten Gefahr künftiger Gewalt durch Ihren Ex-Partner ausgesetzt sind. Die Übung am Ende dieses Kapitels wird Ihnen helfen zu bestimmen, wie stark Sie zurzeit gefährdet sind.

Wie können Sie sich vor Gewalt schützen?

Sie haben nun zahlreiche Faktoren betrachtet, die auf ein erhöhtes Risiko hindeuten, jetzt oder in Zukunft Gewalt zu erleiden. Was können Sie nun aber tun, um dieses Risiko zu verringern? Es gibt, wie gesagt, leider wohl kaum einen Weg, sich vollkommen in Sicherheit zu bringen. Sie können aber alles Mögliche tun, um Ihr Risiko weitestgehend zu senken. Dazu müssen Sie zunächst einmal bestimmen, wie stark Sie im Moment gefährdet sind.

Falls Sie das Gefühl haben, Ihr Misshandler steht womöglich kurz davor, Sie zu finden und zu verletzen oder Ihnen das Leben zu nehmen, sollten Sie sich vielleicht zunächst verstecken. Verschwinden Sie für eine Weile. Wenn Sie Freunde oder Familienmitglieder kennen, deren Wohnort Ihrem Peiniger nicht bekannt ist, können Sie diese bitten, Sie vorübergehend aufzunehmen. Falls dies für Sie keine Alternative darstellt, möchten Sie vielleicht eine örtliche Kontakt- und Beratungsstelle für häusliche Gewalt aufsuchen und in Erfahrung bringen, wie Ihnen dort geholfen werden kann. Solche Einrichtungen stellen Fluchtwohnungen zur Verfügung, in denen Opfer von häuslicher Gewalt unterkommen können.

Für einige Überlebende von Misshandlungsbeziehungen beschwört der Gedanke an solche Schutzunterkünfte Bilder von verkommenen, schmutzigen oder gefährlichen Wohnverhältnissen herauf. Dies ist aber nicht der Fall. Frauenhäuser beherbergen Menschen wie Sie, die eine vorübergehende Unterkunft benötigen, wo sie und gegebenenfalls auch ihre Kinder bleiben können, während sie daran arbeiten, ein normales, halbwegs sicheres Leben zurückzugewinnen.

Vorbereitung eines Fluchtplans

Wenn Sie beschließen, in Ihrer jetzigen Wohnung zu bleiben, werden Sie darüber nachdenken müssen, was Sie unternehmen können, um eine möglichst hohe Sicherheit zu gewährleisten.

Für den Fall, dass Ihr Peiniger auftaucht, ist es unumgänglich, dass Sie sich bereits *im Voraus* überlegt haben, was Sie in dieser Situation tun werden. Bei einem Notfall zählt jede Sekunde. Wenn Ihr Misshandler mitten in der Nacht bei Ihnen erscheint und beginnt, Ihre Tür einzutreten, müssen Sie einen Fluchtplan parat haben. Wenn Sie sich vorher einen Plan überlegt haben, wie Sie in einer entsprechenden Situation reagieren würden, werden Sie wahrscheinlich schnell und instinktiv danach handeln.

Was werden Sie tun, wenn Ihr Peiniger Ihre Wohnung betritt? Überlegen Sie sich, wie Sie fliehen können, falls er durch die Vorder- oder die Hintertür oder durch ein Fenster hereinkommt. Falls Sie in einem Mietshaus wohnen, vergewissern Sie sich, dass Sie diverse Fluchtwege wie Aufzüge, Treppenhäuser und sämtliche Ausgänge kennen. Versuchen Sie sich anzugewöhnen, wichtige Dinge an einem Ort aufzubewahren, an dem sie immer schnell griffbereit sind. Dazu gehören Autoschlüssel, etwas Geld, Ihr Mobiltelefon, eine gerichtliche Verfügung (falls vorhanden – siehe nächster Abschnitt) und gegebenenfalls Medikamente, die Sie oder Ihre Kinder regelmäßig einnehmen. Stellen Sie sicher, dass Sie den kürzesten Weg zur nächstgelegenen Polizeidienststelle kennen. Wenn möglich, tragen Sie Ihr Mobiltelefon immer bei sich. Sorgen Sie dafür, dass Sie die Nummern kennen, mit denen Sie im Notfall schnell Hilfe rufen können. Wenn Sie kein Mobiltelefon haben und sich keines leisten können, besteht in manchen Beratungsstellen und Polizeidienststellen die Möglichkeit, sich kostenlos ein Notfall-Handy auszuleihen.

Eine weitere Möglichkeit ist die Benutzung persönlicher Notrufsysteme, die am Körper getragen werden können. Diese Alarmsysteme sind mit einem Sender ausgestattet, der meist um den Hals getragen wird. Vermutlich kennen Sie diese aus der Werbung im Zusammenhang mit Senioren. Aber sie können in zahlreichen Situationen lebensrettend sein. Falls Sie einen Notfall haben und Hilfe benötigen, drücken Sie einen Knopf am Sender. Eine Notrufzentrale empfängt den Notruf und alarmiert direkt die Polizei. Heutzutage gibt es bereits GPS-basierte Notrufsysteme, sodass die Polizei Ihren Standort genau lokalisieren kann.

Erzählen Sie niemandem von Ihrem fertig ausgearbeiteten Plan, mit Ausnahme derer, die mit Ihnen zusammenwohnen oder denen Sie absolut sicher vertrauen können – Menschen, die Ihre Situation verstehen und Ihnen vielleicht helfen können, Ihren Plan umzusetzen, wie z. B. Ihr Therapeut, Sozialarbeiter oder die örtliche Polizei. Denken Sie oft darüber nach, wo Sie zu jeder Zeit hingehen könnten, und halten Sie einen Fluchtplan für den Fall bereit, dass Ihr Misshandler erscheint. So sind Sie immer einen Schritt voraus – und es könnte Ihnen das Leben retten.

Mit der Polizei Kontakt aufnehmen

Informieren Sie die Polizei über Ihre Situation. Versuchen Sie mit mindestens einem Polizeibeamten in persönlichem Kontakt zu bleiben. Die Polizei wird Ihnen im Zweifel noch mehr Gehör schenken, wenn Sie sich einen Rechtsanwalt („Opferanwalt") nehmen. Liefern Sie der Polizei eine detaillierte Beschreibung und ein aktuelles Foto Ihres Misshandlers sowie sämtliche Dokumente, die relevant sein könnten, wie z. B. eine Kopie der gerichtlichen Verfügung. Betonen Sie, dass im Falle Ihres Anrufes sofort gehandelt werden muss. Halten Sie die Polizei immer auf dem aktuellen Stand. Wenn dort bekannt ist, dass Ihnen ernsthafte Gefahr droht, wird im Zweifel schneller und wirkungsvoller reagiert. Informieren Sie die Polizei auch über jede noch so versteckte Drohung, die Ihr früherer Partner gegenüber Ihnen, Ihrer Familie, Freunden oder Bekannten geäußert hat. Ganz gleich wie unwesentlich Ihnen solche Drohungen erscheinen – sie deuten möglicherweise darauf hin, dass Sie stärker gefährdet sind, einem gewalttätigen Angriff durch Ihren Ex-Partner zum Opfer zu fallen.

Sie sollten in Ihrer jetzigen Situation in Erwägung ziehen, sich eine gerichtliche Verfügung gegen Ihren Ex-Partner zu verschaffen. Dies ist eine rechtsverbindliche Anordnung, die es dem Misshandler verbietet, Sie zu bedrohen, zu belästigen oder sich Ihnen und Ihren Kindern überhaupt zu nähern. Ein Verstoß gegen diese Verfügung ist eine Straftat, für die der Misshandler mit einer Gefängnisstrafe bestraft werden kann. Genauere Auskünfte zur Erlangung einer gerichtlichen Verfügung sind bei Kontakt- und Beratungsstellen häuslicher Gewalt und bei der Polizei erhältlich. Kapitel 12 „Praktische Erwägungen" bietet ebenfalls weitere Informationen über gerichtliche Verfügungen.

Ein Sicherheitsnetzwerk aufbauen

Beziehen Sie andere, denen Sie vertrauen können, in Ihr Sicherheitsnetzwerk ein. Darüber hinaus sollten Sie unbedingt dafür sorgen, dass Sie überall in Ihrer Wohnung schnell ein Telefon zur Hand haben. Legen Sie neben jedes Telefon eine Liste mit wichtigen Telefonnummern. Auf keinen Fall fehlen dürfen die Nummer der Polizei, der Feuerwehr, von Nachbarn oder nahen Freunden, auf deren Hilfe Sie zählen können und bei denen Sie unterkommen könnten. Vielleicht möchten Sie eine neue Nummer beantragen, die nicht im Telefonverzeichnis erscheint, und Ihre Nummer nur an Personen weitergeben, die mit Ihrer Situation vertraut sind. Die erwähnten Telefonnummern sollten Sie zusätzlich in Ihrem Mobiltelefon und Ihren Festnetztelefonen abspeichern.

Versuchen Sie mindestens zwei Nachbarn dafür zu gewinnen, Ihnen im Notfall zu helfen (Sie brauchen eine zweite Möglichkeit für den Fall, dass der erste nicht zu Hause ist). Wenn Sie ihnen vertrauen, schildern Sie Ihre Situation und beschreiben Sie Ihren Misshandler genau. Zeigen Sie ihnen auch ein Bild von ihm. Vereinbaren Sie ein Zeichen oder ein Erkennungswort, bei dem sie die Polizei alarmieren sollen.

Sagen Sie den Nachbarn oder Ihrer Vermieterin, was sie tun sollen, wenn sie sehen, dass Ihr Misshandler Ihr Haus betritt. Stellen Sie sicher, dass sie wissen, dass sie sofort die Polizei verständigen sollen, wenn sie etwas Auffälliges sehen oder hören. Sorgen Sie dafür, dass sie von Ihren Fluchtplänen wissen.

Die Kinder

Wenn Sie Kinder haben, die alt genug sind, um die Lage zu begreifen, beziehen Sie sie in Ihre Sicherheitsvorkehrungen mit ein. Stellen Sie sicher, dass Ihre Kinder wissen, was zu tun ist und wohin sie gehen sollen, wenn Ihr Misshandler gegen Ihren Willen in die Wohnung eindringt. Erklären Sie ihnen, wie sie an einen sicheren Ort gelangen können, wenn kein Erwachsener zu Hause ist, dem sie vertrauen können. Treffen Sie für solche Situationen im Voraus Vereinbarungen mit Ihren Nachbarn. Sorgen Sie dafür, dass die Kinder wissen, wie sie die

Polizei verständigen können, sobald sie sich an einem sicheren Ort befinden.

Falls Ihre Kinder tagsüber eine Kindertagesstätte besuchen, Zeit mit einem Babysitter verbringen oder zur Schule gehen, achten Sie darauf, dass die erwachsenen Betreuungspersonen die Situation kennen. *Machen Sie sehr deutlich, in wessen Obhut Ihre Kinder sein dürfen und in wessen nicht.* Hinterlassen Sie wenn möglich Fotos von Ihrem Misshandler bei allen Betreuungspersonen, sodass sie Situationen erkennen können, in denen sie sofort die Polizei rufen müssen. Falls Ihre Kinder in der gerichtlichen Verfügung aufgeführt sind, hinterlegen Sie in der Schule der Kindertagesstätte oder bei anderen Betreuungspersonen eine Kopie.

Haustiere

Falls Sie Haustiere besitzen, planen Sie auch für diese voraus. Halten Sie eine Leine oder eine Transportbox für den Fall bereit, dass Sie das Haus schnell verlassen müssen. Vergewissern Sie sich, dass Tiere an dem Zufluchtsort, den Sie ins Auge fassen, erlaubt sind. Falls nicht, suchen Sie jemanden, der vorübergehend für sie sorgen würde. Falls Sie große Tiere haben, finden Sie heraus, wo diese untergebracht werden können. Auch hier wird Ihnen die nächstgelegene Kontakt- und Beratungsstelle häuslicher Gewalt sicher weiterhelfen können und Sie unterstützen, eine vorübergehende Herberge für Ihre Tiere zu finden.

Sicherheitsmaßnahmen zu Hause

Wenn Sie es sich leisten können, ist es sinnvoll, ein Hausnotrufsystem in Ihrer Wohnung installieren zu lassen. Diese sind in einer breiten Preisspanne erhältlich. Einige sind mit einem Funksender und weiteren Notruftastern ausgestattet, anhand derer Sie von verschiedenen Standorten in Ihrer Wohnung aus den Alarm auslösen können. Sie sollten auch dafür sorgen, dass Sie gute Sicherheitsschlösser an allen Fenstern und Türen einbauen, die von draußen erreichbar sind. Sorgen Sie für eine ausreichende Außenbeleuchtung und bringen Sie, wenn möglich, Lampen mit integriertem Bewegungsmelder an. Versuchen Sie, in allen Räumen Ihrer Wohnung eine Fluchtmöglichkeit zu schaffen. Sie sollten auch in Erwägung ziehen, ob Sie Schlösser anbringen möchten, mit denen die Türen innerhalb der Wohnung von innen abschließbar sind; besonders wichtig ist dabei die Tür zum Schlafzimmer.

Unterwegs

Leider ist Ihre Wohnung möglicherweise nicht der einzige Ort, an dem Sie Gefahren ausgesetzt sind. Auch wenn es wahrscheinlicher sein mag, dass Ihr Misshandler Sie zu Hause aufsucht, sind Sie möglicherweise auch an Ihrem Arbeitsplatz oder Ihrer Ausbildungsstätte der Gefahr ausgesetzt, von ihm angegriffen oder bedroht zu werden. Bereiten Sie auch dafür einen Plan vor, so wie Sie es in Bezug auf Ihre Wohnung getan haben. Informieren Sie Sicherheitsbeamte, Pförtner, Empfangspersonal, Sekretärinnen, Freunde oder Kollegen, denen Sie vertrauen, über Ihre Situation und geben Sie Ihnen eine genaue Beschreibung oder ein Foto von Ihrem Misshandler. Sorgen Sie vor, indem Sie sicherstellen, dass Sie schnell fortgehen können, und haben Sie für diesen Fall Geld und jegliche Dinge parat, die für Sie lebensnotwendig sind (z.B. erforderliche Medikamente). Tragen Sie immer eine Kopie der gerichtlichen Verfügung bei sich, um sicherzustellen, dass Sie bei Bedarf jederzeit unkompliziert die Hilfe der Strafvollzugsbehörden anfordern können. Machen Sie allen klar, dass *niemandem* persönliche Informationen über Sie herausgegeben werden dürfen. Denken Sie daran: Ihr Ex-Partner könnte andere einspannen, um Ihre Adresse oder Telefonnummer in Erfahrung zu bringen.

Wenn Sie gerade eine Gewaltbeziehung verlassen haben oder Ihr Ex-Partner Ihnen vor Kurzem gedroht hat, bitten Sie darum, dass jemand Sie zu Ihrem Auto begleitet und von dort abholt. Versuchen Sie, sich ständig mit Leuten zu umgeben. Erwägen Sie, Ihren Vorgesetzten zu fragen, ob Ihr Arbeitsplatz nach Möglichkeit an einen Ort verlegt werden kann, der besser versteckt ist und mehr Schutz bietet.

Wenn Sie aus irgendeinem Grund vermuten, dass Ihr früherer Partner Ihnen nachstellt, vermeiden Sie es, in abgelegenen Gegenden allein zu sein. Seien Sie wachsam. Wenn Sie das Gefühl haben, jemand verfolge Sie, fahren Sie zur nächstgelegenen Polizeistation. Wenn das nicht möglich ist, begeben Sie sich so schnell wie möglich an einen Ort, wo viele Menschen sind (Supermarkt, Einkaufszentrum, Restaurant etc.). Gehen Sie nicht nach Hause. Wenn Ihr Misshandler Ihnen gefolgt ist, dann tun Sie etwas, das die Aufmerksamkeit der Menschen auf Sie lenkt. Hupen Sie beispielsweise mehrmals hintereinander. Verriegeln Sie die Türen Ihres Wagens. Steigen Sie nicht aus Ihrem Auto. Rufen Sie Hilfe. Es kann lebensrettend sein, aus der schützenden Geborgenheit des Autos heraus einen Notruf abzusetzen. (Beachten Sie: In einigen Regionen können Sie per Mobiltelefon keine Notrufnummern anrufen. Stellen Sie sicher, dass Sie wissen, wie mit Ihrem Mobiltelefon ein Notruf getätigt werden kann).

Sie können sich auch schützen, indem Sie lernen, sich selbst zu verteidigen. Selbstverteidigungskurse werden von vielen Stadtteilzentren, Frauenhäusern, Hochschulen und Universitäten angeboten. Diese Kurse werden Ihnen helfen, sich körperlich zu verteidigen und sich emotional zu behaupten. Sie schützen sich damit nicht nur gegen Ihren Misshandler, sondern zugleich gegen jegliche Angriffe durch andere. Viele Überlebende von Misshandlungsbeziehungen stellen auch fest, dass ein Selbstverteidigungskurs ihnen zu größerem Selbstvertrauen verhilft und das Gefühl erwächst, allgemein mehr Kontrolle über das eigene Leben zu gewinnen.

Falls Sie darüber nachdenken, ob Sie eine Waffe benötigen, um sich zu schützen, sollten Sie diese Entscheidung erst nach reiflicher Überlegung treffen. Wenn Kinder in Ihrem Haushalt leben, besteht die Gefahr, dass sie versehentlich durch die Waffe verletzt werden oder zu Tode kommen. Sie sollten auf jeden Fall vor dem Gebrauch jeglicher Waffen an einem intensiven Training teilnehmen, in dem Sie den sicheren Umgang mit entsprechenden Waffen lernen. Lassen Sie sich bei Ihrer örtlichen Polizeidienststelle darüber beraten, welche Empfehlungen dazu vorliegen.

Regie übernehmen

Um Ihre Sicherheit zu gewährleisten, müssen Sie sehr bestimmt auftreten. Kommunizieren Sie Ihrem Ex-Partner in aller Deutlichkeit die Grenzen, deren Einhaltung Sie von ihm erwarten. Lassen Sie sich von ihm nicht dazu verleiten, Dinge zu tun, die Sie eigentlich nicht möchten, wie etwa ihn in Ihre Wohnung zu lassen oder ihn irgendwo zu treffen, um zu reden. Wenn Ihr Ex-Partner ohne Einladung bei Ihnen erscheint, rufen Sie die Polizei. Oft führt die Festnahme eines Misshandlers dazu, dass er danach weniger dazu neigt, seine Partnerin wieder anzugreifen.

Rufen Sie immer die Polizei, wenn Sie denken, dass Ihnen unmittelbar Gefahr droht. Einige Menschen, die eine Misshandlungsbeziehung überstanden haben, befürchten, sich zu blamieren, indem sie Hilfe rufen, die dann nicht benötigt wird. Andere reden sich ein, sie würden übertreiben und überreagieren. Sollten Sie einmal nicht sicher sein, ob eine Gefahr auf Sie zukommt, gehen Sie lieber auf Nummer sicher. Wenn Sie Hilfe ersuchen, die am Ende doch nicht benötigt wird, so wird dies immerhin dazu führen, dass andere auf die mögliche Gefahr aufmerksam werden.

Falls Sie in der Wohnung leben, die Sie mit Ihrem Misshandler geteilt haben, müssen Sie Ihre Regeln und Grenzen absolut deutlich machen. Haben Sie eine gerichtliche Verfügung, so weiß Ihr Misshandler, dass jegliche Interaktion mit Ihnen gesetzeswidrig ist. Etwas wie eine „geringfügige" Verletzung einer einstweiligen Verfügung gibt es nicht. Jeder Verstoß sollte sofort der Polizei gemeldet werden. Wenn Sie Grund zu der Annahme haben, dass Sie sich in Gefahr befinden und bisher keine gerichtliche Verfügung erwirkt haben, sollten Sie darüber nachdenken, einen Antrag zu stellen (siehe Kapitel 12 „Praktische Erwägungen").

Wenn Sie umziehen, sollte Ihr Misshandler nicht erfahren, wo sich Ihre neue Wohnung befindet. Geben Sie Ihre Adresse und Telefonnummer nur nach reiflicher Überlegung weiter. Wenn Sie umziehen, um zu entkommen, sollten Sie sehr genau darüber nachdenken, an welchen Orten Ihr Ex-Partner Sie aus logischen Gründen vermuten würde. Wenn Sie in die Nähe eines Familienmitglieds oder eines engen Freundes ziehen, denken Sie darüber nach, wie einfach es wäre, Sie dort zu finden. Denken Sie unabhängig von Ihrem neuen Wohnort auch darüber nach, Ihre Post an ein Postfach senden zu lassen, damit sie nicht an Ihre Heimadresse zugestellt wird.

Wenn Ihr Misshandler Sie findet

Am Wichtigsten ist, dass Sie sich im Voraus überlegen, was Sie tun werden, falls Ihr Peiniger plötzlich vor Ihnen steht. Spielen Sie alle Szenarien im Geiste durch, die sich bei Ihnen zu Hause, bei der Arbeit oder in der Öffentlichkeit ereignen könnten. Denken Sie daran: Die Sicherheit hat oberste Priorität – Ihre eigene und die Ihrer Kinder. Wenn der schlimmste Fall eintritt und Sie sich in einer Situation befinden, in der Ihr Ex-Partner gewalttätig wird, ohne dass Sie entkommen können, dann tun Sie alles, was dazu beitragen könnte, das Ausmaß der Verletzungen so gering wie möglich zu halten. Sagen und tun Sie, was immer für Ihre Sicherheit nötig sein mag. Darin ist kein „Rückschritt" zu sehen. Es bedeutet auch nicht, dass Sie schwach sind oder dass Sie wieder in alte Muster zurückfallen. Es ist schlichtweg ein Ausweg aus einer akuten Gefahrensituation. Ein Weg, Ihr Überleben zu sichern.

Machen Sie Lärm, wenn Ihr Ex-Partner Sie angreift. Es ist einfacher, Hilfe herbeizuführen, indem Sie etwas wie „Feuer!" rufen, anstatt einfach zu schreien. Falls es für Sie unmöglich ist, zu entkommen oder zu einem Ausgang zu gelangen, machen Sie sich so klein wie möglich. Ziehen Sie sich in eine Zimmerecke zurück oder kriechen Sie unter ein Möbelstück. Versuchen Sie, Ihren Kopf mit den Armen zu schützen. Sorgen Sie dafür, dass Ihre Nachbarn wissen, dass sie sofort die Polizei rufen müssen, falls sie Schreie oder andere Klagerufe von Not und Bedrängnis hören.

Was bedeutet das alles emotional für Sie?

Ein Leben, bei dem man ständig auf der Hut sein muss, ist körperlich und emotional anstrengend. Menschen, die vierundzwanzig Stunden täglich von einer echten Bedrohung umgeben sind, neigen dazu, ungewohnte Verhaltensweisen und Gefühle zu entwickeln. Möglicherweise bemerken Sie, dass Sie außergewöhnlich schreckhaft sind. Wenn jemand hinter Ihnen ein lautes Geräusch macht oder Sie arglos berührt, fahren Sie womöglich gleich zusammen und Ihr Herz beginnt zu rasen. Sie reagieren aber keineswegs überzogen, falls Sie beim Betreten und Verlassen von Räumen oder anderswo leicht zusammenschrecken. Es bedeutet, dass Sie ständig vorbereitet sind, wachsam gegen jede Gefahr. Dies ist eine ganz normale biologische Überlebensreaktion. Ihr Gehirn und Ihr Körper machen Überstunden, um Sie zu schützen. So unbequem sich dies auch anfühlen mag – Sie müssen sich zugestehen, dass es vollkommen in Ordnung ist, so zu reagieren, solange Sie mit dieser Bedrohung leben.

Auch Albträume sind vollkommen normal. Vielleicht träumen Sie davon, wie Ihr Peiniger Sie findet und angreift. Vielleicht sind die Albträume auch eher verworren: Ihnen passiert irgendetwas Schlimmes und Sie besitzen keine Kontrolle darüber. Es kann sein, dass diese Albträume im Laufe der nächsten Monate verschwinden, sie könnten Sie aber auch noch Jahre verfolgen. Was immer Sie tun müssen, um mit den Albträumen fertigzuwerden – tun Sie es! Falls es Ihnen hilft, beim Schlafen ein Licht brennen zu lassen, tun Sie das. Und falls Sie sich wohler fühlen, wenn Freunde bei Ihnen übernachten, laden Sie jemanden ein. Dies sind keinerlei Zeichen von Schwäche. Es sind vollkommen normale Reaktionen darauf, dass Sie schreckliche Qualen überlebt haben.

Es wird nicht unbedingt einfach, das Ausmaß Ihrer Sicherheit zu erhöhen. Vergessen Sie nicht, sich dafür zu belohnen, wie weit Sie schon gekommen sind, wenn Sie die vielen praktischen Schritte in Angriff nehmen. Sie haben beschlossen zu gehen und *sind* gegangen! Versuchen Sie optimistisch zu sein, dass der Tag kommen wird, an dem Sie sich nicht um Ihre Sicherheit sorgen müssen. Wie ein Leben unter ständiger Kontrolle und Gewalt unsere Emotionen beeinflussen kann, wird weiter in Kapitel 8 „Wenn Emotionen Sie überwältigen“ diskutiert.

Schlussendlich sei angemerkt, dass eine professionelle Beratung Sie dabei unterstützen kann, einen gesunden und erfolgreichen Umgang mit Ihren Gefühlen zu finden, falls Sie den Eindruck haben, dass die allgegenwärtige Bedrohung Ihnen emotional einfach zu viel abverlangt (siehe Kapitel 13 „Die Heilung beginnt“).

Selbsterkundungsübung

Wie schätzen Sie Ihre Sicherheit ein?

Wie erwähnt haben Überlebende von Misshandlungsbeziehungen niemals die Gewissheit, vor ihrem Peiniger in absoluter Sicherheit zu sein. Nur Sie selbst können einschätzen, wie viele Sicherheitsvorkehrungen nötig sind. Diese Übung ist dafür vorgesehen zu überlegen, mit welchen Mitteln Ihre Sicherheit ausgeweitet und vergrößert werden kann.

Einen Fluchtplan vorbereiten

- Auf welchem Weg werden Sie fliehen, falls Ihr Misshandler zur Vordertür hereinkommt?

  ____

  ____

  ____

  ____

- Auf welchem Weg werden Sie fliehen, falls Ihr Misshandler durch die Hintertür eindringt?

  ____

  ____

  ____

  ____

- Wie werden Sie fliehen, falls er durchs Fenster einsteigt? (Arbeiten Sie für sämtliche Zimmer einen Plan aus.)

  ____

  ____

  ____

  ____

- Auf welchem Weg können Sie Ihr Mietshaus verlassen, falls Sie keinen der üblichen Ausgänge nehmen können?

____

____

____

____

- An welchen Ort in Ihrer Wohnung oder in Ihrem Haus werden Sie gehen, falls Ihr Ex-Partner hereinkommt und Sie nicht herauskommen?

____

____

____

____

Ein Sicherheitsnetzwerk schaffen

- Können Sie überall in Ihrer Wohnung schnell ein Telefon erreichen? ________
- Liegt neben jedem Telefon eine Liste mit wichtigen Telefonnummern? ________
- Benötigen Sie eine geheime Telefonnummer? ________
- Besitzen Sie ein Mobiltelefon? ________
- Sind die Telefonnummern in Ihrem Mobiltelefon gespeichert? ________
- Notieren Sie die Namen und Telefonnummern von mindestens zwei Nachbarn, die über Ihre Situation Bescheid wissen und Ihnen helfen können, wenn es nötig werden sollte.

____

____

____

____

Für die Sicherheit der Kinder sorgen

- Haben Sie ein Erkennungswort vereinbart, um die Kinder zu alarmieren, dass sie das Haus verlassen sollen?

  ____

  ____

  ____

  ____

- Wo werden Ihre Kinder hingehen, wenn Ihr Misshandler ins Haus eindringt?

  ____

  ____

  ____

  ____

- Wie sollen Ihre Nachbarn handeln, wenn Ihre Kinder zu ihnen kommen?

  ____

  ____

  ____

  ____

- Haben Sie Ihren Nachbarn von diesem Plan erzählt? ________

- Haben Sie die Schulen, Kindertagesstätten und Betreuer Ihrer Kinder darüber unterrichtet, was zu tun ist, wenn Ihr Misshandler dort erscheint? ________

  ____

  ____

- Haben Sie den Schulen, Kindertagesstätten und Betreuern Ihrer Kinder ein Foto Ihres Misshandlers ausgehändigt? ________

Haustiere

- Was werden Sie mit Ihren Haustieren tun, falls Ihr Misshandler in Ihre Wohnung eindringt?

  ____

  ____

  ____

  ____

Sicherheitsmaßnahmen zu Hause

- Ist in Ihrer Wohnung/Ihrem Haus ein Notrufsystem installiert? ________
- Haben Sie an allen Türen und Fenstern, die von außen erreichbar sind, Sicherheitsschlösser angebracht? ________
- Lässt sich Ihre Schlafzimmertür von innen verriegeln? ________
- Sind die Lampen außerhalb Ihres Hauses mit Bewegungsmeldern ausgestattet? ________

Sicherheit unterwegs

- Haben Sie einen Plan für Ihre Sicherheit am Arbeitsplatz oder an Ihrer Ausbildungsstätte vorbereitet? ________
- Haben Sie bei Ihrer Arbeitsstelle/Ihrer Ausbildungsstelle von dem Plan erzählt? ________
- Verwenden Sie bei Strecken, die Sie regelmäßig zurücklegen, unterschiedliche Routen? ________

Anmerkung: Es wäre sinnvoll, diese Übung regelmäßig zu wiederholen, um sicherzustellen, dass Sie sich dauerhaft durch Ihre Sicherheitsvorkehrungen schützen und nicht über die Zeit hinweg weniger achtsam werden, ohne es zu bemerken.

3 Ihr Selbstwert

Mythen:

Sobald der Missbrauch zu Ende ist, kommt Ihr Selbstwert ganz von alleine zurück.

Ein starkes Selbstwertgefühl ergibt sich normalerweise ganz natürlich. Es handelt sich nicht um etwas, woran man „arbeiten" muss.

Misshandler sind zu 100 Prozent auf Kontrolle aus und haben es nicht auf das Selbstwertgefühl ihres Opfers abgesehen.

Die Macht und Kontrolle, die Ihr Misshandler über Sie ausübte, wurzelten in verschiedenen Faktoren: in seinem Glauben, er hätte das Recht, Sie als sein Eigentum zu betrachten und so zu behandeln, wie es ihm beliebte, in seiner Entscheidung, Sie zu missbrauchen, und in seinem Glauben, er würde jeden Aspekt Ihres Lebens kontrollieren. Wahrscheinlich wandte er außerdem die wirkungsvolle Methode an, Sie glauben zu machen, dass Sie nichts Besseres verdient hätten.

Vielleicht hat Ihr Ex-Partner Ihnen zu Beginn Ihrer Beziehung das Gefühl gegeben, Sie vollumfänglich zu bewundern. Sie hatten möglicherweise sogar das Gefühl, aus seiner Sicht gar nichts falsch machen zu können. Leider hat sich dies dann allmählich geändert. Wahrscheinlich hat er mit der Zeit hie und da kleine Fehler bei unwichtigen Dingen entdeckt. Vielleicht sagte er erst, dass alles nicht so schlimm sei. Im Laufe der Zeit kommentierte er diese „Fehler" jedoch immer häufiger und stellte es so dar, als seien Sie seiner gar nicht würdig. Ihr Misshandler arbeitete unermüdlich daran, Ihr Selbstwertgefühl zu untergraben. Seine zunehmenden Bemerkungen und Andeutungen ließen Ihre Selbstachtung ins Bodenlose stürzen. Auch jetzt, nachdem Sie aus dieser Misshandlungsbeziehung entkommen sind, weist Ihr Selbstwert vielleicht immer noch ernsthafte Mängel auf.

Manche Überlebenden hatten vielleicht schon zu Beginn der Misshandlungsbeziehung ein geringes Selbstwertgefühl – insbesondere dann, wenn sie bereits in ihrer Kindheit oder in früheren Beziehungen Erfahrungen mit Missbrauch oder Vernachlässigung gemacht haben. Wenn dies bei Ihnen der Fall war, griff Ihr Ex-Partner diese Schwäche wahrscheinlich auf. Er wusste genau, wie er diesen Mangel an Selbstvertrauen gegen Sie einsetzen konnte, was er sagen und wie er sich verhalten musste, um zum Kern Ihrer Unsicherheit vorzudringen.

Dieses Kapitel soll Ihnen helfen zu erkennen, ob und, wenn ja, in welchen Bereichen es Ihnen an Selbstachtung mangelt, und Sie dabei unterstützen, Ihr Selbstwertgefühl wieder zu verbessern. Durch die nachfolgenden Übungen möchten wir Sie in die Lage versetzen, all Ihre wundervollen Charaktereigenschaften zu erkennen: sowohl die, von denen Sie bereits wissen, dass Sie in Ihnen stecken, als auch diejenigen, die andere in Ihnen sehen. Dann können Sie daran arbeiten, an diese Eigenschaften zu glauben, und Sie werden lernen, dass Sie es wert sind, dass man Ihnen mit Liebe, Freundlichkeit und Respekt begegnet.

Selbsterkundungsübung 1

Wie sehen Sie sich selbst?
Zunächst müssen Sie herausfinden, ob Sie fähig sind, an Ihnen selbst sowohl Fehler als auch positive Eigenschaften zu erkennen. Investieren Sie ein bisschen Zeit, um zu entdecken, wer Sie nun in Ihren Augen tatsächlich sind.

Machen Sie eine Liste Ihrer positiven Eigenschaften in folgenden Kategorien:

Berufliche Kompetenzen
(Zum Beispiel: Ich bin fleißig und gut darin, Aufgaben zu erledigen. Ich bin ein Teamplayer. Ich bin intelligent.)

____

____

____

____

____

Soziale Kompetenzen
(Zum Beispiel: Ich kann geduldig sein und Freunden meine volle Aufmerksamkeit widmen, wenn sie jemanden zum Reden brauchen. Ich bin ein guter Zuhörer. Ich habe anderen viel zu geben. Ich bin optimistisch und humorvoll.)

____

____

____

____

____

Werte und Ethik

(Zum Beispiel: Ich belüge andere nie. Die Leute wissen, dass ich ihnen immer die Wahrheit sage. Ich bin ehrlich. Ich glaube an die Gleichberechtigung aller Menschen.)

____

____

____

____

____

Eigenes Körpergefühl

(Zum Beispiel: Ich habe schöne Augen/eine schöne Haarfarbe. Ich halte mich fit.)

____

____

____

____

____

Lebensauffassung

(Zum Beispiel: Ich bin im Allgemeinen optimistisch. Für gewöhnlich bin ich ein positiver Mensch. Ich habe Sinn für Humor.)

____

____

____

____

____

Ihr Verhältnis zur Außenwelt
(Zum Beispiel: Ich mache mir Gedanken um die Gefühle anderer. Ich bin umweltbewusst. Ich bin gut zu Tieren.)

____

____

____

____

____

Sonstiges (alles Positive, was Ihnen über Sie selbst einfällt)
(Zum Beispiel: Ich mache mir Gedanken um die Umwelt. Ich helfe anderen gerne. Ich bin künstlerisch begabt.)

____

____

____

____

____

Nun blättern Sie zurück und sehen Sie nach, zu welchen Kategorien Ihnen nichts Positives eingefallen ist oder Sie etwas Negatives eingetragen haben. Höchstwahrscheinlich handelt es sich um die Bereiche, in denen sich nach Aussage Ihres Misshandlers Ihre „Mängel“ befanden.

Selbsterkundungsübung 2

Wie werden Sie von anderen gesehen?

Wenn Sie gerade einer Missbrauchsbeziehung entronnen sind, ist es häufig so, dass andere besser darin sind, das Gute in Ihnen zu erkennen, als Sie selbst. Diese Übung zielt darauf ab, Ihnen die Unterschiede aufzuzeigen zwischen dem, was Sie sehen, und dem, was andere sehen.

Fragen Sie Freunde, Familienmitglieder und vielleicht sogar Arbeitskollegen, die Sie gut kennen, welche positiven Eigenschaften sie an Ihnen schätzen. Wenn Sie möchten, erzählen Sie ruhig, dass Sie an Ihrem Selbstwert arbeiten und sich Anregungen bei anderen Menschen holen. Lassen Sie sich entweder eine Liste mit den Eigenschaften geben, welche die anderen bei Ihnen erkennen, oder sie können Ihnen mündlich antworten und Sie schreiben mit. Ordnen Sie alle Angaben, die Sie von anderen bekommen, denselben Kategorien zu, die Sie bei Ihrer eigenen Selbsteinschätzung verwendet haben.

Berufliche Kompetenzen

(Zum Beispiel: fleißig und gut darin, Aufgaben zu erledigen, Teamplayer, intelligent)

____

____

____

____

Soziale Kompetenzen

(Zum Beispiel: kann geduldig sein und Freunden volle Aufmerksamkeit widmen, wenn sie jemanden zum Reden brauchen, guter Zuhörer, hat anderen viel zu geben, optimistisch, humorvoll)

____

____

____

Werte und Ethik

(Zum Beispiel: wahrheitsliebend, ehrlich, glaubt an die Gleichberechtigung aller Menschen)

Eigenes Körpergefühl

(Zum Beispiel: schöne Augen, schönes Haar, körperlich fit)

Lebensauffassung

(Zum Beispiel: im Allgemeinen optimistisch, für gewöhnlich ein positiver Mensch, Sinn für Humor)

Ihr Verhältnis zur Außenwelt

(Zum Beispiel: macht sich Gedanken um die Gefühle anderer, umweltbewusst, gut zu Tieren)

____

____

____

____

____

Sonstiges (alles Positive, was ihnen über Sie einfällt)

(Zum Beispiel: macht sich Gedanken um die Umwelt, hilfsbereit, künstlerisch begabt)

____

____

____

____

____

Vergleichen Sie die beiden Listen. Gab es Eigenschaften, die andere erwähnt haben, die Sie nicht auf Ihrer Liste hatten? Gibt es Bereiche, wo das, was die anderen über Sie sagen, völlig anders ist? Sagen andere zum Beispiel, dass Sie schöne Augen haben, sich stilvoll kleiden und anmutig sind, aber Ihnen fällt kein einziges äußerliches Merkmal ein, das Sie an sich mögen?

Wenn es solche Unterschiede gibt, sind das vermutlich die Bereiche, an denen Sie arbeiten müssen, um insgesamt eine bessere Sichtweise und Meinung über sich selbst zu entwickeln.

Selbsterkundungsübung 3

Sind Sie zu kritisch mit sich selbst?
Wenn Sie die beiden Listen durchsehen, haben Sie den Eindruck, dass Sie möglicherweise zu kritisch mit sich selbst sind und dazu neigen, sich innerlich selbst mit negativen Kommentaren zu belegen (wie etwa: „Ich bin so ein Idiot! Wie konnte ich nur so blöd sein, meine Schlüssel zu vergessen?“)? Gibt es Bereiche, in denen die beiden Listen ein völlig unterschiedliches Bild zeichneten, beispielsweise dass andere angaben, Sie seien eine wundervolle Freundin, während Sie selbst sich vorwarfen, als Freundin immer zu wenig zu geben?

In dieser Selbsterkundungsübung beginnen Sie zu erkennen, auf welche Art und Weise Sie zu kritisch mit sich selbst sind. Zunächst sollten Sie es sich einfach nur bewusst machen, wenn Sie sich so verhalten. Ärgern Sie sich nicht über sich selbst und versuchen Sie auch nicht, damit aufzuhören; machen Sie sich die Gedanken einfach nur bewusst. Achten Sie eine oder zwei Wochen lang darauf, wie häufig und auf welche Art und Weise Sie übermäßig kritisch mit sich selbst sind.

Als Nächstes notieren Sie sich Beispiele für eine freundlichere (und wahrscheinlich auch angemessenere) Wortwahl bei Ihren Selbstgesprächen. Verwenden Sie hierzu wieder dieselben Kategorien.

Berufliche Kompetenzen
(Zum Beispiel: fleißig und gut darin, Aufgaben zu erledigen, Teamplayer, intelligent)

____

____

____

____

____

____

____

Soziale Kompetenzen
(Zum Beispiel: kann geduldig sein und Freunden volle Aufmerksamkeit widmen, wenn sie jemanden zum Reden brauchen, guter Zuhörer, hat anderen viel zu geben, optimistisch, humorvoll)

Werte und Ethik
(Zum Beispiel: wahrheitsliebend, ehrlich, glaubt an die Gleichberechtigung aller Menschen)

Eigenes Körpergefühl
(Zum Beispiel: schöne Augen, schönes Haar, körperlich fit)

Lebensauffassung

(Zum Beispiel: im Allgemeinen optimistisch, für gewöhnlich ein positiver Mensch, Sinn für Humor)

Ihr Verhältnis zur Außenwelt

(Zum Beispiel: macht sich Gedanken um die Gefühle anderer, umweltbewusst, gut zu Tieren)

Sonstiges (alles Positive, was Ihnen über Sie selbst einfällt)

(Zum Beispiel: macht sich Gedanken um die Umwelt, hilfsbereit, künstlerisch begabt)

Wenn Sie mit dieser Liste fertig sind, lesen Sie sie jeden Tag durch. Zunächst wird Ihnen das aufgesetzt und gekünstelt vorkommen. Aber versuchen Sie, die Botschaften auszutauschen, wenn Sie bemerken, dass in Ihren Gedanken eine dieser kritischen, negativen Botschaften aufpoppt. Anfangs wird Ihnen das gekünstelt vorkommen, doch mit ständiger Wiederholung werden Sie langsam beginnen zu glauben, dass Sie netter zu sich selbst sein sollten. Jedes Mal, wenn Sie bemerken, dass einer dieser negativen Gedanken zurückkehrt, sollten Sie einen Weg finden, dieses Gedankenkarussell zu stoppen (manche stampfen dazu mit dem Fuß auf oder lassen ein loses Gummiband an ihr Handgelenk schnalzen). Ersetzen Sie ihn durch den positiven Gedanken. Mit der Zeit werden Sie wahrscheinlich beginnen, den positiven Kommentaren über Sie Glauben zu schenken.

Lesen Sie die Liste am Anfang jeden Tag, dann einmal in der Woche, dann einmal im Monat. Überprüfen Sie, ob Sie noch etwas ergänzen möchten, damit Ihr Text umfassender wird. Wenn Sie zum Beispiel „Ich habe schöne Augen" geschrieben haben, sollten Sie nachdenken, ob Sie mit der Zeit „Ich habe ein schönes Gesicht" sagen können. Sie können diese Selbsterkundungsübung nach Belieben wiederholen und ergänzen, um Ihre Fortschritte in diesem Bereich zu kontrollieren.

4
Verdeckter Horror: Sexueller Missbrauch

Mythen:

Sind Sie in einer intimen Beziehung, ist es eigentlich nicht wirklich Vergewaltigung.

Es war nur dann ein sexueller Übergriff, falls Sie schrien, um sich traten und versuchten, ihn abzuwehren.

Vergewaltigung durch einen vertrauten Partner ist nicht so traumatisch wie durch einen Fremden.

Wenn Sie in Ihrer Beziehung misshandelt und kontrolliert wurden, haben Sie vielleicht auch in irgendeiner Form sexuellen Missbrauch erfahren. Viele Frauen in solchen Beziehungen tun sich sehr schwer damit, sich einzugestehen, dass sie durch ihren Partner tatsächlich sexuell angegriffen wurden.

Es ist wichtig für Sie zu begreifen, dass es bei sexuellem Missbrauch nicht um Sex geht, sondern wie bei jeder Form von Beziehungsgewalt um *Macht* und *Kontrolle*. Es waren nicht seine sexuellen Gelüste und Triebe, die ihn dazu veranlassten, Sie zu vergewaltigen. Die Vergewaltigung war ein weiterer Weg, Kontrolle über Sie zu ergreifen. Er fühlte sich berechtigt, mit Ihnen zu tun, was immer er wollte. Er hatte die Vorstellung, dass Sie keinerlei Anrecht auf Ihre Gefühle oder Ihren eigenen Körper besaßen.

Wurden Sie sexuell missbraucht?

Wenn Ihr Partner gegen Ihren Willen eine intime Stelle Ihres Körpers berührt hat – Ihre Genitalien, Brüste oder das Gesäß – so war das sexueller Missbrauch. Wenn er Sie genötigt hat, sich in sexuell provokativer Weise zu kleiden oder zu verhalten, so war das eine Form sexuellen Missbrauchs. Sie zu sexuellen Handlungen zu zwingen, die Ihnen missfallen haben oder bei denen Sie sich unwohl fühlten, war sexueller Missbrauch.

Die Erzwingung sexueller Handlungen war sexueller Missbrauch. Wenn er Sie penetrierte – sei es vaginal, anal oder oral – so war es Vergewaltigung. Er mag Sie durch Gewalt, Androhung von Gewalt, Einschüchterung oder Nötigung dazu gebracht haben. Ganz gleich, wie es geschah – wenn Sie „Nein" sagten oder zu verstehen gaben, dass Sie keinen Sex haben möchten, und er Sie dennoch gezwungen hat, wurden Sie sexuell missbraucht. Nur dass Sie vielleicht nicht schrien oder nicht versuchten, ihn davon abzuhalten, mindert nicht die Schwere dessen, was Ihnen passiert ist. Dass Sie keine Schnittverletzungen oder Blutergüsse davontrugen, bedeutet nicht, dass es kein sexueller Missbrauch war. Auch dass es Ihr Partner oder Ehemann war, ändert nichts an der Tatsache, dass es sich um sexuellen Missbrauch handelte. Was immer Ihr

Partner gesagt oder getan haben mag – Sie müssen sich *niemals* ungewolltem Sex fügen, auch nicht in der Beziehung mit einem engen Partner. Diese Handlungen waren eine weitere Methode Ihres Partners zu beweisen, dass er die absolute Kontrolle über Sie besaß.

Neben sexuellen Übergriffen haben Sie vielleicht noch weitere Formen sexuellen Missbrauchs erfahren. Wenn er Sie zu sexuellen Handlungen vor anderen gezwungen hat, so war auch dies sexueller Missbrauch. Und wenn er Sie zu sexuellen Handlungen mit anderen gezwungen hat, so war auch das eine Form sexuellen Missbrauchs.

Alle Formen sexuellen Missbrauchs sind entwürdigend und emotional niederschmetternd. Wegen zahlreicher Mythen über sexuellen Missbrauch definieren einige Frauen solche Handlungen innerhalb der Beziehung nicht als Missbrauch, aber es *ist* Missbrauch.

Mythen über sexuellen Missbrauch

In der Gesellschaft kursieren viele Mythen über sexuellen Missbrauch und Vergewaltigung. Eine verbreitete Vorstellung besteht darin, dass die sexuellen Bedürfnisse und Triebe von Männern, die vergewaltigen, außergewöhnlich stark ausgeprägt sind. In Wahrheit sind sexuelle Triebe und Begierde wie schon erwähnt nicht die Ursache für Vergewaltigung und andere Arten sexuellen Missbrauchs. Es konnte bei Vergewaltigern gegenüber Nichtvergewaltigern kein verstärkter Sexualtrieb festgestellt werden. Nochmals: Bei sexuellen Übergriffen geht es um Macht und Kontrolle, nicht um den Sexualtrieb.

Ein anderer Mythos lautet folgendermaßen: Männer haben einen stärkeren Sexualtrieb als Frauen. Deshalb müsse die Partnerin eines Mannes einwilligen, wenn er Sex haben möchte. Ob sie dabei selbst das Bedürfnis dazu verspüre, spiele keine Rolle. Dass Männer grundsätzlich einen stärkeren Sexualtrieb haben, ist falsch. Doch selbst wenn Ihr Partner öfter Sex wollte als Sie, bedeutet dies in keiner Weise, dass er das Recht hatte, ihn zu erzwingen.

Eine Unwahrheit über sexuellen Missbrauch, über die man unbedingt Bescheid wissen sollte, ist die Vorstellung, dass eine Vergewaltigung durch einen Fremden emotional viel verheerender sei als eine Vergewaltigung durch jemanden, den man kennt oder mit dem man eine Beziehung hat. Dies ist nicht nur falsch, sondern oft trifft das glatte Gegenteil zu. Wenn ein Mensch, den Sie kennen und der beteuert, Sie zu lieben, Sie sexuell missbraucht, sind die Traumatisierung, die Furcht und der Schrecken unermesslich. Der Schock sitzt möglicherweise viel tiefer als nach einer Fremdvergewaltigung, weil es ein Mensch war, von dem Sie glaubten, ihm vertrauen zu können; jemand, den Sie sich zum Partner erwählt hatten; jemand, von dem Sie niemals gedacht hätten, dass er zu einer solchen Tat fähig sei. Auch die Nachwirkungen sexueller Beziehungsgewalt sind oft gravierender als im Fall von Fremdvergewaltigung. Nicht nur mussten Sie mit dem Schrecken fertigwerden, den der sexuelle Übergriff ausgelöst hat, sondern Sie mussten auch damit klarkommen, dass jemand, von dessen Liebe Sie überzeugt waren, Ihnen dies angetan hat. Hätte ein Fremder Sie angegriffen, wäre es normalerweise einfacher, sich einzureden, dass es ein Wahnsinniger oder ein perverser, sexuell kranker Mensch war und nicht jemand, den Sie einmal liebten und von dem Sie glaubten, dass er Sie ebenfalls liebte.

Wie es geschah

Ihr früherer Misshandler hat vielleicht versucht, Sie zu überzeugen, dass es Ihre Pflicht sei, seine sexuellen Bedürfnisse zu befriedigen. Womöglich hat er religiöse Grundsätze angeführt (seine oder Ihre), um diese Anschauung zu verteidigen. Vielleicht haben Sie geglaubt oder glauben noch immer, dass er einen Anspruch darauf hatte, Geschlechtsverkehr einzufordern oder zu erzwingen. Selbst wenn Sie das glauben, lindert dies nicht den Schmerz und die Nachwirkungen der ungewollten sexuellen Begegnungen.

Wenn Ihr Partner Ihren Körper gegen Ihren Willen an einer intimen Stelle berührt oder danach gegriffen hat, fühlten Sie sich vermutlich erniedrigt und verängstigt. Möglicherweise hat er Sie auf diese inakzeptable Weise angefasst, um Besitzanspruch über Ihren Köper zu demonstrieren. Wer keine Kontrolle darüber hat, was mit seinem Körper passiert, wird machtlos. Ihr Misshandler versuchte, genau dieses Gefühl in Ihnen hervorzurufen.

Hat Ihr Misshandler Sex verwendet, um eine Misshandlungstat „wiedergutzumachen“, gleich nachdem sie geschehen war? Vielleicht hat er Ihnen dargelegt, dass Sex die einzige Möglichkeit sei zu zeigen, wie sehr Sie einander lieben. Nach Vorfällen von Gewalt beharrte er vielleicht darauf, dass Sex in diesem Moment ein Beweis dafür wäre, dass alles wieder in Ordnung sei. Sie wussten, die Misshandlungen könnten von vorne beginnen, wenn Sie sich verweigerten. Nach solchen sexuellen Begegnungen haben Sie sich vielleicht noch stärker misshandelt und entwürdigt gefühlt. Sie spürten, wie eine Verletzung der anderen folgte.

Monate oder Jahre emotionaler und verbaler Misshandlungen schaffen oft optimale Voraussetzungen für sexuellen Missbrauch. Vielleicht hat Ihr Misshandler gewusst, dass Sie seinen sexuellen Angriffen zunehmend schutzloser ausgeliefert wären, wenn er Sie nur lang genug „zermürbte“. Für das Opfer ist es schwieriger, sich zu wehren, wenn es ein schlechtes Selbstbild hat und depressiv, ängstlich oder isoliert ist.

Ein anderer Weg, Sie zu Sex zu zwingen, bestand darin, Ihnen noch stärkere Gewalt anzudrohen für den Fall, dass Sie nicht genau das taten, was Ihr Misshandler in sexueller Hinsicht verlangte. Er hatte seine Drohungen bisher noch jedes Mal wahr gemacht, also hatten Sie allen Grund daran zu glauben, dass er sie auch diesmal durchziehen würde. Um sich selbst zu schützen, gelangten Sie zu der Ansicht, dass die Verweigerung seiner sexuellen Forderungen es nicht wert war, eine Zunahme der körperlichen Gewalt zu riskieren.

Vielleicht hat er Ihnen gedroht, Sie zu verlassen oder Ihnen das Leben schwer zu machen, wenn Sie sich in sexueller Hinsicht nicht fügten. Womöglich sahen Sie die Erduldung des sexuellen Missbrauchs als einzigen Weg, um einer Situation zu entgehen, die in Ihren Augen noch schlimmer war. Falls dies bei Ihnen zutraf, denken Sie daran, dass Sie sich nicht schuldig fühlen sollten. Sie haben getan, was nötig war, um die Situation so gut wie möglich zu überstehen. Sie sind nicht für den sexuellen Missbrauch verantwortlich. Er allein trägt dafür die Verantwortung.

Vielleicht mussten Sie die traumatische Erfahrung machen, dass er Sie gegen Ihren Willen zu sexuellen Handlungen mit anderen zwang. Sie waren nicht nur außerstande, darüber zu bestimmen, was mit Ihrem Körper getan wurde, sondern Sie hatten auch keine Kontrolle darüber, wer es tat. Falls Ihnen dies widerfahren ist, mag es für Sie sogar noch demütigender und furchterregender gewesen sein. Die Sorge darüber, was sie Ihnen noch antun könnten, war entsetzlich. Vielleicht hatten Sie dauerhaft furchtbare Angst, schwanger zu werden oder sich mit HIV oder anderen sexuell übertragbaren Krankheiten zu infizieren.

Ihr Ex-Partner hat Sie vielleicht gezwungen, gegen Bezahlung mit anderen zu schlafen. Er mag aus Ihrer Angst und Ihrer Erniedrigung Nutzen gezogen haben. Falls Sie genötigt wurden, dergleichen zu tun, ist es wichtig zu erkennen, dass Sie in vielerlei Hinsicht wie eine Sklavin gehalten wurden. Sie hatten das Gefühl, dem Grauen auf keinem Weg entfliehen zu können. Auch hierbei duldeten Sie die Erniedrigungen, um zu überleben.

All diese Formen sexuellen Missbrauchs und sexueller Ausnutzung beschämen Sie vielleicht, *obwohl Sie nichts falsch gemacht haben*. Ihr Misshandler zwang Sie zu Dingen, die Sie unter anderen Umständen nie getan hätten. Diese Dinge spiegeln in keiner Weise Ihre wirklichen Wünsche wider, noch reflektieren sie, wer Sie wirklich sind.

Die Nachwirkungen sexuellen Missbrauchs

Sexueller Missbrauch kann sich in vielfältiger Weise auswirken, und die Nachwirkungen können lange fortbestehen. Der erste Schritt auf dem Pfad Ihrer Heilung kann darin bestehen, dass Sie begreifen, welche Wirkungen der Missbrauch womöglich auf Sie hatte.

PTBS

Manche Überlebenden erleiden infolge einer traumatischen Erfahrung eine posttraumatische Belastungsstörung, kurz als PTBS bezeichnet. Am besten erforscht ist PTBS in Zusammenhang mit Kriegsveteranen. Wir beziehen uns dabei auf die verschiedenen psychischen Auswirkungen, die diese Menschen noch Monate und manchmal sogar Jahre nach dem Ende eines Krieges durchmachen: Albträume, Angstzustände und plötzlich auftretende Flashbacks, bei denen sie die traumatischen Erfahrungen auf dem Schlachtfeld immer wieder durchleben. Nach heutigem Kenntnisstand kann PTBS infolge verschiedenster Traumata auftreten, zu denen auch die Erfahrungen einer Missbrauchsbeziehung gehören. Dieses Kapitel beschreibt viele dieser Auswirkungen, mit denen Überlebende einer solchen Missbrauchsbeziehung möglicherweise zu kämpfen haben, manchmal noch Jahre nachdem sie der Beziehung entronnen sind.

Schock

Wenn es Ihnen geht wie vielen Frauen, erlebten Sie nach den sexuellen Übergriffen möglicherweise einen Schock. Auch wenn Ihr Partner Sie vorher auf andere Weise misshandelt hatte, war sexueller Missbrauch etwas, von dem Sie geglaubt hatten, dass es niemals vorkommen würde. Viele Frauen berichten, dass sie sich während des eigentlichen Missbrauchsaktes und für viele Tage, Wochen oder Monate danach so fühlten, als seien sie in einem Traum – einem Albtraum, aus dem sie nicht erwachen konnten. Was ihnen geschehen war, war so fernab von allen Vorstellungen, die sie über das Leben und über Beziehungen hatten, dass es nicht in die Wirklichkeit passte.

Wahrscheinlich wurden Sie von Albträumen heimgesucht. In diesen Albträumen wiederholte sich der Übergriff vielleicht oder sie handelten von anderen entsetzlichen Ereignissen, denen Sie nicht entfliehen konnten. Dass Sie mit der Person in einem Bett schlafen mussten, die Ihnen dies angetan hat, mag Ihre Albträume noch überspitzt haben.

Verleugnung

Nach dem Zwischenfall sexuellen Missbrauchs versuchten Sie vielleicht, das Ereignis komplett aus Ihrem Bewusstsein zu verdrängen. Für eine ganze Weile vermieden Sie vielleicht, überhaupt daran zu denken. Oder Sie erinnerten sich zwar, aber Ihr Gedächtnis änderte die Erinnerung so ab, dass Ihnen alles weit weniger traumatisch erschien, als es in Wirklichkeit gewesen war. Erst später, als die Beziehung beendet und Sie in Sicherheit waren, brach die volle psychische Wirkung über Sie herein, als etwas die Erinnerung an einen Vorfall auslöste. Wochen, Tage oder Monate später haben die Zwischenfälle Sie vielleicht ganz plötzlich vollkommen aufgerieben.

Wenn Sie es geschafft haben, das Grauen für eine Weile beiseite zu schieben, ist es sehr wichtig, dass Sie den Grund für diese Verleugnung erkennen. Leider geben viele Frauen sich selbst die Schuld, dass sie nicht eher gemerkt haben, wie schlimm der sexuelle Missbrauch war. Sie zerbrechen sich den Kopf darüber, dass sie früher hätten gehen können, wenn es ihnen vorher aufgefallen wäre. Meist ist dies nicht der Fall. Wenn Sie es geschafft haben, das Trauma der Geschehnisse zu verdrängen, so gab es dafür einen guten Grund. Hätten Sie zum Zeitpunkt der Vorkommnisse die vollkommene psychische Wirkung der sexuell missbräuchlichen Handlungen gespürt, wären Sie vielleicht nicht in der Lage gewesen weiterzumachen. Es hätte dazu führen können, dass Sie sich gefangen fühlen und Ihr Leben als vollkommen unerträglich empfinden. Sie wären vielleicht schwer depressiv geworden und womöglich suizidgefährdet. Der Verleugnungsprozess hat wahrscheinlich geholfen, Sie zu retten.

Isolation

Möglicherweise hat der sexuelle Missbrauch dazu geführt, dass Sie noch stärker isoliert waren, als es vorher ohnehin schon der Fall war. Schuldgefühle, Scham, Depressionen und mangelnde Selbstachtung bewirkten vielleicht, dass Sie ausgerechnet den Kontakt zu den Menschen mieden, die Ihnen hätten helfen können. Vielleicht war es Ihnen einfach zu viel, den Versuch zu unternehmen, über diese Seite der Misshandlungen zu sprechen oder sie genauer darzustellen.

Selbstachtung

An den Tagen, die auf ein Missbrauchserlebnis folgten, haben Sie sich vielleicht schmutzig und beschämt gefühlt. Vielleicht haben Sie mehrfach geduscht oder gebadet und sich dennoch nicht sauber gefühlt. Falls Sie sich vor dem Übergriff in Ihrem Körper wohl gefühlt haben, mag sich dies verändert haben. Es kann sein, dass Sie begannen, sich für Ihren Körper zu schämen, und dass Sie jede Spur Ihrer Sexualität verbergen wollten, indem Sie schlotterige Kleidung trugen, Ihre Körperhygiene vernachlässigten oder sogar Ihre Essgewohnheiten umstellten.

Falls Sie wie die meisten Misshandlungsopfer keinen Ausweg aus der Beziehung sahen, blieben Sie vermutlich noch eine ganze Weile bei Ihrem Partner, nachdem der sexuelle Missbrauch angefangen hatte. So wie andere Formen der Misshandlung traten auch die sexuellen Übergriffe wahrscheinlich nur von Zeit zu Zeit auf. Phasenweise schien Ihr Partner vielleicht sehr fürsorglich, verständnisvoll, mitunter sogar sinnlich und überhaupt nicht bedrohlich oder furchteinflößend. Falls Sie erneut eine intime Beziehung zu ihm aufnahmen, so belegt dies noch einmal mehr, wie kompliziert und verwirrend diese Beziehungen sein können. Dass Sie freiwillig mit ihm Geschlechtsverkehr hatten, bedeutet nicht, dass Sie ein schlechter Mensch sind.

Vertrauen

Falls Ihr Partner Sie sexuell missbraucht hat, kennen Sie die Verwirrung und die komplexe Mischung der Gefühle, die Sie erlebt haben, aus erster Hand. Wenn das Vertrauen zu Ihrem Partner bis dahin noch nicht vollkommen zerstört war, haben Sie es durch diese Erfahrung mit Sicherheit verloren. Falls Sie weiterhin bei ihm blieben, begannen Sie sich bestimmt zu fragen, was er Ihnen wohl noch antun würde. Wenn er etwas dermaßen Abscheuliches tun konnte, gab es dann vielleicht überhaupt keine Grenzen für seine Misshandlungen?

Vielleicht begannen Sie daran zu zweifeln, ob Sie in der Lage waren, vertrauenswürdige Menschen von nicht vertrauenswürdigen zu unterscheiden. Immerhin hatten Sie diesem Mann ursprünglich einmal vertraut und waren fest davon ausgegangen, dass er Ihnen niemals wehtun würde. Tatsächlich war es für Sie unmöglich zu wissen, dass er zu einer solchen Tat fähig war, und trotzdem verbrachten Sie vielleicht viel Zeit damit, sich mit Selbstvorwürfen zu strafen, weil Sie es nicht hatten kommen sehen. Mit dem sexuellen Missbrauch verhielt es sich vermutlich wie mit den anderen Misshandlungen, die er Ihnen zufügte: Bevor sich ein Zwischenfall zugetragen hatte, wäre ein sexueller Übergriff durch Ihren Partner für Sie unvorstellbar gewesen.

Furcht

Obwohl es Ihr fester Partner war, der Sie sexuell missbrauchte, fürchteten Sie vielleicht, dass, wenn er schon zu einer Vergewaltigung fähig war, er auch in der Lage sein könnte, Sie zu töten. Auch wenn vor dem Zwischenfall keine Gewalt vorgefallen war, bangten Sie vielleicht um Ihr Leben. Sexueller Missbrauch war so undenkbar, dass Sie vermutlich nicht im Geringsten einschätzen konnten, was er wohl als Nächstes mit Ihnen tun würde.

Falls Sie schon vorher körperliche Gewalt durch Ihren Misshandler erlitten hatten, erhöhte der sexuelle Übergriff Ihre Angst vor Gewalt vielleicht noch um einiges mehr. Nach der sexuellen Gewalt hatten Sie vermutlich das Gefühl, dass Ihr Risiko gestiegen sei, auch andere Formen von Gewalt zu erleiden.

Heute, nachdem Sie der Misshandlungsbeziehung entfliehen konnten, verspüren Sie vielleicht noch immer verstärkte Angst – insbesondere Angst, von anderen berührt zu werden, oder Angst vor dem Versuch, einer anderen Person körperlich nahe zu kommen.

Ängstlichkeit und Wachsamkeit

Nach dem Übergriff haben Sie vielleicht festgestellt, dass Sie allgemein sehr viel ängstlicher geworden sind. Alltagserlebnisse, die nichts mit den sexuellen Angriffen zu tun hatten, riefen in Ihnen große Besorgnis und Unruhe hervor. Vielleicht bekamen Sie Kopf-, Rücken- oder Bauchschmerzen. Vielleicht litten Sie unter Verspannungen oder Schmerzen im Nacken. Womöglich sind Sie nach dem Vorfall schreckhafter geworden. Bei unerwarteten lauten Geräuschen hatten Sie das Gefühl, Ihnen bliebe das Herz stehen. Berührte Sie jemand von hinten, ohne dass Sie darauf vorbereitet waren, fuhren Sie zusammen. Sie wichen zurück, Ihr Herz raste, und Ihnen brach kalter Schweiß aus. Sie hatten das Gefühl, immer in Alarmbereitschaft zu sein, waren immer darauf vorbereitet, dass etwas Schlimmes passiert. Diese Reaktion, die als „Hypervigilanz" bezeichnet wird, mag Wochen, Monate oder Jahre angehalten haben.

Vielleicht erlebten Sie auch einen psychischen Zustand, der „Intrusion" genannt wird. Gemeint ist, dass Sie sich in Gedanken über den sexuellen Missbrauch vertieften, die Ihnen plötzlich und ohne Vorwarnung in den Sinn kamen. Die Erinnerungen kamen manchmal aus heiterem Himmel auf. Dies kann sich für Sie wie ein schrecklicher Tagtraum angefühlt haben oder auch wie ein „Flashback": Es war beinahe, als erlebten Sie den Übergriff noch einmal. Vielleicht reagierten Sie darauf verbal, mit einem Schrei oder indem Sie in lautes Weinen ausbrachen. Oder Sie reagierten körperlich, indem Sie sich in Embryonalstellung zusammenkauerten. Die Reaktionen auf Traumata, Hypervigilanz und Intrusionen werden weitergehend in Kapitel 9 „Anzeichen von unerfüllter Heilung" besprochen.

Sexuelles Empfinden

Es ist möglich, dass der erlittene Missbrauch jedes sexuelle Verlangen nach Ihrem Peiniger auslöschte. Nach dem ersten Vorfall wollten Sie womöglich nie wieder mit ihm intim werden. Dies ist eine ganz normale Reaktion auf ein so schreckliches Ereignis. Von diesem Zeitpunkt an mag sich jede sexuelle Begegnung mit ihm angefühlt haben wie ein weiterer sexueller Übergriff.

Wie nach den anderen Misshandlungen überzeugte er Sie vielleicht, dass es ihm leidtue und niemals wieder vorkommen werde. Sie wollten ihm glauben, und obwohl der Missbrauch Sie stark verletzt hatte, gaben Sie Ihrem Partner zunächst vielleicht nicht die Schuld daran. Sie versuchten das Geschehene hinter sich zu lassen, und vielleicht hatten Sie sogar wieder ein lustvolles gemeinsames Sexualleben.

Wenn Sie während des sexuellen Missbrauchs irgendwann einmal körperlich erregt waren, hat er vermutlich versucht, Ihnen weiszumachen, dass dies ein Zeichen dafür sei, dass Sie es so wollten und es Ihnen gefiel. Nichts könnte weiter von der Wahrheit entfernt sein. Unser Körper reagiert in manchen Situationen unabhängig von emotionalen und psychischen Reaktionen ganz unmittelbar auf bestimmte Reize. Ganz gleich, ob Sie zu einem Zeitpunkt während des Missbrauchs sexuell erregt waren – niemand wünscht sich oder mag es, sexuell missbraucht zu werden.

Depression

Die vielleicht häufigste Reaktion auf sexuellen Missbrauch ist Depression. Vermutlich erreichten Sie einen Punkt, an dem Sie unermessliche Trauer und Verlustgefühle verspürten. Er nahm Ihnen etwas sehr Kostbares: die Kontrolle über Ihren Körper, Ihre Gefühle und Ihr Leben. In nur wenigen Minuten oder Stunden raubte er Ihnen einen beträchtlichen Teil Ihrer Identität, den Sie vielleicht erst nach langer Zeit zurückerlangen können. Die Depressionen wurden nicht nur dadurch ausgelöst, dass Sie erkannten, was Sie alles verloren hatten. Mitverantwortlich war auch das Wissen, dass ein Mensch, dem Sie vertraut und den Sie geliebt hatten, Sie vergewaltigt hatte. Falls Sie schon vorher depressiv waren, verschlimmerte dieser Vorfall Ihren Stimmungszustand vermutlich noch um einiges.

Während einer Depression haben sich Ihre Ess- und Schlafgewohnheiten wahrscheinlich verändert. Plötzlich hatten Sie Schwierigkeiten, einzuschlafen oder durchzuschlafen. In jedem wachen Moment waren Sie, bedingt durch den sexuellen Übergriff, gefühlsmäßig so stark aufgelöst, dass Sie allgemein nicht viel schlafen konnten. Oder aber Sie schliefen die ganze Zeit und versuchten so, den Gedanken und Erinnerungen an Ihre Erfahrungen zu entkommen. Die Depression kann ähnliche Veränderungen in Ihrem Essverhalten erzeugt haben. Im Abschnitt „Selbstverletzende Verhaltensweisen" weiter hinten in diesem Kapitel gehen wir genauer auf ernährungsbezogenes Verhalten ein.

Möglicherweise war Ihre Depressivität von Erschöpfung begleitet. Vielleicht fühlten Sie sich schon durch Alltagstätigkeiten völlig übermannt. Einfache Tätigkeiten wie die Zubereitung einer Mahlzeit oder das Zähneputzen schienen unüberwindbar. Vielleicht bemerkten Sie, dass Sie das Interesse an Aktivitäten verloren, die Ihnen vorher Spaß gemacht hatten, wie körperliches Training, Musikhören, Lesen oder künstlerisch-handwerkliche Tätigkeiten.

Wie bereits angesprochen, wirkte sich der sexuelle Missbrauch vielleicht genauso stark oder stärker auf Ihre Selbstachtung aus als andersartige Misshandlungsvorfälle, die Sie ertragen mussten. Vielleicht hatten Sie vor dem Missbrauch ein gutes Gefühl zu sich selbst – und stellten nach dem Vorfall fest, dass Sie sich hassten. Der Verlust an Selbstachtung geht vermutlich nicht nur auf die Depressionen zurück. Auch Selbstbeschuldigung und Wut spielen dabei eine Rolle. Wenn Ihr Selbstvertrauen schon von vornherein eher wankte, wurde es durch die sexuellen Angriffe vermutlich komplett vernichtet.

Eines der Hauptziele Ihres Partners war es sicherzustellen, dass Sie bei ihm blieben. Der sexuelle Missbrauch kann Sie überzeugt haben, dass Sie für andere Menschen nicht liebenswert waren. Wenn Sie infolgedessen dachten, Sie hätten keine bessere Behandlung verdient, fiel es Ihnen vielleicht noch schwerer, die Beziehung zu verlassen. Der sexuelle Missbrauch half Ihrem Ex-Partner, Sie dort zu halten, wo er Sie haben wollte.

Falls Sie eine schwere Depression entwickelten, kamen in Ihnen vielleicht Suizidgedanken auf. Der sexuelle Missbrauch, gepaart mit dem Gefühl, in der Beziehung gefangen zu sein, brachte Sie vielleicht zu dem Schluss, Ihr Leben sei nicht mehr lebenswert. Aber Sie haben sich das Leben nicht genommen. Die Tatsache, dass Sie noch leben, legt eindrücklich Zeugnis ab von der großen Stärke, die Sie in sich tragen.

Wut

Eine weitere normale Reaktion auf sexuellen Missbrauch ist Wut. Einige Frauen empfinden einen überwältigenden Zorn, der alle Gedanken und Gefühle aufzehrt. Aber wenn Sie in Ihrer Situation gewagt hätten, Ihren Ärger zu zeigen, hätte sich Ihre Lage noch verschlechtert. Anstatt Ihrem Ärger Luft zu machen, mussten Sie ihn unterdrücken und in sich anstauen.

Möglicherweise haben Sie Ihre Wut an anderen als an Ihrem Misshandler ausgelassen, an Menschen, die Sie um sich hatten: Ihre Kinder, Familie, Freunde oder Arbeitskollegen. Das war vielleicht der einzige Weg, einen kleinen Teil dieser rasenden Wut abzulassen. Oder vielleicht richtete sich Ihre Wut gegen Sie selbst. Vielleicht begannen Sie sich vorzuwerfen, dass Sie überhaupt in diese schreckliche Situation hineingeraten waren. Womöglich haben Sie sogar begonnen, sich zu hassen. Vielleicht brachte Sie dieser Selbsthass dazu, nach Möglichkeiten zu suchen, wie Sie sich selbst verletzen konnten.

Selbstverletzende Verhaltensweisen

Vielleicht gehörte verstärkter Alkohol- oder Drogenkonsum zu Ihren Methoden, mit der Wut fertigzuwerden und die Schmerzen zu ertragen. Diese Drogen waren für Sie vielleicht eine Art der Selbstmedikation – Sie versuchten auf diese Weise zu verhindern, dass Sie „durchdrehen“.

Falls die Angriffe in Ihnen das Bedürfnis auslösten, Ihre Sexualität zu verbergen, haben Sie vielleicht geglaubt, dass eine äußerliche Veränderung Ihres Körpers Sie weniger begehrenswert werden ließe. Sie glaubten, wenn Sie weniger attraktiv seien, fände der sexuelle Missbrauch vielleicht ein Ende.

Vielleicht aßen Sie viel mehr als vorher, um an Gewicht zuzunehmen. Sie hatten vielleicht die Vorstellung, Übergewicht mache Sie unattraktiver. Oder möglicherweise versuchten Sie genau das Gegenteil zu bewirken: Sie aßen weniger und nahmen stark ab. Vielleicht hatten Sie das Gefühl, durch eine Abmagerung Ihres Körpers könnten Sie Ihre sexuelle Ausstrahlung verringern. Ihre Brust würde flacher, Ihre Figur jungenhafter. Möglicherweise bemerkten Sie auch, dass Sie immerhin über einen Teil Ihres Lebens ein bisschen Kontrolle besaßen: Ihr Essverhalten.

Vielleicht ließen Sie Ihre Wut und Not auch heraus, indem Sie sich selbst verletzten, sich zum Beispiel „ritzten". Falls Sie nach einer Vergewaltigung nichts fühlten oder Wut auf sich verspürten, wurde es vielleicht zur Routine, dass Sie sich selbst Schnitte zufügten. Durch das Ritzen versuchten Sie vielleicht in einem Moment vollkommener Gefühlstaubheit eine Empfindung zu erzeugen. Oder Sie versuchten, sich durch diese Art der Selbstverletzung zu bestrafen, weil Sie glaubten, selbst an den Ereignissen schuld zu sein.

Was nun?

Jetzt, da Sie nicht mehr in der Misshandlungsbeziehung sind, fällt es Ihnen vielleicht sehr schwer, mit Ihrer Sexualität klarzukommen. Falls Sie sexuell missbraucht wurden, stellen Sie vielleicht fest, dass Sie nun überhaupt keine sexuelle Lust mehr empfinden, für niemanden. Diese Reaktion ist nach sexuellem Missbrauch normal, und der Heilungsprozess benötigt oftmals viel Zeit. Er beinhaltet nicht nur, dass Sie Ihre Selbstachtung und Ihre sexuelle Lust zurückgewinnen, sondern auch, dass Sie die Fähigkeit zurückerlangen, anderen Menschen zu vertrauen.

Es ist auch möglich, dass Sie inzwischen wieder mit verschiedenen Leuten sexuell aktiv waren. Vielleicht war dies für Sie ein Weg, wieder die Kontrolle über Ihren Körper zu spüren. Vielleicht war es auch Ihre

Art, einer emotional engen Beziehung mit jemandem aus dem Weg zu gehen. Oder Sie versuchten, dadurch die Freude an Ihrem Sexualleben wiederzufinden.

Ganz gleich, ob bei Ihnen nur eine einzige oder eine Kombination dieser Reaktionen aufgetreten ist, haben Sie sie vermutlich als sehr niederschmetternd erlebt. Vielleicht hatten Sie manchmal das Gefühl, geradezu verrückt zu werden, wenn Sie versuchten, mit diesen realen neuen Erfahrungen fertigzuwerden, während Sie gleichzeitig Albträume hatten, bei jedem Geräusch und jeder Berührung zusammenfuhren und das Geschehene immer wieder im Geiste durchlebten. Tatsächlich ist dies aber eine *normale* Reaktion auf ein schreckliches, furchterregendes Trauma.

Jeder ist anders, und jedes Opfer sexuellen Missbrauchs leidet unter anderen Folgewirkungen. Es lassen sich keine Angaben darüber machen, wann diese Symptome aufgehört haben „sollten“. Einige Auswirkungen zeigen sich sofort und dauern für einige Wochen oder Monate an. Andere kommen erst viel später zum Vorschein und bleiben eine lange Zeit bestehen.

Für Opfer von sexuellem Missbrauch ist es wahrscheinlich, dass sie ein Leben lang immer wieder mit Erfahrungen konfrontiert werden, die alte Reaktionen wie Angst, Wut, Misstrauen oder Depressionen hervorrufen. Mit der Zeit sollten diese Reaktionen erträglicher werden, komplett schwinden werden sie jedoch vermutlich nie. Sie werden vielleicht nicht immer genau bestimmen können, wodurch diese Reaktionen ausgelöst wurden. Manchmal wird es offensichtlich sein, beispielsweise wenn Sie eine Vergewaltigungsszene in einem Kinofilm sehen. Andere Auslöser bleiben eher verborgen, etwa wenn ein Passant auf der Straße nach demselben Rasierwasser riecht, das Ihr Misshandler benutzte.

Falls Sie bei sich eine der genannten Reaktionen bemerken, ist das in Ordnung, selbst wenn Sie nicht wissen, weshalb. Es gibt hinsichtlich Ihrer psychischen Verfassung keine „Meilensteine“, die Sie zu einem bestimmten Zeitpunkt spätestens erreichen müssen. Ganz gleich, ob der Missbrauch einen Monat, ein Jahr, fünf Jahre oder noch länger zurückliegt – Sie sind *nicht* verrückt, wenn Sie diese Reaktionen zeigen. Sie sind vollkommen normal.

Sie werden sich aber auch nicht immer so schlecht fühlen wie jetzt. Menschen, die eine Vergewaltigung oder andere Formen sexuellen Missbrauchs überlebt haben, sprechen davon, dass der Schmerz langsam verebbt. Falls Sie intensiv leiden oder mit der Zeit keine Besserung feststellen können, sollten Sie erwägen, ob Sie professionelle Hilfe und Unterstützung zurate ziehen möchten.

Vielleicht finden Sie eine Selbsthilfegruppe für Überlebende, die sich entweder persönlich trifft oder über das Internet kommuniziert. Der Austausch mit anderen, die ähnliche Erfahrungen durchgemacht haben, kann eine sehr ermutigende Wirkung haben. Eventuell möchten Sie sich auch an eine Beratungsstelle für Vergewaltigungsopfer wenden oder einen Therapeuten mit einer Spezialisierung in diesem Bereich aufsuchen (siehe Kapitel 13 „Die Heilung beginnt"). Es ist kein Zeichen von Schwäche, wenn Sie sich Hilfe suchen. Es bedeutet, dass Sie für sich sorgen.

Denken Sie daran: Sie tragen an dem sexuellen Missbrauch keine Schuld. Sie haben nichts getan, das die Vorfälle hervorgerufen hätte, und Sie haben in keiner Weise verdient, auf solche Weise behandelt zu werden. Während Sie das Leben zurückgewinnen, das Sie sich wünschen, sollten die Gefühle und die Handlungsweisen, die von den Übergriffen herrühren, nach und nach zurückgehen. Außerdem werden Sie mit der Zeit in aller Deutlichkeit und voller Selbstvertrauen erkennen, dass Sie es nicht verdient haben, jemals wieder verletzt zu werden – von niemandem, auch nicht durch sich selbst.

Selbsterkundungsübung

Gespräch mit sich selbst

Oft ist es so schwierig mit anderen über sexuellen Missbrauch zu sprechen, dass Betroffene ihre Gefühle in sich aufstauen. Da Sie jetzt nicht mehr in der Misshandlungsbeziehung sind, ist es vielleicht an der Zeit, dass Sie erkunden, was Sie durchgemacht haben, und untersuchen, weshalb diese Erfahrungen vielleicht immer noch auf Ihre Selbstachtung und Ihr Sexualleben nachwirken. Die folgende Übung dient dazu, sich in Erinnerung zu rufen, was Sie durchlebt haben, genauer zu betrachten, wie Sie es geschafft haben zu überleben und in welcher Weise die Misshandlungsbeziehung sich jetzt auf Sie auswirkt. Es ist möglich, dass die Bearbeitung der Aufgabe unangenehme Gefühle in Ihnen auslöst, die auf den Missbrauch zurückgehen. Für Ihre Heilung und Ihr Fortkommen wird es jedoch notwendig sein, sich mit diesen Gefühlen auseinanderzusetzen.

Das Schlimmste, was mein Partner mir sexuell angetan hat, war

Das, was mir am häufigsten wieder einfällt, ist

Das Schwierigste an der Erinnerung daran, was er mit mir getan hat, ist

Ich habe es geschafft, den sexuellen Missbrauch zu überstehen, indem ich

Wenn ich daran denke, wieder eine sexuelle Beziehung zu haben, fühle ich

Wenn ich daran denke, wieder eine sexuelle Beziehung zu haben, denke ich

____

____

____

____

Seitdem ich von der Beziehung losgekommen bin, hat sich mein Sexualleben auf folgende Weise verändert:

____

____

____

____

____

Wir empfehlen, dass Sie diese Selbsterkundungsübung in ein bis zwei Monaten wiederholen, um Ihren Fortschritt zu verfolgen. Sie werden wahrscheinlich feststellen, dass Sie sich dann bereits weniger unwohl fühlen, wenn Sie über diese Fragen nachdenken. Vermutlich werden Sie auch sehen, dass die negativen Auswirkungen auf Ihr gegenwärtiges Leben zurückgegangen sind. Falls Sie aber bemerken, dass Ihre emotionalen Reaktionen weiterhin sehr intensiv sind und Sie in Ihrer Lebensführung beeinträchtigen, kann das ein Hinweis dafür sein, dass Ihr Heilungsprozess zum Stillstand gekommen ist. In diesem Fall wäre es für Sie vielleicht sinnvoll, eine Beratung in Anspruch zu nehmen.

5
Wie konnten Sie einen Misshandler lieben?

Mythen:

Für jemanden, von dem man einmal misshandelt wurde, empfindet man keine Liebe mehr.

Wer einen Menschen liebt, der ihn misshandelt hat, muss ein ernstes psychisches Problem haben.

Was ist Liebe?

Das Leben wäre wohl um einiges einfacher, wenn Liebe immer rational und vorhersehbar wäre: Man lernt die richtige Person kennen und verliebt sich, respektiert einander, ist zärtlich zueinander, kümmert sich umeinander und lebt für immer glücklich und zufrieden zusammen. Aber Liebe ist nicht rational. Unsere Erwartungen an die Liebe werden nicht selten enttäuscht. Unsere Liebe für jemanden hängt nicht einmal immer davon ab, wie er uns behandelt. Liebe besteht aus reichhaltigen, komplexen und oftmals verwirrenden Emotionen und Verhaltensweisen. Viele Menschen verlieben sich, ohne ihren Partner richtig zu kennen. Sie wissen dann noch nicht, wie er wohl mit ihnen umgehen wird. Ist man aber erst einmal verliebt, ist es mitunter sehr schwierig, sich wieder zu „entlieben".

Solche Gefühle können extrem verwirrend sein, wenn sie auf die Situation in einer Misshandlungsbeziehung zutreffen. Einige Misshandlungsopfer verspüren im Nachhinein starken Hass auf ihren Peiniger oder sie empfinden überhaupt nichts mehr für ihn. Andere martern sich immer wieder mit denselben quälenden Gedanken: „Wie kann es sein, dass ich ihn geliebt habe, nachdem er mir all das angetan hat?" – „Mein Ex hat mich verletzt und war wirklich grausam zu mir – wie kann es denn sein, dass ich noch immer diese Gefühle für ihn hege? Bedeutet das nicht, dass mit *mir* etwas nicht in Ordnung ist?" Die Antwort auf diese letzte Frage lautet: „Nein!" Solche Gefühle und Fragen kommen bei Betroffenen häufig auf und sind vollkommen normal.

Am Anfang war doch alles so schön

Vermutlich war Ihnen klar, dass Sie in Ihrer Beziehung Kontrolle, Misshandlungen oder Gewalt erfahren. Vielleicht haben Sie gespürt, dass Sie in einer krankhaften Beziehung feststecken. Allerdings sind Beziehungen, in denen es zu Misshandlungen kommt, zu Beginn meist noch vollkommen in Ordnung. Zuerst wirkt sogar alles wunderbar. Anfangs erschien Ihnen Ihr Partner zuvorkommend, fürsorglich, charmant und verbindlich. Sie können vermutlich viele Gründe nennen, weshalb Sie sich damals von ihm angezogen fühlten. Wenn Sie an den Beginn Ihrer Beziehung zurückdenken, fallen Ihnen die vielen Geschenke ein, die er Ihnen gemacht hat. Sie erinnern sich, wie er am liebsten ständig bei Ihnen sein wollte; und daran, wie er Ihnen immer wieder sagte, dass er Sie mehr liebt, als es ein anderer jemals könnte.

Kein Mensch ist durch und durch gut oder schlecht, nicht einmal Ihr Peiniger. Auch jemand, der zu Misshandlungen in der Lage ist, besitzt viele gute Eigenschaften. Genau diesen Eigenschaften sind Sie ja verfallen! Da war vielleicht sein ausgeprägter Sinn für Humor. Er schien immer genau zu spüren, was Sie brauchten. Vielleicht besaß er auch eine interessante Fähigkeit oder ein besonderes Hobby oder er sah umwerfend gut aus. Diese Dinge bewegten Sie dazu, die Beziehung einzugehen. Nach und nach wurde Ihnen aber klar, dass all seine positiven Eigenschaften die bittere Erfahrung, misshandelt und ständig kontrolliert zu werden, leider in keiner Weise aufwiegen konnten.

Zu Beginn der Beziehung mag Ihr Misshandler in Ihnen ein vollkommen neues Selbstgefühl erweckt haben. Vielleicht spürten Sie zum ersten Mal in Ihrem Leben, dass Sie es tatsächlich verdienen, gut behandelt zu werden. Sie schätzten sich glücklich, einen so liebe- und hingebungsvollen Partner gefunden zu haben. Sie hatten den Eindruck, dass er besser mit Ihnen umging als irgendjemand zuvor. Sie ergänzten sich gut; wahrscheinlich beschützte er Sie, zeigte sich großzügig und sogar eifersüchtig. Vielleicht gefiel Ihnen diese Eifersucht anfangs, weil Sie darin ein Zeichen für seine große Fürsorge und Liebe sahen. Rückblickend erinnern Sie sich noch genau an die Gespräche, die Sie beide über Ihre ausgefallene, großartige Beziehung führten.

Manche Menschen mussten schon in ihrer Kindheit oder in früheren Beziehungen Misshandlungen erdulden. Ihnen fällt es oft besonders schwer, am Anfang einer Beziehung die ersten Anzeichen der Bedrohung zu erkennen. Wer immer wieder in seinem Leben misshandelt wird, denkt vielleicht gar nicht, dass er eine bessere Behandlung als die gewohnte verdient (siehe Kapitel 17 „Neue Liebe“). Das kann die Misshandlungen zwar unter keinen Umständen entschuldigen und gibt Ihnen natürlich auch keine Schuld an dem, was geschehen ist. Es zu wissen kann Ihnen jedoch helfen, die beschämende und verwirrende Frage zu beantworten, weshalb Sie die sich anbahnenden Misshandlungen nicht eher bemerkt haben.

Anzeichen von Misshandlung erkennen

In Wahrheit haben sich die Misshandlungen schon früh angekündigt, und zwar leider genau in den „ganz besonderen" Eigenschaften des Partners. Dies jetzt zu erkennen, kann sehr schmerzhaft sein. Seine besondere Aufmerksamkeit, seine schmeichelnde Eifersucht und die Art, wie er von Ihnen Besitz nahm, wirkten anfangs liebenswert und reizend. Bald wurden aber genau daraus ständige Kontrolle, Misshandlungen und Gewalt. Diese Erkenntnis ist zumeist begleitet von dem Gefühl, irgendwie versagt zu haben. Immer wieder drängt sich die Frage auf, warum man all dies nicht hat kommen sehen. In der schweren Zeit nach der Beziehung haben Sie vielleicht begonnen infrage zu stellen, ob Sie überhaupt fähig sind, eine gesunde Beziehung zu führen.

Als Sie Ihre Beziehung aufgaben, verloren Sie vielleicht gleichzeitig den Glauben daran, überhaupt lieben und geliebt werden zu können. Nach dem Verlassen einer Misshandlungsbeziehung kann viel Zeit vergehen, bis man begreift, dass einige Eigenschaften des Ex-Partners, die zuerst so anziehend wirkten, in Wirklichkeit keine gesunden Wesenszüge waren. Das bedeutet aber nicht, dass Sie nicht fähig sind, jemanden ernsthaft und aufrichtig zu lieben. Und es heißt auch nicht, dass Sie es nicht verdienen, auf die gleiche Weise respektvoll geliebt zu werden.

Warum haben Sie die Veränderungen nicht gesehen?

Vielen Überlebenden fällt es schwer zu bestimmen, wann sich die Beziehung zum Schlechten wandelte. Wann hat sich alles verändert? Warum hat es nie den Moment gegeben, in dem Sie sich dachten: „Jetzt reicht es! Jetzt kann ich ihn einfach nicht mehr lieben"? Es ist aber kein Wunder, wenn Sie auf diese Frage keine gute Antwort finden, denn oft gibt es keine. Meist lässt sich der Beginn der Misshandlungen nicht auf einen genauen Moment oder ein bestimmtes Ereignis zurückführen.

Normalerweise schleichen sie sich über mehrere Monate oder gar Jahre heimtückisch, sozusagen durch die Hintertür, in Beziehungen ein. Dies wird noch nachvollziehbarer, wenn man sich die folgenden Punkte vergegenwärtigt.

Denken Sie einmal zurück: Was passierte in Ihrer Beziehung *abgesehen von* den Misshandlungen, als die Vorfälle sich zu häufen begannen? Sind zu der Zeit nicht auch Ihre Liebe, Fürsorge und Zuneigung zu ihm gewachsen? Ihre Liebe war zuerst da und hielt zunächst Schritt mit den Misshandlungen. Noch heute könnte es für Sie unmöglich sein, den Zeitpunkt auszuloten, wann Ihr Leid so stark wurde, dass die Liebe es nicht mehr aufwiegen konnte.

Auch können Misshandlungen verdeckt auftreten, was die Bestimmung eines Startzeitpunktes zusätzlich erschwert. Das Verhalten Ihres Partners war manchmal so gut getarnt, dass Sie nicht erkennen konnten, wie er Sie damit kontrollierte und beherrschte. Die äußerlichen „Anzeichen" von Misshandlung und Gewalt sind möglicherweise intermittierend aufgetreten, wie in Kapitel 1 „Waren Sie in einer Misshandlungsbeziehung?" beschrieben ist.

Viele Faktoren haben Ihre Beziehung und Liebe am Leben gehalten. Hat Ihr Partner Ihnen nicht immer wieder Versprechungen gemacht? „Ich verspreche dir, dass das nie wieder vorkommen wird", „Ich *werde* mich ändern, versprochen." Sie glaubten diesen Versprechungen beim ersten und wahrscheinlich auch beim zweiten Mal. Und noch öfter. Trotzdem kam es immer wieder zu Vorfällen. Von Mal zu Mal beteuerte er dabei mehr, wie sehr ihm alles leidtat. Sein Versprechen, sich zu ändern, trug er immer beharrlicher vor. Und Sie glaubten ihm wieder und wieder. Verständlicherweise *wollten* Sie Ihrem Partner glauben. Schließlich waren Sie verliebt.

Und dann waren da noch die ganzen Entschuldigungen. Ihr Partner schien das Geschehene wirklich zu bereuen. Sie vergaben ihm. Jetzt jedoch, im Nachhinein, erkennen Sie, dass diese Entschuldigungen nicht bedingungslos, sondern mit einem Vorwurf an Sie verknüpft waren: „Es tut mir leid, aber wenn du nur nicht ...". Irgendwie waren Sie immer selbst für die Misshandlungen verantwortlich. Vielleicht haben Sie angefangen, dies zu glauben, und Sie erinnern sich vielleicht sogar daran, dass Sie sich für Ihr Verhalten tatsächlich entschuldigt haben. Sie fingen an zu glauben, dass Sie die Misshandlungen im Vorfeld verhindern könnten, wenn Sie nur besser aufpassten, was Sie sagten und taten. Mit der Zeit eskalierten die Misshandlungen, und die Vorwürfe wurden offensichtlicher: „Ich wollte dir nicht wehtun, aber wenn du nicht so (beschränkt, abstoßend, nachlässig, dämlich usw.) wärst, dann wäre das nie passiert." Wieder und wieder hat man Sie glauben gemacht, dass jeder Akt der Misshandlung oder Gewalt selbstverschuldet war. Tagtäglich wurde Ihnen das Gefühl vermittelt, wertlos zu sein.

Um Sie noch mehr von Ihrer Schuld zu überzeugen, erzählte er Ihnen vermutlich, dass so etwas in seinen vorherigen Beziehungen nie vorgekommen war (was mit Sicherheit nicht stimmte). Vielleicht kannten Sie sogar eine frühere Partnerin von ihm. Da sie aber nie etwas von Misshandlung oder Gewalt erwähnt hatte, mussten Sie glauben, dass mit *Ihnen* etwas nicht in Ordnung war. Sie zweifelten an Ihrer Beziehungsfähigkeit. Nun bemerken Sie aber rückblickend, dass auch Sie niemals anderen gegenüber ein Wort über die Vorfälle verloren haben.

„Wenn du mich wirklich lieben würdest ..." Klingt dieser Satz vertraut? Indem Ihr Partner so etwas sagte, brachte er Sie immer wieder dazu zu glauben, die Beziehung würde sofort funktionieren, wenn Sie nur fähig wären, ihn mehr oder irgendwie „besser" zu lieben. Er erklärte Ihnen, dass sein Verhalten Ihnen gegenüber eine Folge davon war, dass Sie ihn nicht genug liebten. Irgendwann glaubten Sie ihm vielleicht. In Wirklichkeit war mit Ihrer Liebe zu ihm aber alles in bester Ordnung – es war vielmehr Ihr Partner, der unfähig war, jemanden zu lieben, ohne Macht und Kontrolle auszuüben.

Warum sind Sie geblieben?

All dies klingt so schrecklich, dass Sie sich gefragt haben werden, warum Sie Ihren Partner nicht viel eher verlassen haben. Während Ihr Peiniger Ihnen ständig das Gefühl vermittelte, Sie hätten seine Liebe nicht verdient, arbeitete er gleichzeitig daran, Sie zu überzeugen, dass Sie niemanden auf der Welt verdient haben; dass es Ihnen unmöglich sein würde, jemals jemanden zu finden, der Sie liebt. So dachten Sie, indem Sie bei ihm blieben und sich möglichst so verhielten, wie es ihm gefiel, könnten Sie den Misshandlungen entgehen und wären auf diese Weise wenigstens nicht allein.

Falls Sie versucht haben, mit anderen über Ihre wachsenden Zweifel an der Beziehung zu sprechen, erhielten Sie vermutlich wenig Unterstützung. Die meisten Misshandler erweisen sich als ausgesprochen geschickt darin, ihre Schattenseiten vor der Außenwelt verborgen zu halten. Nach außen hin erscheinen sie meist sympathisch und charmant. Menschen, denen Sie sich anvertrauten, deuteten an, dass Sie sich stärker um die Beziehung bemühen sollten. Niemand schien auf die Idee zu kommen, Ihren Partner für die Geschehnisse verantwortlich zu machen. Und wieder blieben Sie mit dem Gefühl zurück, selbst die „nicht liebenswerte" Person in der Beziehung zu sein.

Wenn Ihr Partner zugab, Sie schlecht behandelt zu haben (falls dies überhaupt einmal vorkam), rechtfertigte er sein Verhalten mit seiner eigenen Vergangenheit; mit dem Missbrauch, der ihm selbst als Kind widerfahren war. Womöglich hat er sogar um Ihre Unterstützung gebeten, sein Trauma zu überwinden – wieder lag die Verantwortung bei Ihnen, ihn zu heilen. Es gibt viele weitere Gründe, die Ihr Partner angeführt haben könnte, um sein unangemessenes Verhalten zu rechtfertigen und von seiner Verantwortung abzulenken: Stress auf der Arbeit, finanzielle Sorgen oder Streit mit anderen. Vielleicht hat er Ihnen in solchen Situationen leidgetan. Sie hatten dann das Gefühl, Sie müssten Verständnis für seine Lage aufbringen und ihm beistehen. Sie glaubten, wenn Sie ihm nicht helfen würden, wäre das gleichbedeutend mit fehlender Liebe. Und wieder hatten Sie einen Grund, Ihren Partner trotz allem zu lieben – allem Anschein nach brauchte Ihr Partner Sie. Sie glaubten, dass die Misshandlungen aufhören würden, sobald Sie ihm geholfen hätten zu heilen.

Wenn Sie versuchen, Ihre Misshandlungsbeziehung zu verstehen, vergessen Sie dabei nicht, wie Ihr Handeln auch von der Kultur beeinflusst wird, in der Sie leben. Manche kulturellen Normen und religiösen Glaubenssätze geben vor, dass Frauen ihre Partner, komme was wolle, bedingungslos lieben sollen. Es gibt sogar Kulturen, die allein die Frau für den Erfolg oder das Scheitern einer Beziehung verantwortlich machen. Andere Kulturen sehen Misshandlungen noch nicht mal als Unrecht an, sondern es wird von Frauen erwartet, sie zu ertragen. Möglicherweise hat Ihr Partner solche Glaubenssätze benutzt, um sein Verhalten Ihnen gegenüber zu rechtfertigen, indem er sich zum Beispiel auf religiöse oder andere Wertvorstellungen berief (siehe Kapitel 1 „Waren Sie in einer Misshandlungsbeziehung?“). Wenn Sie selbst mit solchen Glaubenssätzen groß geworden sind, fällt es Ihnen womöglich schwer zu erkennen, dass das Verhalten Ihres Partners nicht in Ordnung war. Ihre Glaubenssätze mögen es auch schwieriger gemacht haben, ihn nicht mehr zu lieben. Sie haben Ihren Vorsatz vielleicht noch verstärkt, zu ihm zu halten und mit ihm zusammenzubleiben.

Wahrscheinlich haben Sie Ihren Partner schon lange geliebt, bevor Ihnen wirklich bewusst wurde, wie ernst Ihre Situation war. Dann versuchten Sie womöglich noch eine Zeit lang, daran zu glauben, dass sich bald wieder alles zum Guten wenden würde. Als Nächstes gaben Sie sich selbst die Schuld an allem. Es ist unrealistisch zu glauben, dass solche Gefühle über Nacht verschwänden. Denn all die Rechtfertigungen, rationalen Erklärungen und Ausreden, an die Sie lange Zeit geglaubt haben, wurden Teil Ihrer Wahrnehmung der gemeinsamen Beziehung.

Jedes Mal, wenn Sie sich darüber wundern, wie Sie eine solche Person wie Ihren Ex-Partner nur lieben konnten, sollten Sie einen Moment innehalten und sich folgende Frage stellen: „Was sagt das über mich als liebenden Menschen aus?“ Wenn Sie Ihren Ex-Partner nicht so sehr geliebt hätten, wäre das, was Sie erlebt haben, für Sie nicht halb so schwierig. Trotz allem: Was er Ihnen während Ihrer Beziehung gesagt hat, zeigt, wie sehr Sie für einen anderen Menschen da sein können. Es ist an der Zeit, dass Sie stark werden und sich selbst so lieben, wie Sie es mit einem Partner können. Nun, da Sie von den Misshandlungen befreit sind, können Sie beginnen, wieder die Liebe zu sich selbst wachsen zu lassen, die Ihnen Ihr Partner genommen hat. Dies wird Ihnen helfen, zu einer Person zu werden, die von Ihrem zukünftigen Partner das gleiche Maß an Liebe und Respekt einfordern wird, das sie ihm auch gibt (siehe Kapitel 17 „Neue Liebe“).

Selbsterkundungsübung

Warum Sie Ihren Misshandler geliebt haben

Sicher sind Sie sich darüber bewusst, dass Ihr Ex-Partner durchaus auch seine positiven Seiten hatte. Falls Sie sich für Ihre gegenwärtigen oder vergangenen Gefühle verurteilen, hilft es Ihnen vielleicht, sich noch mal in Erinnerung zu rufen, warum Sie sich damals in ihn verliebt haben. Die nachfolgende Selbsterkundungsübung soll Ihnen dabei helfen.

Zählen Sie die Eigenschaften Ihres Ex-Partners auf, für die Sie ihn am Anfang Ihrer Beziehung besonders schätzten (z.B. bestimmte Persönlichkeitsmerkmale, Hobbys, seine berufliche Tätigkeit, sein Aussehen usw.).

1. ______________________________

____

2. ______________________________

____

3. ______________________________

____

4. ______________________________

____

5. ______________________________

____

6. ______________________________

____

7. ______________________________

____

8. ______________________________

____

9. ______________________________

____

10. ______________________________

____

Sonstiges: ______________________________

____

____

____

Nun vergleichen Sie diese Aufzählung mit Ihren Antworten bei den Selbsterkundungsübungen in Kapitel 1 „Checkliste der Misshandlungen“ und „Analyse der Misshandlungen“. Mit diesem Vergleich werden Sie besser verstehen, wie Sie einen Partner lieben konnten, der Sie misshandelt hat, und Sie werden begreifen, warum es wichtig war, die Beziehung zu beenden.

6
Misshandlung von Männern durch Frauen und Misshandlung in homosexuellen und Transgender-Beziehungen

Mythen:

Nur Frauen können Misshandlungen zum Opfer fallen.

Ein Mann kann immer für sich selbst einstehen; auch gegen jeden Misshandler.

In homosexuellen Beziehungen kommen Misshandlungen nicht vor.

Möglicherweise machte sich Ihre Misshandlerin diese verbreiteten Mythen zunutze, um Sie stärker zu verunsichern und Ihr Gefühl von Verantwortlichkeit für die Misshandlungen zu verschärfen. Vielleicht hat sie Ihnen gesagt, dass Sie kein richtiger Mann seien, dass Sie eigentlich für sie sorgen müssten und diese Aufgabe nicht gut erfüllten oder dass Sie als Ernährer ein Versager seien. Wie in jeder Misshandlungsbeziehung nagten solche Angriffe an Ihrem Selbstwertgefühl und Ihrer Selbstsicherheit. Ist man einmal von solchen Vorwürfen erlöst, dauert es meist eine Weile, bis die Folgen verschwinden. Viele männliche Opfer von weiblicher Gewalt benötigen professionelle Unterstützung und Therapie, um diese potenziell zehrenden Themen in Angriff zu nehmen und zu verarbeiten. Mitarbeiter bei Kontakt- und Beratungsstellen für häusliche Gewalt sind meist geschult und besitzen Erfahrung im Umgang mit männlichen Misshandlungsopfern. Falls in den örtlichen Zufluchtshäusern keine Männer untergebracht werden, wird sich die Kontakt- und Beratungsstelle um eine entsprechend sichere, nahe gelegene Unterbringung für Sie kümmern, wenn Sie fliehen müssen.

Missbrauch in gleichgeschlechtlichen und Transgender-Beziehungen

Leider nimmt man an, dass häusliche Gewalt und Misshandlungen bei homo- und heterosexuellen Paaren gleich häufig vorkommen. Über die Häufigkeit von Missbrauch in Transgender-Beziehungen weiß man nicht viel, doch es ist davon auszugehen, dass sie sich nicht von der in anderen Beziehungsformen unterscheidet. Schätzungen zufolge variiert die Verbreitung von Misshandlung in gleichgeschlechtlichen Beziehungen zwischen 20 und 33 Prozent, was in etwa der Prävalenz in heterosexuellen Beziehungen entspricht. Obwohl sich dieses Buch größtenteils mit weiblichen Überlebenden aus einer gegengeschlechtlichen Misshandlungsbeziehung beschäftigt, treffen viele, wenn nicht sogar die meisten Inhalte auf sämtliche Formen von Misshandlungsbeziehungen zu. Hinsichtlich gleichgeschlechtlicher und Transgender-Paare gibt es jedoch zusätzliche Punkte, die von Belang sind und behandelt werden sollten.

Gesellschaftliche Erwartungen

Der Gewaltzyklus und die Bandbreite an Emotionen, die immer wieder über Sie hereinbrachen, wurde vermutlich noch durch vielschichtige negative Überzeugungen, Zurückweisungen und unbegründete Ängste verschlimmert, die einige Menschen gegen schwule, lesbische und Transgender-Individuen und Paare hegen (Homophobie). Wenn eine Gesellschaft die Welt als von Natur aus heterosexuell betrachtet, Heterosexualität als die Norm hinstellt und wenn davon ausgegangen wird, dass jeder in einer engen Beziehung mit einem gegengeschlechtlichen Partner zusammen ist, handelt es sich um Heterosexismus. Homophobe und heterosexistische Einstellungen unterstellen meist, dass gleichgeschlechtliche Paare schlecht, verkehrt und unmoralisch sind. Schlimmer noch ist, dass Ihre Existenz als Individuum und als Paar häufig geleugnet wird – Sie werden unsichtbar.

Für *heterosexuelle* Personen ist es schon schwierig genug, über die Misshandlungen zu sprechen, die ihnen widerfahren sind. Wenn Sie nun bedenken, dass ein großer Teil der Welt nicht heterosexuelle Beziehungen nicht versteht oder überhaupt anerkennt, dass es sie gibt, so wird ersichtlich, weshalb es für Sie eine besonders schwierige Aufgabe war, während und nach Ihrer Misshandlungsbeziehung Unterstützung und Hilfe zu finden. Der Versuch, mit heterosexuellen Familienmitgliedern oder Freunden zu sprechen, offenbarte vielleicht, dass diese Menschen Ihren Schmerz und Ihre Beziehung nicht anerkannt haben. Nach ihrer Denkweise, so schien es, hätten Sie doch einfach gehen und sich einen anderen „Freund" suchen können.

Es könnte sein, dass diese Menschen schwulen und lesbischen Beziehungen überhaupt alle tieferen Gefühle abgesprochen haben und gar nicht in der Lage waren, mit Ihnen mitzuempfinden. Solche Gespräche verließen Sie vielleicht mit dem Gefühl, „andersartiger" und isolierter zu sein denn je.

Mythen

Wie in Kapitel 3 beschrieben, gibt es in den meisten Gesellschaften Mythen über weibliche und männliche Rollenbilder. Wie kann es zum Beispiel sein, dass Frauen jemals in einer engen Beziehung Misshandelnde sind, wenn sie doch „immer unterstützend, fürsorglich und passiv" sind? Frauen können aber sowohl in hetero- als auch in homosexuellen Beziehungen Misshandlerinnen sein. Oder wie können andersherum Männer Misshandlungen zum Opfer fallen, wenn sie „immer das Sagen haben, unemotional und aggressiv sind"? Aber auch Männer können durchaus in hetero- wie auch in homosexuellen Beziehungen misshandelt werden. Die Mythen, die auf Partner in heterosexuellen Beziehungen zutreffen, wirken ebenfalls auf gleichgeschlechtliche und Transgender-Beziehungen, oftmals sogar in noch stärkerem Ausmaß.

Der vielleicht meist verbreitete Mythos über schwule, lesbische oder Transgender-Beziehungen ist, dass das Individuum bewusst eine Entscheidung darüber getroffen hat, welche sexuelle Orientierung und geschlechtliche Identität es annimmt. Jemand, der glaubt, dass Sie sich *ausgesucht* haben, in einer gleichgeschlechtlichen Beziehung zu sein, oder der meint, dass Sie Ihre Transgender-Identität auf irgendeine Weise *gewählt* haben, wird vermutlich weniger mitfühlend sein – sowohl hinsichtlich Ihrer Wahl als auch bezüglich der Tatsache, dass Ihre Beziehung gewalttätig ist. Womöglich werden Sie von Menschen mit solchen Überzeugungen sogar dafür verantwortlich gemacht. Diese Identitäten sind keine Wahlentscheidungen, sondern ein integraler Bestandteil von dem, was uns als Menschen ausmacht.

Einer der bekanntesten gesellschaftlichen Mythen besagt, dass die Liebe zwischen gleichgeschlechtlichen Paaren anders ist; dass sie unmöglich so stark oder bindend sein kann wie die Liebe zwischen einem Mann und einer Frau. Mit anderen Worten besitzen zu viele Menschen eine Vorstellung von Liebe, die sich ausschließlich auf die *heterosexuelle Liebe* bezieht. Dieses Verständnis führt einige heterosexuelle Menschen dazu, Ihre Liebe – und damit verbunden auch die Misshandlungen – belanglos zu reden. Das führt wiederum dazu, dass viele im heterosexuellen Umfeld Ihren emotionalen Schmerz abtun und nicht begreifen werden, was Ihnen widerfährt, sodass Sie sich oft noch stärker ausgegrenzt fühlen als vor dem Gespräch mit ihnen. Wenn Sie einen Therapeuten finden, dem Sie vertrauen, oder eine Selbsthilfegruppe mit Menschen, die sich in ähnlichen Situationen befinden, können Sie große Unterstützung und Trost während Ihrer Heilung erfahren, indem diese Ihnen helfen zu erkennen, dass Sie nicht allein sind.

Ein anderer verbreiteter Mythos, der sich insbesondere auf männliche homosexuelle Paare bezieht, ist die Vorstellung, dass Sadomasochismus (SM) in diesen Beziehungen besonders häufig vorkommt. Dies entspricht nicht der Wahrheit (solche Aktivitäten sind bei Paaren aller sexueller Orientierungen gleich häufig anzutreffen). Solche Fehlannahmen lösen bei vielen Misshandlungsopfern die Befürchtung aus, dass die Gewalt, die ihnen zugefügt wird, einfach als „normaler" Teil einer „Beziehung dieser Art" abgetan werden wird.

Ein letzter Mythos, der vielleicht Einfluss darauf hatte, wie gut Sie in der Lage waren, sich an andere zu wenden, besteht darin, dass männliche Gewalt gegenüber Männern weiter verbreitet sei als weibliche Gewalt gegenüber Frauen. Wenn Sie in einer lesbischen Misshandlungsbeziehung waren, hat dieser Mythos vielleicht Ihre Angst vergrößert, dass Ihnen niemand glauben würde.

Fehlende Unterstützungsnetzwerke

Zu Zeiten Ihrer Misshandlungsbeziehung haben Sie vielleicht versucht, sich an Unterstützer wie Therapeuten oder Anwälte zu wenden, aber selbst diese mögen Ihnen das Gefühl vermittelt haben, allein zu sein; vor allem, wenn sie nicht gezielt im Umgang mit Misshandlungsbeziehungen geschult waren. Als Sie versuchten mit ihnen zu sprechen, gingen diese vielleicht sofort davon aus, dass Sie in einer heterosexuellen Beziehung waren, sprachen ständig von Ihrem „gegengeschlechtlichen Partner". Wie so viele dachten sie nicht daran, dass Ihr Partner bzw. Ihre Partnerin dasselbe Geschlecht haben könnte wie Sie. Falls Sie erklärt haben, dass Ihr Partner bzw. Ihre Partnerin gleichgeschlechtlich war, reagierten sie womöglich überrascht, mit Unbehagen oder mit unangebrachten Fragen und Neugier. All diese Dinge zwangen Sie möglicherweise, wieder zu schweigen. Solche Reaktionsweisen stützen zudem die verkehrte Ansicht, dass Sie in irgendeiner Form an den Misshandlungen Schuld tragen. In der Folge waren Sie vielleicht weniger geneigt, Hilfe zu suchen, da Sie Angst vor Diskriminierung, Scham oder weiteren Anschuldigungen hatten (unter „Kontaktadressen" im Anhang des Buches finden Sie Organisationen, bei denen Sie Hilfe bekommen).

Eine weitere Schwierigkeit, der Opfer und Überlebende von gleichgeschlechtlichen oder Transgender-Beziehungen begegnen, liegt in einer Taktik, die Misshandelnde anwenden, um sich zu schützen: Der oder die Misshandelnde gibt vor, selbst das Opfer zu sein. Bei gegengeschlechtlichen Paaren mit dem Mann als Misshandler sind die Rollen von Opfer und Täter meist klar und werden von nahezu jedem verstanden. Bei gleichgeschlechtlichen oder Transgender-Paaren ist dies jedoch manchmal nicht so offensichtlich. Somit können Misshandelnde, um ihre Misshandlungstaten zu verbergen, auf dieselben Hilfseinrichtungen zugreifen, die von Opfern gebraucht werden. Ist dies erst einmal passiert, sind Berater und Krisenzentren aus ethischen Gründen verpflichtet, nur einem der Partner ihre Unterstützung zu bieten, sie können nicht beiden helfen. Es fällt dem Opfer zur Last zu „beweisen", wer der oder die wahre Misshandelnde ist, und dies ist unter Umständen sehr viel schwieriger als für Frauen in heterosexuellen Beziehungen. Die Mitarbeiter solcher Beratungsstellen sollten jedoch geschult werden, um den „Hauptaggressor", also den eigentlichen Misshandler, identifizieren zu können. Sie selbst wissen ja sehr wohl, dass Ihr Misshandler sich bestens auf Manipulation versteht und sehr glaubhaft sein kann. Das gleiche Problem ergibt sich, wenn die Polizei zu einer gewalttätigen Auseinandersetzung eines gleichgeschlechtlichen Paares gerufen wird. Wenn keine offensichtlichen Verletzungen oder Zeugen vorhanden sind, sind die Polizisten manchmal nicht imstande, Opfer und Täter zu unterscheiden, sodass es schwierig für sie ist, situationsgerechte Maßnahmen zu ergreifen.

Gleichgeschlechtliche Misshandelnde und Misshandelnde in Transgender-Beziehungen haben zusätzliche Möglichkeiten, Kontrolle über ihre Opfer auszuüben und diesen zu drohen. Eine häufige Kontrolltaktik ist die Androhung, einen Partner zu „outen", der noch nicht beschlossen hat, gegenüber bestimmten Gruppen seine sexuelle Orientierung zu bekennen. Die Drohung kann darin bestehen, die Arbeitsstelle des Partners zu informieren, wodurch die Sicherheit des Arbeitsplatzes gefährdet werden kann. Oder auch den Vermieter zu informieren, was eine Kündigung des Mietvertrages zur Folge haben könnte. Dies klingt schrecklich, aber Ihr Misshandler bzw. Ihre Misshandlerin mag sich die in der Gesellschaft verbreitete Homophobie zunutze gemacht haben, um Kontrolle über Sie auszuüben.

Angst vor der Beschädigung Ihrer Community

So, wie es im Großen in der Gesellschaft viele allgemeine Mythen über Misshandlungsbeziehungen gibt, existieren in der homosexuellen Szene einige eigene, tiefsitzende Mythen. Viele in der schwul-lesbisch-bisexuellen Szene glauben, dass ihre Gemeinschaft sich ausschließlich durch Harmonie und gegenseitige Unterstützung auszeichnet. Für viele in der Schwul-Lesbisch-Transgender-Subkultur ist es schwierig sich vorzustellen, dass häusliche Gewalt und Misshandlung etwas ist, das in *allen* engen Beziehungen vorkommen kann und nicht nur bei heterosexuellen Paaren. Durch diese verkehrte Annahme werden Überlebende aus gleichgeschlechtlichen Misshandlungsbeziehungen noch weiter ausgegrenzt, selbst von denjenigen mit derselben sexuellen Orientierung. Wenden sich Betroffene dann tatsächlich an diejenigen, die am ehesten in der Lage scheinen, sich einzufühlen und zu helfen, stoßen sie möglicherweise wieder auf Fassungslosigkeit und Zurückweisung.

Ein Grund wiederum, aus dem einige Misshandlungsopfer aus gleichgeschlechtlichen Beziehungen nicht außerhalb der schwul-lesbischen Community Hilfe ersuchen, liegt in der Befürchtung, damit weiter zur Stigmatisierung anderer beizutragen. Sie haben Angst, die Misshandlungen zuzugeben, insbesondere gegenüber Menschen außerhalb der Szene, da sie befürchten, einer heterosexistischen Welt damit einen weiteren Vorwand zu liefern, um homosexuelle Beziehungen als abnormal und abartig anzusehen. Aus diesem Grund ziehen einige homosexuelle Misshandlungsopfer es vor, über die Misshandlungen, die ihnen widerfahren sind, zu schweigen.

Verluste

Als Überlebender einer homosexuellen oder Transgender-Misshandlungsbeziehung fürchten Sie vielleicht mögliche Verluste, die zu denen hinzukommen, die Überlebende aus „traditionellen" heterosexuellen Paarbeziehungen typischerweise erfahren (siehe Kapitel 7 „Verlorener Partner, verlorener Traum, verlorenes Leben"). Wie erwähnt, fürchten manche homosexuelle Männer, lesbische Frauen oder Transgender-Menschen, ihre Arbeit oder Wohnung zu verlieren, wenn Arbeitgeber oder Vermieter von ihrer sexuellen Orientierung erfahren. Selbst jetzt, nachdem Sie von Ihrem misshandelnden Partner oder Ihrer misshandelnden Partnerin befreit sind, hält die Angst vor solchen Verlusten Sie vielleicht davon ab, Hilfe aufzusuchen.

Falls Sie Kinder haben, haben Sie möglicherweise eine weitere nur zu wirkliche Angst verspürt. Das Risiko, Ihre Kinder zu verlieren, wenn Sie eine gleichgeschlechtliche Misshandlungsbeziehung verlassen, ist noch größer als dasjenige von Frauen in heterosexuellen Beziehungen. Leider sind die Gerichte wegen kultureller Einstellungen zur sexuellen Orientierung nicht immer aufseiten der Opfer und entziehen ihnen vielleicht das Sorgerecht. Im Versuch, jetzt Kontrolle über Sie auszuüben, bedroht Ihr Ex-Partner oder Ihre Ex-Partnerin Sie vielleicht noch immer damit.

Aussteigen

Genau wie es für heterosexuelle weibliche Überlebende gilt, kann die Phase nach der Trennung bei jeder Art von Misshandlungsbeziehung leider zu einer schwierigen, gefährlichen Zeit werden. Was geschieht, wenn diejenigen, die in einer homosexuellen oder Transgender-Misshandlungsbeziehung sind, es erst einmal fertiggebracht haben, sie zu verlassen? Gestaltet sich der Erholungsprozess genauso wie bei einer Frau, die durch einen Mann misshandelt wurde? In vielerlei Hinsicht schon. Viele der Belange der Frauen, die aus einer heterosexuellen Beziehung mit männlichem Misshandler ausgebrochen sind, treffen auf Sie ebenfalls zu. Sie erleben möglicherweise die gleichen Gefühle von Furcht, Verlust,

Depression und Angst, die in diesem Buch thematisiert werden. Allerdings können all diese Empfindungen bei Ihnen aus sehr gerechtfertigten Gründen in stärkerer Ausprägung auftreten.

Alle Misshandlungsopfer erleben ein Gefühl von Unwirklichkeit und Ungläubigkeit: „Wie kann es sein, dass mein Partner/meine Partnerin mich so behandelt hat?" „Wie konnte es passieren, dass ich letztlich in diese Situation geraten bin?" „Wie kann ich mich in diesem Menschen nur so geirrt haben?" Menschen, die sich in einer der Beziehungsformen befanden, die in diesem Kapitel Thema sind, mögen diese Reaktionen aufgrund der oben genannten gesellschaftlichen Mythen, Irrtümer und Vorurteile noch intensiver erleben.

Nachdem Sie sich die Misshandlungen erst einmal eingestanden hatten, haben Sie vielleicht auch erkannt, dass Misshandlung in gleichgeschlechtlichen Beziehungen oder von Männern durch Frauen nicht die „Norm" für eine Misshandlungsbeziehung darstellen. Sie werden sich vielleicht die Frage stellen, wie Sie eine Beziehung zu dieser Person eingehen konnten, wenn es doch so viele andere mögliche Partner oder Partnerinnen gibt, die keine Misshandlungen verüben. Vielleicht beginnen Sie darüber nachzudenken, ob die Wahl Ihres Partners oder Ihrer Partnerin ein schlechtes Licht auf Sie wirft. Nichts könnte weiter von der Wahrheit entfernt sein. In keiner Beziehung trägt das Opfer die Schuld an den Misshandlungen. Für manche Misshandlungsüberlebende kann es jedoch noch schwieriger sein, dies anzunehmen.

Falls Sie bei anderen nicht auf Unterstützung und Verständnis gestoßen sind und Sie Drohungen oder Gewalt durchlebt haben, ist Ihre Angst nun möglicherweise noch größer als bei weiblichen Überlebenden aus gegengeschlechtlichen Beziehungen. Vielleicht haben Sie festgestellt, dass Freunde, Familie und Fachleute wie Polizeibeamte, Gerichte und sogar Beratungs- und Krisendienste, die den Auftrag haben, Ihnen zu helfen, Ihre unübliche Misshandlungssituation nicht vollständig begreifen. Diese Erkenntnis mag das Gefühl von Ausgrenzung in Ihnen noch verstärken, und das kann sehr beängstigend sein.

Überlebende der hier beschriebenen Misshandlungsformen stellen möglicherweise fest, dass der gefühlte Verlust an Unterstützung durch Familie und Freunde und das Gefühl, den Respekt von Arbeitskollegen verloren zu haben, besonders stark ausgeprägt sind. Familie, Freunde und Kollegen sehen in dem Gedanken an Misshandlung in einer Beziehung wie Ihrer vielleicht eine perfekte Gelegenheit für Witze, obwohl dieselben Menschen im Traum nicht daran denken würden, die Situation eines weiblichen Opfers mit männlichem Täter zu verharmlosen. Falls Sie sich dann wehren, werden Sie womöglich als eine Person hingestellt, die „keinen Spaß versteht".

Hinzu kommt, dass depressive Verstimmungen, die dem Ausbruch aus einer Misshandlungsbeziehung oft paradoxerweise folgen, ebenfalls anders sein können. Depressionen treten bei Frauen in der Gesamtbevölkerung häufiger auf als bei Männern. Jedoch sind Suizide, die durch Depressionen herbeigeführt werden, bei Männern häufiger. Dies deutet möglicherweise darauf hin, dass männliche Überlebende weiblicher oder männlicher Beziehungsgewalt, die eine Depression entwickeln, stärker gefährdet sind, schwerste und gefährlichste Formen der Depression anzunehmen, und beim Versuch, ihrem Leben ein Ende zu setzen, Methoden zu wählen, die häufiger zum Tod führen.

Falls die Misshandlungen, die Sie ertrugen, auch sexuelle Übergriffe einschlossen, finden Sie es möglicherweise schrecklich schwierig, Hilfe zu suchen oder zu finden, um sich davon zu erholen. Männer als Opfer sexuellen Missbrauchs durch die Partnerin sowie Missbrauch in homosexuellen oder Transgender-Beziehungen werden von der Gesellschaft häufig einfach ignoriert. Einige Menschen glauben noch immer fälschlicherweise, dass Männer durch Frauen nicht sexuell missbraucht werden können und dass sexueller Missbrauch in gleichgeschlechtlichen Beziehungen „einfach dazugehört".

Wie Sie sehen, gibt es im Zusammenhang mit homosexueller, Transgender- und durch Frauen auf Männer verübte Misshandlung tatsächlich einige entscheidende Abweichungen und besondere Herausforderungen. Zur tieferen Ergründung dieser besonderen Herausforderungen, denen die Paare verschiedenartiger Misshandlungsbeziehungen gegenüberstehen, können Sie für sich die Selbsterkundungsübung „Ihre besonderen Herausforderungen" am Ende dieses Kapitels bearbeiten.

Trotz allem gibt es mehr *Gemeinsamkeiten* als Unterschiede zwischen den mannigfaltigen Misshandlungsbeziehungen, die in diesem Kapitel besprochen wurden, und der „typischen" gegengeschlechtlichen Misshandlung einer Frau durch einen Mann, die in diesem Buch im Mittelpunkt steht. Wegen dieser Gemeinsamkeiten kann *jeder* Mensch – ungeachtet des Geschlechts von Täter und Opfer – in einer Misshandlungsbeziehung sein oder häusliche Gewalt erfahren.

Selbsterkundungsübung

Ihre besonderen Herausforderungen

Wie in diesem Kapitel erwähnt, stellen die Schwierigkeiten, denen Männer gegenüberstehen, die durch Frauen misshandelt wurden, oder Probleme, die aus Beziehungsgewalt durch einen homosexuellen oder Transgender-Partner hervorgehen, zusätzliche Herausforderungen im Überlebensprozess und bei der Flucht vor dem Misshandler bzw. der Misshandlerin dar. Wenn Sie in einer solchen Beziehung waren, wird Ihnen diese Übung helfen, sich der Schwierigkeiten besser bewusst zu werden, denen Sie gegenüberstehen und die Sie vielleicht noch immer versuchen zu bewältigen.

Beschreiben Sie bei jeder der nachfolgenden Kategorien kurz, welche Taktiken oder Situationen Ihnen in den Sinn kommen, die Ihr Misshandler bzw. Ihre Misshandlerin gegen Sie verwendete, oder nennen Sie Verhaltensweisen, mit denen andere in der Gesellschaft den Schmerz vergrößerten, den Sie durch die Misshandlungen erfuhren.

- Ihr Misshandler/Ihre Misshandlerin, Ihre Familie oder Freunde (oder Sie?) stützten sich auf Stereotype und Mythen, um die Wirklichkeit der Misshandlungen zu verleugnen.

____

____

____

____

- Ihr Misshandler/Ihre Misshandlerin sagte Ihnen, dass niemand Ihnen glauben würde, weil Sie kein „typisches" Opfer waren.

____

____

____

____

- Ihr Misshandler/Ihre Misshandlerin konnte Sie in der Öffentlichkeit schlecht behandeln, ohne dass dies Konsequenzen nach sich zog.

- Falls Sie Teil einer homosexuellen oder Transgender-Misshandlungsbeziehung waren, drohte Ihr Misshandler/Ihre Misshandlerin damit, Sie „zu outen", also anderen (Ihrer Familie, Freunden, Ihrem Arbeitgeber, Vermieter, Ihrer Schule) von Ihrer Beziehung zu erzählen, damit Sie über die Misshandlungen schwiegen.

- Ihre Familie oder Freunde weigerten sich, die Art Ihrer Beziehung anzuerkennen.

- Ihre Familie oder Freunde reagierten auf die Misshandlungen, die Sie erfuhren, als handelte es sich um einen Witz.

- Ihre Familie oder Freunde sagten Ihnen, dass die Misshandlungen Ihre Schuld waren. Welche Ratschläge erteilten sie (wenn überhaupt), um das Vorkommen von Misshandlungen „zu unterbinden“?

- Öffentliche Einrichtungen (Krisenstellen, Polizei usw.) sprachen, als existiere nur eine Art von Beziehung (die heterosexuelle) und eine Art von Misshandlung (mit männlichem Täter und weiblichem Opfer).

- Als Sie von Ihrer Beziehung erzählten, reagierten Beratende oder Sozialarbeitende der Stelle, wo Sie Hilfe aufsuchten, überrascht, schockiert oder stellten unangebrachte Fragen über die Beziehung.

____

____

____

____

____

Nun sehen Sie sich Ihre Liste noch einmal an. Dies wird Ihnen helfen, besser zu verstehen, warum es für Sie so schwierig war, die Misshandlungsbeziehung, in der Sie waren, zu überstehen und zu verlassen. Es wird für Sie begreifbarer werden, weshalb Sie die Beziehungsgewalt oder Misshandlungen persönlich als so intensiv empfunden haben. Diese Einsichten werden Ihnen wiederum helfen, sich jetzt auf die Lebensbereiche zu konzentrieren, die am meisten Aufmerksamkeit brauchen, damit Sie heilen können. Es ist sehr wichtig, dass Sie Menschen und Unterstützungseinrichtungen finden, die wirklich einfühlsam sind und Ihnen Kraft geben. Obwohl es für Sie möglicherweise ein wenig mehr Zeit in Anspruch nehmen wird, bis Sie die Hilfe finden, die Sie benötigen, wird sich die Suche lohnen (siehe „Kontaktadressen“ im Anhang dieses Buches).

Teil II
Jetzt

7
Verlorener Partner, verlorener Traum, verlorenes Leben

Mythen:

Es tut nicht weh, einen Partner zu verlassen, von dem man misshandelt wird; es ist eine Erleichterung.

Es ist sehr viel leichter, mit dem Verlust einer Misshandlungsbeziehung umzugehen, als eine gesunde Beziehung zu verlieren.

Wenn eine Beziehung zu Ende geht, empfinden die meisten Menschen Schmerz. Selbst wenn die Trennung von *Ihnen* ausging, kann sie dennoch weh tun. Nachdem Sie Ihren Misshandler verlassen hatten, haben Sie vielleicht überrascht festgestellt, dass Sie Trauer fühlten. Sie erwarteten, dass Sie nach der Trennung Erleichterung verspüren würden (und fühlten sich dadurch tatsächlich erleichtert). Diese vorausgeahnte Erleichterung ließ in Ihnen vielleicht die Vorstellung aufkommen, dass die Trennung nicht mit seelischen Schmerzen einhergehen würde. Der Schmerz mag Tage, Wochen, Monate oder sogar Jahre nach Beendung der Beziehung nicht aufgekommen sein. Aber irgendwann trat er wahrscheinlich hervor.

Vielleicht geht es Ihnen wie den meisten Menschen, die eine Misshandlungsbeziehung verlassen haben, und Sie erleben Trauer- und Verlustgefühle, die genauso stark sind, als sei eine gesunde Beziehung zu Ende gegangen. Der Verlust einer engen Beziehung ist mit Schmerzen auf unterschiedlichen Ebenen verbunden, auch dann, wenn es eine schlechte Beziehung war. Sie haben nicht nur einen Partner verloren, sondern viel mehr als das.

Sie verloren einen Teil von sich selbst

Hatten Sie einmal das Gefühl, ein anderer Mensch zu sein als vor den Misshandlungen? Menschen, die eine Misshandlungsbeziehung überlebt haben, sprechen oft davon, dass sie Teile ihrer Persönlichkeit verloren haben. Freunde und Familienangehörige haben Ihnen gegenüber vielleicht bemerkt, wie anders Sie jetzt wirken. Wenn Sie vor den Misshandlungen kontaktfreudig, energisch oder unbekümmert waren, verhalten Sie sich jetzt vielleicht eher zurückhaltend, passiv oder rigide. Vielleicht bemerken Sie neue Eigenschaften an sich, zum Beispiel exzessive Wut, Pessimismus oder eine allgemein misstrauische Haltung gegenüber anderen.

Es ist nicht schwer zu begreifen, dass ein Trauma, wie Sie es erlebt haben, so gewaltig sein kann, dass es einen Menschen grundlegend verändert. Solche Veränderungen stehen ebenfalls auf der Liste der Verluste, die Sie im Moment verschmerzen müssen. Die Chancen stehen allerdings gut, dass Ihr wahres Ich nicht für immer verloren ist. Mit der Zeit werden Sie sehen, wie Ihr altes Ich für kurze Momente wieder durchschimmert. Ihre gesunden, positiven Eigenschaften werden langsam wieder zum Vorschein kommen. Eines Tages werden Sie wieder ganz die Person sein können, die Sie früher einmal waren und liebten.

Sie verloren einen Gefährten und Vertrauten

Vielleicht vermissen Sie es, jemanden zu haben, der Sie durch alltägliche Höhen und Tiefen begleitet. Es ist keiner mehr da, mit dem Sie abends Themen „wälzen" können, die Ihnen durch den Kopf gehen, oder an den Sie sich wenden können, um bei persönlichen Schwierigkeiten, finanziellen Entscheidungen oder Fragen zu den Kindern, Ihren alltäglichen Aktivitäten oder anderen Anliegen eine zweite Meinung einzuholen. Dies kann sich anfühlen wie ein „Loch" in Ihrem Leben.

Ferner verliert man mit dem Ende einer Beziehung oft einen Menschen, der – zumindest auf die eine oder andere Weise – ein Vertrauter war. Trotz der Misshandlungen haben Sie mit Ihrem Ex-Partner vielleicht über Dinge gesprochen, über die Sie mit keinem anderen redeten. Vielleicht haben Sie persönliche, private Angelegenheiten miteinander besprochen. Als die Beziehung zu Ende ging, war diese Vertrauensperson nicht mehr da.

Obwohl Sie wissen, dass Ihre Entscheidung zu gehen richtig war, fühlen Sie sich vielleicht einsam. Sie haben den Menschen verloren, den Sie für Ihren Lebenspartner hielten – zurückgeblieben ist eine ungeheure Leere in Ihrem Leben. Die Trauer darüber bedeutet nicht, dass die Beziehung gesund war. Sie wissen, dass sie nicht gesund war. Die Trauer ist auch kein Zeichen dafür, dass Sie die Misshandlungen eigentlich brauchten oder in einer Misshandlungsbeziehung sein wollten. Sie wissen, dass auch dies nicht zutrifft. Es bedeutet schlicht, dass Sie den Verlust einiger Aspekte der Beziehung spüren.

Sie verloren Ihre Sexualität

Wenn das Sexualleben mit Ihrem Partner gut war, vermissen Sie vermutlich diese körperlichen Freuden. Auch fehlt Ihnen in Ihrem Leben vielleicht schlichtweg eine körperlich intime Beziehung: jemand, der Sie festhält; dem Sie körperlich nahe sind; jemand, der Ihnen einen Begrüßungs- und Gutenachtkuss gibt. Vielleicht vermissen Sie es, eine Hand in Ihrer eigenen zu halten, während Sie unterwegs sind, oder vielleicht fehlt es Ihnen, nachts jemanden neben sich zu haben, wenn Sie schlafen.

Aber andererseits haben Sie auch Ihre „sexuelle Unschuld" verloren. Damit ist in diesem Zusammenhang nicht sexuelle Unerfahrenheit oder Naivität gemeint. Die Bezeichnung bezieht sich in diesem Kontext darauf, einem Sexualpartner zu vertrauen und sich bei ihm wohlzufühlen. Falls Ihr Partner Sie sexuell missbraucht hat, haben Sie eine andere Art sexuellen Verlustes erlebt: Ihnen ist das Gefühl abhandengekommen, eine in sexueller Hinsicht gesunde Person zu sein. Ihr Misshandler ergriff die Kontrolle über Ihren Körper und raubte Ihnen Ihre Sexualität. Niemand hat das Recht, einem anderen Menschen das zu nehmen.

Wenn Sie bemerken, dass Sie Ihrer sexuellen Unschuld nachtrauern, so ist auch dies eine vollkommen normale Reaktion. Ihnen wurde die Kontrolle über Ihren Körper entzogen. Es wurde über Ihren Kopf hinweg entschieden, wann und auf welche Weise Sie Sex haben. Ihr Ex-Partner hat Sie um Ihre Fähigkeit gebracht, einem möglichen zukünftigen Partner zu vertrauen. All dies hat er Ihnen gestohlen, und Sie haben jedes Recht, solch einen Verlust zu beklagen.

Wenn Ihr Partner Sie sexuell missbraucht hat, misslingt es Ihnen nun wahrscheinlich, Ihre eigene Sexualität weiterhin in Verbindung mit positiven und zärtlichen Gefühlen zu empfinden. Es kann lange dauern, bis Sie wieder beginnen, die sexuelle Seite in sich zu erleben und sich damit wohl zu fühlen. Selbst wenn Gefühle von Lust und Sexualität tatsächlich zurückkehren, kann der Sex mit einem nächsten Partner dennoch mit großen Schwierigkeiten verbunden sein. Die intime Begegnung mit einem neuen Partner kann die Erinnerungen und Gefühle an den schrecklichen Missbrauch wieder wachrufen. Diese Gedanken mögen Sie dazu bringen, sexuelle Situationen komplett zu vermeiden, bis Sie über die Erinnerungen hinweggekommen sind. Dies ist eine normale

Reaktion auf die Misshandlungen, die Sie erlebt haben, und es ist eine weitere Ursache für Verlustgefühle (siehe Kapitel 17 „Neue Liebe“).

Bei manchen Personen, die sexuellen Missbrauch überstanden haben, kommt es zur gegenteiligen Reaktion. Einige von ihnen gehen sexuelle Beziehungen mit einer weit größeren Anzahl von Partnern ein, als sie es vor dem Missbrauch jemals getan hätten. Hinter diesem Verhalten steht vermutlich der Versuch, mit der Gewalt umzugehen, die sie erlebt haben. Dahinter kann die verzweifelte Suche stecken, sich geliebt zu fühlen oder sexuell wieder unversehrt zu sein. Andere wiederum treibt der Ekel vor dem eigenen Körper dazu, sich als Sexualobjekt zu sehen. Leider werden viele Frauen, die diesen Weg gehen, erneut seelisch oder sogar körperlich verletzt.

Sie verloren Ihre Fähigkeit zu vertrauen

Wenn Ihr Misshandler Diskussionen über Finanzen, Einstellungen oder andere Aktivitäten zum Anlass genommen hat, Sie zu misshandeln, erleben Sie vielleicht eine ganz andere Art von Verlust. Falls Sie Angst hatten, Diskussionen anzufangen, weil Sie fürchteten, dass es daraufhin zu einem Misshandlungsvorfall kommen könnte, stellen Sie vielleicht fest, dass Sie solche Diskussionen jetzt in der Kommunikation mit *allen* Menschen vermeiden. Vielleicht vermeiden Sie im Umgang mit anderen – und insbesondere mit Ihrem neuen Partner – alle Themen, die sich wie ein ursprünglicher „Misshandlungsauslöser“ anfühlen.

Wenn die Misshandlungen dazu geführt haben, dass Sie Angst haben, gegenüber anderen offen und direkt zu sein, ist dies ein weiterer wirklicher Verlust. Es ist ein schreckliches Opfer, wenn Sie sich nicht mehr durchsetzen und Ihre Gedanken frei äußern können, ohne sich dabei vor Gewalt zu fürchten. Dies mag sich ebenfalls anfühlen, als seien Sie eines sehr wichtigen Teils Ihrer Person beraubt worden.

Sie verloren Ihren Lebenstraum

Möglicherweise trauern Sie auch einem Lebenstraum nach, den Sie verloren haben. Als Ihre Beziehung begann, hatten Sie vielleicht das Gefühl, er sei „derjenige welche“. Sie haben sich vielleicht ausgemalt, für immer mit ihm zusammenzuleben. Vielleicht planten Sie zu heiraten, Kinder zu haben und gemeinsam alt zu werden. Nun erleben Sie das Scheitern des Traumes, den Sie ursprünglich zu teilen glaubten, als erheblichen Verlust.

Auf dem Weg bis hierher haben Sie vielleicht viele andere Träume aufgeben müssen: den Traum, ein eigenes Haus zu besitzen; den Traum, eine intakte, glückliche Familie einer Nachbarschaft zu sein; den Traum, in einer auf Dauer angelegten, sicheren Beziehung zu leben. All diesen Verlusten trauern Sie nach. Sie wissen, dass es die richtige Entscheidung war zu gehen. Gestehen Sie sich Ihre Trauer dennoch in vollem Maße zu. Sie wissen nun, dass Ihr Traum niemals hätte wahr werden können, aber das, was Sie verloren haben, erfüllt Sie trotzdem mit Trauer.

Falls Sie wegziehen mussten, um Ihrem Misshandler zu entkommen, war es vielleicht notwendig, Ihre Arbeit aufzugeben. Womöglich haben Sie sogar Ihre Karriere geopfert. Sie hatten hart gearbeitet, um den Punkt zu erreichen, an dem Sie waren; um sich bei der Arbeit einen Namen zu machen, vielleicht die Karriereleiter ein Stück hochzuklettern. Nachdem Sie diese Position aufgeben mussten, war es vielleicht schwierig, Ihren Platz in der Arbeitswelt wieder zu erobern. In einem neuen Job noch einmal von vorne beginnen zu müssen, kann erhebliche Verlustgefühle hervorrufen.

Sie verloren Ihren Traum von Kindern

Falls Sie in Ihrem Leben mit ihm Kinder eingeplant hatten, aber niemals gemeinsame Kinder bekommen haben, fragen Sie sich vielleicht, wann Sie – falls überhaupt jemals – zu Ihrer Familie kommen werden. Ihre Vorstellung davon, ob Sie überhaupt noch Kinder bekommen werden, hat sich durch Ihre Misshandlungserfahrung vielleicht verändert. Vielleicht hatten Sie die weise Entscheidung getroffen, keine Kinder in ein so gewalttätiges Umfeld hineinzusetzen, fragen sich jetzt aber, ob Sie sich in einer Beziehung jemals so wohl fühlen werden, dass Sie irgendwann eine Familie gründen können. Das kann ein weiterer Grund sein, aus dem Sie jetzt leiden.

Falls Sie Kinder mit Ihrem Ex-Partner oder Kinder aus einer früheren Beziehung hatten, nahmen Sie damals vermutlich an, dass Sie dabei waren, eine glückliche, tragfähige Familie aufzubauen. Da sich die Beziehung in eine Misshandlungsbeziehung verwandelte, quälen Sie sich wahrscheinlich mit dem Gedanken, dass das gesunde Erziehungsumfeld für Ihre Kinder dadurch zerstört wurde. Die Verluste, die Sie für Ihre Kinder beklagen, zählen zu den schwierigsten Hinterlassenschaften einer Misshandlungsbeziehung; hinzu kommen die Schuldgefühle, Ihre Kinder für so lange Zeit Ihrem früheren Partner ausgesetzt zu haben. Im Nachhinein ist es einfach zu erkennen, was Sie hätten anders machen können. Aber wenn es Ihre Sicherheit oder die Ihrer Kinder gefährdet hätte, wenn Sie ihn früher verlassen hätten, haben Sie zweifellos das getan, was für sie am besten war.

Falls Ihre Kinder Zeugen der Misshandlungen wurden, die Sie ertragen mussten, haben Sie nun vielleicht das Gefühl, dass auch sie „ihre Unschuld" verloren haben. Falls Ihre Kinder den Misshandlungen Ihres früheren Partners selbst zum Opfer fielen, bekümmert Sie dies ebenfalls. Ganz gleich welche Einzelheiten sich im Detail ereigneten – wenn Sie glauben, dass Ihre Kinder wegen der Misshandlungen einen Teil ihrer Kindheit einbüßen mussten, ist es vollkommen nachvollziehbar, dass Ihnen dies zu schaffen macht. Sie glaubten, die Beziehung würde Ihren Kindern einen Vater bieten. Diese Annahme wurde durch seine Misshandlungen zerschmettert.

Manchmal bleibt einem Misshandlungsopfer keine andere Wahl, als die Kinder zurückzulassen, um mit dem eigenen Leben der Gewalt zu entfliehen. Falls Ihnen dies widerfahren ist, wird es Ihre Traurigkeit und Verlustgefühle noch verstärkt haben. Aber Sie mussten fliehen. Für Ihre Kinder wäre es vielleicht viel schlimmer gewesen, die Misshandlungen immer und immer wieder mit ansehen zu müssen, als vorübergehend von Ihnen getrennt zu sein (siehe Kapitel 10 „Und die Kinder?"). Wären Sie geblieben, wäre die Gewalt Ihres Partners vielleicht bis ins Unermessliche oder bis hin zum Mord eskaliert, und dann hätten Ihre Kinder ihre Mutter womöglich für immer verloren. Falls Sie Ihre Kinder im Moment nicht sehen oder kontaktieren können, werden Sie wahrscheinlich (und hoffentlich schon in naher Zukunft) einen Weg finden, wie Sie wieder mit ihnen zusammen sein können (siehe Kapitel 12 „Praktische Erwägungen").

Sie verloren Familie und Freunde

Als Sie Ihren Misshandler verließen, haben Sie vermutlich weitere Menschen verloren, die in Ihrem Leben waren. Vielleicht hatten sich enge Beziehungen zu Familienmitgliedern Ihres Ex-Partners entwickelt, aber nun haben Sie keinen Kontakt zu ihnen. Wahrscheinlich hatten Sie gemeinsame Freunde, aber diese wussten entweder nicht von den Misshandlungen oder sie weigerten sich, Ihnen diesbezüglich zu glauben. Vielleicht sind sie Ihrem Misshandler treu geblieben und haben Sie im Stich gelassen, als die Beziehung in die Brüche ging. Und falls Sie sich vor Ihrem früheren Partner verstecken mussten, bedeutete es, sich auch vor ihnen zu verstecken – vielleicht haben Sie all Ihre Freunde und Bekannten verloren.

Wie haben Ihre Familie und Freunde reagiert, als Ihre Beziehung auseinanderging? Falls sie verständnislos waren und Sie nicht unterstützten, haben Sie vielleicht auch diese Menschen verloren. Vielleicht versäumten sie es, Ihnen zu helfen, weil sie nicht glauben wollten, dass die Misshandlungen wirklich vorgefallen waren, und weil sie der Meinung waren, es sei Ihre Pflicht, bei Ihrem Partner zu bleiben. Womöglich gaben Sie sogar *Ihnen* die Schuld. Diese Reaktionen und Einstellungen haben es Ihnen wahrscheinlich unmöglich gemacht, sich diesen Menschen jetzt verbunden zu fühlen. Vielleicht glaubten sie, Sie zu unterstützen, doch ihre Worte und Handlungen waren Ihnen keine Hilfe. Folglich haben Sie vielleicht die kluge Entscheidung getroffen, sich von ihnen zu distanzieren (siehe Kapitel 11 „Die Reaktionen anderer"). Auch wenn Sie es waren, die sich zum Rückzug entschlossen hat, spüren Sie den Verlust.

Sie verloren Besitztümer, die Ihnen viel wert waren

Im Laufe Ihrer Beziehung hat Ihr Ex-Partner vielleicht einige Ihrer meistgeliebten persönlichen Dinge beschädigt oder zerstört. Es kommt oft vor, dass ein Peiniger Habseligkeiten zerstört, verkauft oder entsorgt, von denen er weiß, dass sie seinem Opfer am meisten am Herzen liegen. Vielleicht haben Sie unersetzbare Dinge verloren, die für Sie großen emotionalen Wert besaßen. Wiederum war dies eine Waffe im Kontroll- und Manipulationsarsenal Ihres Misshandlers. Vielleicht zerschlug er während seiner Gewaltausbrüche Gegenstände. Oder Sie stellten fest, dass Dinge beschädigt waren oder fehlten, wenn Sie zu spät heimkamen oder mit Freunden ausgegangen waren, die Ihrem Ex-Partner nicht „zusagten". Hinzu kommt, dass Sie möglicherweise vieles mit hohem persönlichem Wert zurücklassen mussten, als Sie Ihren Misshandler verließen.

Wenn Sie und Ihr Partner gemeinsam für Ausgaben wie Miete bzw. Hypothekenraten, Gas, Strom, Wasser, Telefon, Haushaltsausgaben oder Raten für das Auto aufkamen oder wenn Ihr Misshandler den größten Teil oder das gesamte Einkommen verdiente, haben Sie auch einen großen Teil Ihrer wirtschaftlichen Existenz eingebüßt. Ein solcher Verlust kann bewirken, dass Sie sich unsicher fühlen.

Es ist ganz natürlich, diesen Verlusten nachzutrauern. Auch wenn Ihre Kostbarkeiten unersetzbar bleiben, sind Sie immerhin imstande, jetzt zu schützen, was Ihnen im Leben lieb und teuer ist. Sie können darauf vertrauen, dass niemand in der Lage sein wird, Ihnen diese Schätze erneut zu nehmen.

Schmerzen des Verlustes

Nachdem Sie nun alle möglichen Gründe dafür betrachtet haben, *weshalb* Sie leiden, ist es wichtig, einmal näher zu betrachten, wie sich dieses Leiden anfühlt. Die bekannte Forscherin Elisabeth Kübler-Ross, die sich ausführlich mit Phänomenen um Verlust, Trauer und Tod beschäftigt hat, erörtert in ihrem Buch „Interviews mit Sterbenden" Stadien, die Menschen durchleben, wenn sie im Sterben liegen oder jemanden verloren haben, der ihnen nahestand. Diese Phasen lassen sich auf den Verlust übertragen, den Sie erlebten, als Ihre Beziehung endete.

Die Trauerphasen, die Kübler-Ross beschreibt, verlaufen nicht immer nach einem vorhersagbaren Schema. Dies trifft ganz besonders zu, wenn es um die Trauer über eine verlorene Beziehung geht, in der Gewalt vorgefallen ist. Was Sie verloren haben, ist sehr komplex. Es mag daher nicht nur die Struktur der Phasen abweichen, sondern auch Dauer, Intensität und Ablauf der Phasen können verändert auftreten.

Die erste Phase, die Kübler-Ross beschreibt, ist durch Schock oder *Verleugnung* gekennzeichnet. Auch wenn Sie das Ende Ihrer Beziehung schon lange geplant haben, mag es Ihnen unwirklich erscheinen, wenn es schließlich dazu kommt. Es kann einige Zeit vergehen, bis Sie morgens mit der Einsicht erwachen, dass Sie ohne Zweifel „frei" sind. Möglicherweise stellen Sie fest, dass Sie bestimmte Verhaltensmuster beibehalten, ganz so, als seien Sie noch in der Beziehung. Mit der Zeit wird dieses Leugnungsverhalten allerdings verschwinden.

In der nächsten Verlustphase empfanden Sie vermutlich *Wut*. Es ist sehr viel sicherer, Wutgefühle zuzulassen, wenn man nicht mehr den Gefahren einer Misshandlungsbeziehung ausgesetzt ist. Hätten Sie diese Wut schon zugelassen, während Sie noch zusammen waren, hätten Sie sich vielleicht in noch größere Gefahr gebracht. Wären Sie in Wut geraten, wäre es unerträglich für Sie geworden, sich den Forderungen Ihres Partners zu unterwerfen. Wenn Sie sich aber nicht gefügt hätten, wäre er vielleicht noch weit gefährlicher geworden. Jetzt, wo Sie „frei" sind, können Sie es zulassen, die Wut zu spüren. Aber anstatt nun über ein vereinzeltes, kürzlich vorgefallenes Gewaltereignis Wut zu empfinden, spüren Sie vielleicht Ihren gesamten Zorn mit einem Mal aufsteigen (siehe Kapitel 8 „Wenn Emotionen Sie überwältigen"). Ein Teil Ihrer Wut ist vielleicht auch gegen Sie selbst gerichtet. Vielleicht halten Sie sich vor, zugelassen zu haben, dass Sie eine solche Beziehung erlebt haben, oder Sie werfen sich vor, dass Sie nicht früher gegangen oder nicht für sich selbst eingetreten sind. Dies sind vollkommen normale Gefühle. Versuchen Sie aber, darüber nicht zu vergessen, dass Sie Ihr Bestes getan haben, die Situation zu überstehen.

In einer weiteren Trauerphase kommt es zu *Depressionen*. Niedergeschlagenheit, Weinerlichkeit, Schlafstörungen und Konzentrationsschwierigkeiten weisen auf eine solche Depression hin, die nach dem Scheitern von Misshandlungsbeziehungen häufig auftritt. Diese Symptome können sich zu einer schweren, sehr viel tiefer greifenden Depression weiterentwickeln. Wieder ist dies eine absolut normale Reaktion auf die Beziehungsgewalt, und Depressionen sind behandelbar (siehe Kapitel 13 „Die Heilung beginnt").

Schließlich werden Sie vielleicht nach mehreren Monaten oder vielleicht Jahren eine Stufe der Trauer erreichen, die als *Zustimmung* bezeichnet wird. Damit ist nicht einfach nur gemeint, dass Sie den Niedergang der Beziehung akzeptieren. Es bedeutet, dass Sie auf die Misshandlungen nicht mehr so reagieren, als seien diese ein Teil Ihres täglichen Lebens. Es bedeutet, den Schmerz zu überwinden, den die Beziehung in Ihnen hinterlassen hat, und sich vorwärts zu bewegen. Auch wenn Ihnen dies im Moment unmöglich erscheint, wird es passieren. Vielleicht wird es Ihnen nicht leicht fallen, und vielleicht wird es nicht schnell geschehen, aber an einem bestimmten Punkt in der Zukunft werden die Misshandlungen nicht mehr so einen großen und schmerzhaften Teil Ihres Alltags einnehmen.

Die Verluste bewältigen

Es dauert lange, Verluste zu überwinden. Mit das Schlimmste, was Sie tun können, ist, sich dabei zu drängen. Vielleicht erwarten viele andere von Ihnen, dass Sie „wieder Mut fassen und fröhlich sind" und dass Sie Ihr Leben wieder in die Hand nehmen. Sie werden Dinge sagen wie: „Du solltest dich doch großartig fühlen, du bist frei!" Aber diese Menschen sehen nur, dass Sie sich aus einer schlechten Beziehung befreit haben. Aus ihrer Perspektive können sie all die Verluste nicht sehen, die damit verbunden sind und unter denen Sie leiden.

Nur Sie allein kennen den Heilungsprozess, der vor Ihnen liegt, und wissen, wie lange er dauert. Falls Sie sich Sorgen machen, dass Ihre Trauer schon zu lange anhält, denken Sie daran, wie lange Sie Ihren Partner geliebt und an ihn geglaubt haben. Wenn Sie mehrere Jahre zusammen waren, ist es unrealistisch zu glauben, dass der Schmerz nach ein paar Wochen oder nach einem Monat überwunden sein sollte. Wenn Sie sich auf dem Weg Ihrer Heilung drängen, schlucken Sie den Schmerz vielleicht am Ende nur herunter, um dann in der Zukunft feststellen zu müssen, wie er wieder an die Oberfläche dringt.

Sie müssen sich zugestehen, sich schlecht zu fühlen. Wenn Sie einen dieser Tage haben, an denen Sie den ganzen Tag nur weinen möchten, ist das in Ordnung. Weinen ist weder albern noch ein Zeichen von Schwäche. Es bedeutet, dass Sie Gefühle zulassen. Ihre Heilung kann nicht beginnen, bevor Sie zugelassen haben, dass Sie die Verlustgefühle erleben.

Sie sollten das nicht alleine durchstehen. Suchen Sie sich jemanden, mit dem Sie darüber sprechen können, wie Sie sich fühlen. Achten Sie darauf, dass es jemand ist, der Ihnen zuhört, ohne Sie zu bewerten. Es sollte eine Person sein, die erkennen kann, dass Sie mit vielen Verlusten zu kämpfen haben, ganz gleich, wie schlimm die Beziehungsgewalt war. Er oder sie muss bereit sein, über die gesamte Zeit Ihrer Trauer zu Ihnen zu halten und Sie nicht zu drängen. Sie können sich an einen guten Freund oder eine Freundin, ein Mitglied Ihrer Familie, einen Therapeuten, jemanden aus Ihrer Kirchengemeinde oder irgendeine andere Person wenden – Hauptsache, Sie haben das Gefühl, dass Sie diesem Menschen vertrauen können und er oder sie Ihnen zuhören wird.

In Misshandlungsbeziehungen bleiben viele Dinge ungesagt. Wahrscheinlich hatten Sie nicht die Möglichkeit, Ihrem Ex-Partner alles zu sagen, was Sie ihm gerne sagen würden. Vielleicht haben Sie geschwiegen, weil Sie weitere Misshandlungen fürchteten oder weil er Ihren Gefühlen keine Beachtung schenkte. Es ist wichtig, dass Sie Ihren Gefühlen freien Lauf lassen können, auch wenn Sie Ihrem Misshandler die Dinge nicht ins Gesicht sagen können (siehe Selbsterkundungsübung am Ende dieses Kapitels).

Es kann hilfreich sein, Bücher, Artikel oder Internetseiten zum Thema Verlust zu lesen. Dies ist eine weitere Art, Ihre Gefühle mit anderen zu „teilen“. Von anderen zu lesen, die dasselbe durchgemacht haben, kann Ihnen das Gefühl vermitteln, mit Ihrem Schmerz nicht so allein zu sein (siehe Anhang).

Es kann auch eine Unterstützung bedeuten, sich einem Berater oder Therapeuten anzuvertrauen, der Ihren Schmerz und Ihre Schwierigkeiten während der Heilung versteht. Durch die Hilfe eines Therapeuten werden Sie vielleicht in der Lage sein, Ihre Trauer zuzulassen, ohne sich zu verurteilen oder selbst zu beschuldigen. Für Ihre Heilung ist es allein schon förderlich, wenn Sie einem anderen Menschen gegenüber Ihrem Schmerz Luft machen (siehe Kapitel 13 „Die Heilung beginnt“).

Selbsterkundungsübung

Äußern Sie Ihre Gefühle

Vermutlich waren Sie nicht in der Lage, Ihrem Peiniger zu sagen, wie Sie sich fühlen, weil er Sie so behandelt hat. Manchmal ist es eine sehr heilsame Erfahrung, einige dieser Gefühle herauszulassen.

Nehmen Sie sich für diese Übung eine Stunde Zeit (oder länger, wenn Sie denken, dass Sie mehr Zeit benötigen). Hinter den Anweisungen zu dieser Übung finden Sie Platz, um Ihrem Misshandler einen Brief zu schreiben (verwenden Sie so viel zusätzliches Papier, wie Sie möchten). Sie werden diesen Brief *nicht* absenden. Sie haben also die Freiheit, ihm alles zu schreiben, was Sie ihm jemals sagen wollten. Nehmen Sie sich Zeit. Sie können dabei nichts richtig oder falsch machen, es gibt keine richtigen oder falschen Worte. Nachfolgend finden Sie eine Liste mit Anhaltspunkten für Gedanken, die Sie möglicherweise in Ihren Brief aufnehmen möchten. Sie können frei entscheiden, ob Sie die Liste als Gedankenstütze benutzen oder Ihre eigenen Worte wählen. Tun Sie das, womit Sie sich wohler fühlen.

Lieber [Ihr Ex-Partner] ____________________,

1. Welche Absicht verfolgen Sie mit diesem Brief?

2. Wie fühlten Sie sich wegen Ihres Misshandlers?

3. Unter welchen Verlusten mussten Sie leiden, an denen er schuld war?

4. Welche weiteren Gefühle erleben Sie zurzeit (z.B. Schock, Wut, Depressionen)? Wie fühlen diese sich an und wodurch hat Ihr Misshandler sie verursacht?

5. Was möchten Sie über Ihren Misshandler und die Misshandlungen, die Sie erleiden mussten, außerdem sagen?

Wenn Sie Ihren Brief fertig haben, legen Sie ihn beiseite. Bewahren Sie ihn an einem Ort auf, an dem Sie ihn nicht jeden Tag sehen. Achten Sie darauf, ob Sie weitere Gedanken haben, die Sie Ihrem Ex-Partner gerne ins Gesicht gesagt hätten. Wenn Ihnen solche Gedanken in den Sinn kommen, holen Sie den Brief hervor und fügen Sie diese hinzu. Ergänzen Sie Ihren Brief so lange weiter, bis eine ganze Woche vergangen ist, ohne dass Sie das Gefühl bekamen, noch mehr hinzufügen zu müssen.

Der nächste Schritt besteht in der Entscheidung, was Sie mit Ihrem Brief machen möchten. Falls Sie sich noch nicht davon trennen möchten, ist das in Ordnung. Legen Sie ihn weg, bis Sie die Entscheidung treffen, dass es an der Zeit ist, ihn aus Ihrem Leben zu schaffen.

Wenn Sie fühlen, dass es an der Zeit ist, machen Sie aus der Vernichtung des Briefes ein Ritual. Denken Sie darüber nach, was sich richtig anfühlen würde: den Brief in tausend kleine Stücke zerreißen, ihn beerdigen, verbrennen oder eine Kombination dieser Möglichkeiten. Entscheiden Sie, ob Sie dies allein tun möchten oder von einer Freundin begleitet werden wollen, der Sie vertrauen. Wundern Sie sich nicht über Ihre Reaktionen, wenn Sie den Brief zerstören: Erleichterung, Wut, Genugtuung, Trauer oder weitere Emotionen – alle Reaktionen sind möglich und normal.

Wenn diese Übung Ihnen hilfreich erschien und mit der Zeit weitere Gedanken und Gefühle in Ihnen aufkommen, wiederholen Sie den Vorgang. Wie immer gibt es dabei kein Richtig oder Falsch, aber hoffentlich erleben Sie die Übung als sehr heilsam.

8
Wenn Emotionen Sie überwältigen

Mythen:

Die emotionale Unruhe, die infolge einer Misshandlungsbeziehung aufkommt, hält nur kurz an und ist normalerweise nicht besonders stark ausgeprägt.

Alle Misshandlungsopfer zeigen sehr ähnliche emotionale Reaktionen, nachdem sie die Beziehung verlassen haben.

Es wäre gut vorstellbar, dass einige der starken Emotionen wie Angst, Wut und Depressionen, die mit Beziehungsgewalt einhergehen, sofort verschwinden, nachdem ein Opfer dem Täter schließlich entkommen ist. Nichts könnte jedoch weiter von der Wahrheit entfernt sein. Viele dieser lähmenden Gefühle bestehen über Monate oder sogar Jahre fort, und zuweilen erscheinen neue beschwerliche Emotionen infolge der zurückliegenden Misshandlungen.

Um heilen zu können, müssen Sie begreifen, dass diese anhaltenden Gefühle normal sind und mit der Zeit zurückgehen werden – entweder durch eigene Anstrengung oder durch äußere Hilfe wie Beratung oder Therapie. Jedes Misshandlungsopfer begegnet anderen emotionalen Herausforderungen. Hier werden ein paar der häufigsten und oftmals schwierigsten Gefühle besprochen, die auftreten können.

Angst

Sie sind von Ihrem Misshandler losgekommen. Trotzdem bedeutet das nicht, dass all Ihre Angst mit einem Mal verschwindet. Viele Menschen, die einem gewalttätigen Partner entflohen sind, wissen, dass die Gefahr auch über die Beziehung hinaus bestehen bleibt. *Sie* können am besten beurteilen, wie sicher Sie sind. Lesen Sie Kapitel 2 „Sind Sie jetzt in Sicherheit?“ und unternehmen Sie alle Schritte, die notwendig sind, um Ihre Sicherheit zu erhöhen.

Vielen Menschen fällt es schwer zu begreifen, warum Betroffene immer noch Angst verspüren, *nachdem* die Beziehung zu Ende ist. Aber Sie wissen nur allzu gut, dass Ihr Partner mit den Misshandlungen und der Gewalt möglicherweise nicht aufhören wird, nur weil Sie gegangen sind. Es könnte sogar zur Eskalation kommen. Sie wissen, dass Ihr Ex-Partner nicht immer „nach seinem Verstand“ gehandelt hat. Es könnte sein, dass er versucht, Ihnen wehzutun – selbst wenn er dadurch gegen eine gerichtliche Verfügung verstoßen und somit eine Festnahme und eine Gefängnisstrafe riskieren würde. Es ist also *vollkommen normal,* wenn Sie weiterhin Angst haben.

Vielleicht hat Ihr Misshandler nicht versucht, Ihnen das Leben zu nehmen oder Ihnen offen damit gedroht, es zu tun. Trotzdem waren Sie vielleicht in einem nahezu permanenten Schreckenszustand gefangen. Wenn ein Partner sich irrational und impulsiv verhält, wird es unmöglich vorauszusehen, was als Nächstes passieren kann. Wenn die Gewalt in Ihrer Beziehung mit der Zeit langsam stärker wurde, haben Sie den logischen Schluss gezogen, dass sie noch weiter zunehmen würde. Denken Sie an all die unvorstellbaren Dinge, die Ihr Misshandler Ihnen angetan hat. Wie könnten Sie vor diesem Hintergrund *keine* Angst vor all den weiteren unvorstellbaren Handlungen haben, zu denen er vielleicht fähig ist?

Was ist, wenn Sie sich weiterhin fürchten, obwohl Ihr Verstand Ihnen sagt, dass es keinen Grund gibt, noch Angst zu haben? Vielleicht ist es für Ihren Misshandler unmöglich, Sie zu finden. Vielleicht sitzt er im Gefängnis. Vielleicht sind Sie umgezogen und er kann Sie unmöglich finden. Sie *wissen*, zumindest jetzt sind Sie keiner echten Gefahr ausgesetzt. Trotzdem gibt es viele Gründe für Ihre Angst.

Wahrscheinlich haben Sie während Ihrer Beziehung eine lange Zeit in Angst gelebt. Die Angst, die Sie verspürten, muss nicht allein darauf beruht haben, dass Ihr Leben auf dem Spiel stand. Vielleicht war es eine Angst vor körperlichen, verbalen oder emotionalen Angriffen. Angst war vielleicht zu einem „normalen" Teil Ihres sehr „unnormalen" alltäglichen Lebens geworden.

Verspüren Sie heute noch Angst, wenn Dinge passieren, die ihn früher „ausrasten" ließen, obwohl Sie jetzt nicht mehr in einer Misshandlungssituation sind? Es gab sicher viele Alltagsereignisse, die den schrecklichen Zyklus auslösten. Jetzt, wo Sie frei sind, führen diese Ereignisse nicht mehr zu Misshandlungen, aber Ihr Verstand und Ihr Körper sind darauf konditioniert, sie mit Gewalt in Verbindung zu bringen. Das heißt, Ihre *automatische* emotionale und körperliche Antwort auf einen solchen Auslöser ist Angst. Beachten Sie, dass es lange gedauert hat, bis Sie auf diese Angst konditioniert waren. Es kann nahezu ebenso viel Zeit vergehen, bis Sie diese Assoziationen wieder gelöscht haben. Genauso wie Sie diese Abwehrmechanismen nach und nach aufgebaut haben, werden Sie sie auch nach und nach wieder abbauen.

Schuldgefühle

Sie wissen, dass Sie nicht an den Misshandlungen schuld waren. Sie wissen, dass Sie alles getan haben, was Sie tun konnten, um die Misshandlungen zu verhindern und ihnen schließlich ein Ende zu machen. Sie wissen, dass Sie getan haben, was notwendig war, um die Beziehung zu überleben. Sie haben nichts falsch gemacht! *Warum also fühlen Sie sich noch schuldig?*

Schuldgefühle gehören zu jenen heimtückischen Emotionen, die sich unbemerkt einschleichen. Mit dem Verstand wissen Sie, dass es keinen Grund gibt, weshalb Sie sich schuldig fühlen müssten, und dennoch: Das Gefühl ist da. Sie können versuchen sich einzureden, dass Schuldgefühle Sie nicht weiterbringen werden, aber sie bleiben dennoch bestehen. Schuldgefühle nach der Beendigung einer Misshandlungsbeziehung zählen zu den verwirrendsten Emotionen.

Also noch einmal: Warum fühlen Sie sich schuldig? Am besten können Sie sich dies klarmachen, indem Sie bestimmen, woher Ihre Schuldgefühle ursprünglich kamen. Meistens wurde der „Köder" für Schuldgefühle bereits ausgeworfen, bevor die Beziehung überhaupt begann.

Erinnern Sie sich daran, dass Ihr Misshandler sich unterschwellige Schuldgefühle zunutze machte, um Sie ganz zu Beginn in die Beziehung zu locken? Hat er Taktiken verwendet, sich zum Beispiel beschwert, Sie würden ihn ungerecht behandeln, wenn Sie eine Verabredung mit ihm ablehnten? Oder hat er Ihnen erzählt, wie schmerzhaft es wäre, wenn Sie ihn zurückwiesen? Erinnern Sie sich, wie langsam in Ihnen das Gefühl aufkam, etwas *falsch* zu machen, wenn Sie keine Beziehung mit ihm eingingen?

Und als Sie dann erst einmal in der Beziehung waren, bediente er sich noch häufiger Ihrer Schuldgefühle. Wenn Sie etwas, das er wollte, nicht wollten, wenn er es wollte, gab er Ihnen das Gefühl, dass Sie etwas *falsch* gemacht hatten. Bei jeder Meinungsverschiedenheit gelang es Ihrem Ex-Partner, in Ihnen das Gefühl zu hinterlassen, dass Sie die *falsche* Meinung hatten und dass es *falsch* war, ihm widersprochen zu haben. Ihr Misshandler hat Ihr Schuldbewusstsein vielleicht noch verstärkt, indem er Ihnen erzählte, wie sehr er Sie liebte und dass er nur Ihr Bestes wollte. Wenn Sie sich gegen ihn wehrten oder ihm widersprachen, betonte Ihr Ex-Partner, wie schwer Sie ihn damit getroffen hätten, und erklärte, dass Sie einfach keine Vorstellung davon hätten, wie stark seine Liebe für Sie sei.

Ihre Schuldgefühle waren für ihn ein sehr wirksames Werkzeug, um sich die Kontrolle über Sie zu sichern. Mit der Entdeckung einer Taktik, mit der er in Ihnen Schuldgefühle erzeugen konnte, wann immer Sie sich ihm widersetzten oder eine abweichende Meinung vortrugen, war ihm ein entscheidender Sieg gelungen. Denken Sie an die Beziehung zurück. Erinnern Sie sich vielleicht, sich immer schuldig gefühlt zu haben, wenn in der Beziehung Probleme aufkamen? Erinnern Sie sich an Schuldgefühle, die Sie hatten, obwohl Sie genau wussten, dass Sie in keiner Weise Schuld traf? Solche Gefühle schleifen sich ein. Und sie lösen sich keineswegs einfach in Luft auf, sobald die Beziehung vorüber ist.

Vielleicht hat Ihr Misshandler Sie für Situationen verantwortlich gemacht, an denen ganz offensichtlich niemand schuld war; Situationen, in denen niemand etwas für die Umstände konnte: wenn das Auto liegen blieb, die Toilette verstopfte, die Kinder krank wurden. Obwohl Sie in keiner Weise für diese Vorkommnisse verantwortlich waren, wurden Sie dafür beschuldigt. Aber Sie wurden nicht nur des „Problems" bezichtigt, sondern oftmals auch für die daran anschließenden Misshandlungen verantwortlich gemacht.

Vielleicht wurden Sie sogar für Dinge verantwortlich gemacht, die gar nicht existierten. Ein geläufiges Beispiel dafür betrifft die extreme Eifersucht, die Misshandelnde oftmals zum Ausdruck bringen: Wenn Ihr Partner übertrieben eifersüchtig war, hat er Sie möglicherweise für Geschäker beschuldigt und misshandelt, das nie vorgefallen war, oder er legte Ihnen einfache Gespräche mit anderen zur Last. Und wieder wurden in Ihnen Schuldgefühle hervorgerufen, obwohl Sie nichts falsch gemacht hatten.

Schließlich machte er Sie noch dafür verantwortlich, dass es immer wieder zu den Misshandlungen kam. Wie oft haben Sie nach einem Gewaltakt zu hören bekommen: „Es tut mir leid, aber wenn du doch nur nicht ..." Das war die hinterhältigste Schuldzuweisungstaktik: *Sie selbst für die Misshandlungen verantwortlich zu machen, die Sie erleiden mussten* – und somit hatten Sie das Gefühl, dass die Vorfälle Ihnen selbst zuzuschreiben waren.

Wenn Schuldgefühle einem so fest eingetrichtert wurden, ist es schwierig, sie loszulassen – ganz gleich ob sie nur aus dieser Misshandlungsbeziehung herrühren oder auch aus anderen Lebenserfahrungen erwachsen sind. Es benötigt Zeit, Gefühle der Schuld hinter sich zu lassen, egal wie brutal und traumatisch die Misshandlungen waren, die Sie erduldeten. Jetzt, wo Sie frei sind, neigen Sie möglicherweise leicht zu neuen Schuldgefühlen. Vielleicht denken Sie hin und wieder: „Hätte ich doch nur nicht ..." Es kann sehr schmerzhaft sein, aus heutiger Perspektive zurückzublicken, vor allem, wenn Sie sich wegen Geschehnissen Vorwürfe machen, über die Sie keine Kontrolle besaßen. Je mehr Sie von den Misshandlungen heilen, um so einfacher wird es sein, sich von Ihren Schuldgefühlen zu befreien.

Impulsivität

Viele Menschen, die es geschafft haben, sich aus einer Misshandlungsbeziehung zu befreien, verspüren einen unbändigen Drang, Ihr ganzes Leben mit einem Mal komplett zu verändern. Vielleicht sehen Sie die einzige Möglichkeit, sich zu erholen, darin, die Vergangenheit komplett aus Ihrem Sinn zu verbannen und alles irgendwie zu „erneuern". Ihr Bedürfnis nach einem neuen Leben kann so stark sein, dass Sie motiviert sind, Ihre Arbeitsstelle zu wechseln, Ihre Wohnsituation zu ändern und sogar Ihren Freundeskreis zu erneuern, ohne diesen wichtigen Entscheidungen den Raum für Überlegungen einzuräumen, den sie eigentlich verdienen.

In der Tat ist es sehr wichtig, dass das Leben nach dem Ende einer Misshandlungsbeziehung weitergeht. Wenn Sie allerdings zu überstürzt handeln, werden Sie später einige der Entscheidungen bereuen, die Sie aus einer emotionalen Krise heraus getroffen haben. Sie haben die Gelegenheit herauszufinden, was Sie wirklich wollen und brauchen, und Sie sollten erwägen, sich einige Zeit zu nehmen, um die bestmöglichen Entscheidungen für Ihre Zukunft zu treffen.

Vielleicht erscheint es paradox, aber die Befreiung aus einer gewalttätigen oder missbräuchlichen Beziehung ist für die meisten Misshandlungsüberlebenden eine emotional weit schwierigere Aufgabe, als in eine solche Beziehung hineinzugeraten. Genau genommen erinnern sich viele rückblickend vermutlich sogar, dass Sie sich sehr schnell eng auf Ihren Ex-Partner eingelassen haben (aufgrund seiner Beharrlichkeit wahrscheinlich *zu* schnell; siehe dazu detaillierter Kapitel 17 „Neue Liebe"). Folglich macht es Sinn, davon auszugehen, dass die Phase der Anpassung nach der Trennung Ihnen mehr Zeit und Anstrengung abverlangen wird. Wie es mit Schmerzen im Leben nun einmal ist, wünschen wir uns, dass sie schnellstmöglich verschwinden. In diesem Fall ist es allerdings sehr viel gesünder und förderlicher für die Heilung, sich dafür *Zeit zu nehmen*.

Aufgestaute Wut

Wie ist es mit der Wut, die Sie verspüren? Ist Ihr Ärger noch immer in Ihnen eingeschlossen, obwohl das Ende der Misshandlungsbeziehung schon Wochen, Monate oder Jahre zurückliegt? Vielleicht haben andere Sie schon gefragt, weshalb Sie auf Ihren Misshandler gar nicht wütend wirken. Vielleicht hat man Sie sogar dazu ermuntert, „Ihre Wut herauszulassen". Es erscheint vollkommen plausibel, nach dem Loskommen aus einer Misshandlungsbeziehung Zorn oder sogar rasende Wut zu verspüren – aber irgendwie scheinen Sie einfach keinen Ärger zu empfinden. Richtig ist vielleicht eher, dass Sie ihn *noch* nicht empfinden. Es kann sein, dass Ihre äußerliche Gleichgültigkeit über das, was er Ihnen angetan hat, eines Tages verschwindet und Sie vor Wut geradezu platzen.

Das ist normal. Sie haben Ihre Wut für lange Zeit unterdrückt. Es können Monate oder Jahre vergehen, bis Sie bereit sind, sie komplett zum Ausdruck zu bringen. Vielleicht empfinden Sie Angst, Ihrer Wut freien Lauf zu lassen; Angst, über diese starken Emotionen die Kontrolle zu verlieren. Indem Sie Ihren Ärger verbargen, setzten Sie einen Abwehrmechanismus ein, der im Umgang mit Ihrem Misshandler für Sie sehr vorteilhaft war. Es war eine Ihrer zahlreichen Strategien, mit denen Sie in dieser Beziehung überlebten. Nach einer Weile wurde es zur Routine. Vielleicht haben Sie diesen „Trick" so gut gelernt, dass es nun schwerfällt, ihn nicht mehr anzuwenden.

Was, glauben Sie, würde passieren, wenn Sie all Ihre Wut freiließen? Befürchten Sie, dass die Wut Sie irgendwie überwältigen wird, wenn Sie zulassen, dass sie entweicht? Oder haben Sie Sorge, dass Sie nie fähig sein werden, sie hinter sich zu lassen? Wenn Sie beginnen, Ihrer Wut

Ausdruck zu verleihen, werden Sie sich davon vielleicht etwas überwältigt fühlen, aber Sie *werden* sie hinter sich lassen. Ihre Wut wird Sie nicht zerstören (siehe nächster Abschnitt „Befreite Wut"). Wenn Sie wirklich Angst haben oder nicht in der Lage sind, Ihre Wut herauszulassen, sollten Sie vielleicht mit einem Therapeuten arbeiten, damit Sie genug Sicherheit empfinden, um diese äußerst gewaltigen Emotionen auszudrücken.

Einige Menschen befürchten, dass sich ihre Wut, wenn sie freigelassen wird, gegen andere richten könnte, die dies nicht verdient haben. Aber diejenigen, die Sie und Ihre Vergangenheit kennen, werden wissen, dass Wut eine normale Reaktion auf die Misshandlungen ist. Wenn Sie Ihrer Wut freien Lauf ließen und einen Teil davon versehentlich gegen andere richteten, würden diese vermutlich verständnisvoll reagieren, Sie unterstützen und sogar Erleichterung darüber verspüren, dass Ihre Gefühle endlich hervorkommen. Falls Sie meinen, dass Freunde oder Familienmitglieder über fehlplatzierte Wut aufgebracht sind, sprechen Sie hinterher mit ihnen über den Vorfall. Entschuldigen Sie sich und erklären Sie, dass Sie noch mit der Verarbeitung von Emotionen beschäftigt sind, die auf die Misshandlungen zurückgehen. Verdeutlichen Sie, dass Ihr Ärger nicht gegen sie gerichtet ist. Ihre Offenheit und Ehrlichkeit sollten helfen, verletzte Gefühle zu besänftigen.

Denken Sie daran, gute Freunde werden Sie nicht verlassen oder für etwas verurteilen, das Sie tun müssen, nämlich: Ihre aufgestauten Gefühle herauslassen. Falls Ihre Wut sehr häufig zum Vorschein kommt oder so stark wird, dass Freundschaften und andere Beziehungen ihr nicht mehr standhalten können, ist es vielleicht Zeit, über äußere Hilfe nachzudenken. Kapitel 13 „Die Heilung beginnt" kann Ihnen helfen, Unterstützung von außen zu finden.

Befreite Wut

Aus einigen von Ihnen ist all die aufgestaute Wut vermutlich mit einem Mal herausgebrochen, nachdem Sie erst einmal frei und in Sicherheit waren. Wenn all die angesammelte Wut sich zu entladen beginnt, ist es für viele Menschen schwierig oder unmöglich, sie im Zaum zu halten. Ihr

Leben wurde vielleicht so lange von Zorn dominiert, dass es Ihnen nun schwerfällt, irgendetwas anderes zu spüren als rasende Wut.

Wut gegenüber seinem Peiniger ist natürlich eine der normalsten Reaktionen, die ein Mensch zeigen könnte. Aber wie alle Emotionen kann Wut grenzenlose Ausmaße annehmen. Vielleicht waren Sie mitunter so wütend, dass Sie Ihren Peiniger genauso verletzen wollten, wie er Sie verletzt hatte. Vielleicht haben Sie sogar ausgetüftelte Fantasien darüber, wie Sie sich emotional oder körperlich rächen könnten.

Gedanken an die Verletzung Ihres Peinigers sind an sich nicht falsch oder gefährlich. Gedanken sind nicht mehr als Gedanken. Die meisten Misshandlungsüberlebenden haben hin und wieder solche Fantasien. Aber falls Sie es für möglich halten, dass Sie Ihre Fantasien verwirklichen könnten (z.B. durch kriminelle Handlungen, Verhalten, das die Sorgerechtsentscheidungen gefährden könnten, oder Aktionen, die ihn zu direkten Vergeltungsmaßnahmen veranlassen), gibt es effektivere und sicherere Methoden, um Ihre Wut zu befreien (siehe Kapitel 13 „Die Heilung beginnt“).

Depression

Fühlen Sie sich, seit Sie Ihren Misshandler verlassen haben, manchmal sehr niedergeschlagen, traurig oder erschöpft, ohne dass es dafür einen offensichtlichen Grund gibt? Haben sich Ihre Ess- und Schlafgewohnheiten deutlich verändert? Haben Sie das Gefühl, Ihre Lebenssituation sei hoffnungslos? Fühlen Sie sich hilflos? Haben Sie das Interesse an Ihren liebsten Aktivitäten verloren? All dies gehört zu den typischsten Anzeichen und Symptomen einer Depression.

Depression ist die am weitesten verbreitete emotionale Erfahrung, die Überlebende einer Misshandlungsbeziehung machen. Sind Sie einmal frei und in relativer Sicherheit, können Sie die Beziehung aus Blickwinkeln betrachten, wie es vorher nicht möglich war, als Sie noch darin gefangen waren. Obwohl Sie eine solche Betrachtungsweise auf lange Sicht vielleicht als wünschenswert und förderlich für Ihre Heilung empfinden, können dadurch auch Verlustgefühle und tiefe Trauer hervorgerufen werden.

Wie aus Kapitel 7 „Verlorener Partner, verlorener Traum, verlorenes Leben“ hervorgeht, mussten Sie aufgrund der Misshandlungen viele Verluste erleiden. Diese Verluste rufen große Traurigkeit und oftmals schwere Depressionen hervor, die den Verlusterfahrungen ähneln, die wir erleben, wenn einer unserer Lieben stirbt. Man kann sich schwerlich einen Menschen vorstellen, der *keine* tiefe Trauer und Betrübnis empfinden würde, nachdem er erlebt hat, was Sie durchgemacht haben. Bekümmerung und Depressionen infolge der Verluste, die Sie erfahren haben, sind vollkommen normal. Schwere Depressionen können allerdings sehr lähmend sein und Ihrer Heilung im Weg stehen. Es ist folglich sehr wichtig, dass Sie möglichen Anzeichen und Symptomen von Depressionen Beachtung schenken.

Drastische Veränderungen Ihrer Alltagsgewohnheiten gehören zu den Anzeichen, die verhältnismäßig einfach zu entlarven sind. Essen Sie deutlich zu viel oder zu wenig? Veränderungen Ihres Essverhaltens können Teil einer depressiven Symptomatik sein. Dasselbe gilt für Ihre Schlafgewohnheiten. Typische Merkmale einer Depression sind Schlaflosigkeit, Einschlafschwierigkeiten, häufiges Erwachen in der Nacht und sehr frühes Aufwachen am Morgen, ohne wieder einschlafen zu können. Diese Symptome können auch kombiniert auftreten. Eine Depression kann allerdings auch bewirken, dass Sie weitaus mehr als gewöhnlich schlafen und sich trotzdem immer erschöpft fühlen. Schlafen kann sich zu einer willkommenen Fluchtmöglichkeit entwickeln, um den Nachwehen der Misshandlungen zu entgehen. Häufig ist es aber ein Hinweis auf eine Depression.

Weitere typische Indikatoren einer Depression sind: Gefühle von Hoffnungslosigkeit, überwältigende Traurigkeit, die Vorstellung, dass Ihr Leben sich nie bessern wird, der Gedanke, dass Sie nichts Besseres verdienen und – besonders beunruhigend – Überlegungen, sich zu verletzen oder sich das Leben zu nehmen.

Es ist auch wichtig zu betrachten, ob es in Ihrem Leben schon früher einmal depressive Episoden gab. Falls Sie bereits vor Ihrer Misshandlungsbeziehung depressive Symptome gezeigt haben, sollten Sie berücksichtigen, dass Sie nun vielleicht anfälliger dafür sind. Es könnte sein, dass Ihre Depression tiefere Ursachen als den derzeitigen Heilungsprozess hat. Es ist gut möglich, dass Ihre Depression situativ bedingt ist und nur vorübergehend auftritt, während Sie lernen, mit den erlittenen Misshandlungen besser umzugehen. Depressionen können aber auch durch dauerhaft unausgeglichene Stoffwechselprozesse im Gehirn verursacht sein. Vor allem wenn Depressivität für Ihr vergangenes Leben charakteristisch war, haben zurückliegende Depressionen vielleicht eine medizinische Ursache, über die Sie mit Ihrem Hausarzt oder Therapeuten sprechen sollten. Auf diese Weise können Sie eine angemessene Behandlungsmöglichkeit auswählen und dabei auch die Einnahme von Medikamenten erwägen.

Es ist zwar schwierig, genau zu sagen, ab wann eine Depression nach einer Misshandlungsbeziehung „zu" lange andauert. Jedoch können Sie den Verlauf Ihrer Depression nach Hinweisen danach untersuchen, wie gut Sie vorankommen. Fühlen Sie sich schlechter als noch vor einem oder zwei Monaten? Beginnt die Depression, Ihre Beziehungen zu anderen zu beeinträchtigen, Ihrer Arbeit im Wege zu stehen oder Sie in sonstiger Weise an Ihrem Alltag zu hindern? Sind Sie zunehmend schlechter in der Lage, die Aufgaben des Alltags zu bewältigen? Haben Sie insgesamt das Gefühl, dass Ihre Stimmung sich nicht bessert? Eine Stimmungsverbesserung bedeutet für sich noch nicht zwangsläufig, dass Ihre Depression abgeklungen ist. Sie bedeutet, dass Sie Minuten, Stunden oder sogar Tage benennen können, in denen Sie sich weniger niedergeschlagen fühlen als noch in der Woche oder im Monat davor. Wenn Sie meinen, dass Ihre Depressionen nachlassen, Sie sich seltener depressiv fühlen und depressive Phasen kürzer andauern, sind Sie vermutlich auf dem richtigen Weg. Sie sollten Ihre Stimmung aber weiterhin aufmerksam im Blick behalten.

Es gibt einen Punkt, an dem es extrem wichtig ist, dass Sie sich um Ihre Depression kümmern: wenn Ihre trübselige Stimmung mit dem Gedanken einhergeht, sich das Leben zu nehmen. All die Angst, die Wut und die Depressionen, die infolge einer Misshandlungsbeziehung hochkommen, können so unangenehm sein, dass Sie einfach nicht mehr damit leben möchten. Durch Ihren Misshandler haben Sie sich so lange so schlecht gefühlt, dass Ihnen der Schmerz einfach zu groß erscheint. Dies trifft vor allem zu, wenn Sie geglaubt hatten, Ihr Leben würde sich nach der Trennung schlagartig verwandeln. Jetzt fühlen Sie sich von der Realität der schwierigen Übergangsphase und der beträchtlichen Arbeit, die vor Ihnen liegt, überwältigt, erdrückt und hoffnungslos. Solche Gefühle können einen depressiven Menschen bis zum Selbstmord treiben.

Falls Sie Suizidgedanken haben, *suchen Sie sich Hilfe!* Sprechen Sie mit Ihrem Hausarzt oder Therapeuten oder wählen Sie die Nummer der Telefonseelsorge, wo Sie auf Wunsch anonym bleiben können. So schwer es im Moment für Sie ist, daran zu glauben: Es *wird* sich bessern. Es braucht Zeit, bis Ihre Emotionen an die Oberfläche dringen und ihre Wirkung entfalten. Sie haben eine Menge erreicht. Wenn Sie jetzt aufgeben, betrügen Sie sich selbst. Sie haben es verdient, ein glückliches Leben zu leben, das frei ist von Misshandlungen. Und das *kann* geschehen. Es braucht einfach Zeit (siehe Kapitel 13 „Die Heilung beginnt"). Ziehen Sie in Erwägung, sich jemanden zu suchen, der Sie in dieser schwierigen Zeit unterstützen kann. Zögern Sie nicht, mit einem Therapeuten zu sprechen. Sie müssen sich nicht dafür schämen. Wieder einmal sind Ihre Gefühle vollkommen berechtigt. Es ist ein Zeichen großer innerer Stärke und Mutes, wenn Sie Hilfe von jemandem zulassen. Freunde und Familienmitglieder können Ihnen vielleicht ein offenes Ohr schenken und Unterstützung anbieten, aber sie sind nicht professionell ausgebildet, Ihnen über Ihre Depression hinwegzuhelfen. In dieser Angelegenheit professionelle Hilfe aufzusuchen, ist der beste Schritt, den Sie unternehmen können, um Ihre Heilung voranzubringen.

Nach innen gerichtete Wut: Selbstverletzendes Verhalten

Viele Überlebende von Misshandlungsbeziehungen verspüren nach der Trennung einen starken Drang, *sich selbst* zu verletzen. Solche Gefühle gegenüber auch nur einer Person zuzugeben, fällt vielen Betroffenen besonders schwer. Falls auch Sie dieses Bedürfnis kennen und sich anderen anvertraut haben, waren die Reaktionen vielleicht weniger hilfreich, als Sie gehofft hatten. Wahrscheinlich stießen Sie auf Entsetzen und Ungläubigkeit. Vielleicht wurde Ihnen auch gesagt, dass Sie in Ihrer Beziehung schon genug Schmerzen und Gewalt erduldet haben, sodass Sie verrückt sein müssten, sich selbst nun zusätzliche Schmerzen zu bereiten, nachdem Sie von den Misshandlungen frei sind.

Sie sind *nicht* verrückt. Weshalb Misshandlungsopfer sich körperlich verletzen, ist psychologisch in verschiedener Weise begründbar. Viele Betroffene berichten von einer Phase, in der sie sich empfindungslos fühlen. Es ist angsteinflößend, gar nichts mehr zu empfinden, und noch beängstigender ist der Gedanke, niemals wieder fühlen zu können. Gefühlstaubheit ist ein effektiver Schutzmechanismus, der Sie davor behütet, von Ihren Gefühlen überwältigt zu werden. Indem Sie sich selbst verletzen (ritzen, kratzen, verbrennen usw.), vergewissern Sie sich möglicherweise, dass Sie tatsächlich noch etwas „fühlen" können. Sie überprüfen auf diesem Weg Ihre Sinne. Mit der Zeit werden Ihre Gefühle zurückkehren. Die Benommenheit wird sich nach und nach geben. Möglicherweise sind Sie noch nicht bereit, die volle Stärke Ihrer Emotionen zu erleben.

Hinter Selbstverletzung kann auch der Versuch stehen, wieder Kontrolle über Ihren Körper und Ihr Leben zu gewinnen. Für lange Zeit kontrollierte Ihr Peiniger Ihren Körper und Ihr Leben, indem er Sie beispielsweise wie ein Objekt behandelte, herablassende Kommentare über Ihre äußere Erscheinung abgab, Sie sexuell missbrauchte oder vergewaltigte. Er besaß auch die Kontrolle über andere Aspekte Ihres Lebens: darüber, wohin Sie gingen, wen Sie trafen und was Sie taten. Selbstverletzungen sind vielleicht Ihr Weg, die verlorene Kontrolle über sich selbst zurückzuerlangen.

Viele Opfer von Beziehungsgewalt lernen, Ängstlichkeit mit Schmerz zu assoziieren. In Ihrer Beziehung folgte auf Ängstlichkeit und Anspannung meist ein Vorfall von Gewalt. Jetzt, wo Sie frei sind, besteht in Ihrem Kopf möglicherweise noch immer eine starke Verknüpfung von Ängstlichkeit und Schmerz. Zu Zeiten der Beziehung war es manchmal unerträglich, darauf warten zu müssen, dass die Gewalt sich ereignete. Es ist möglich, dass Sie noch immer das Bedürfnis haben, die Ängstlichkeit oder die Angst „hinter sich zu bringen".

Ihr Misshandler hat viel getan, um Sie zu überzeugen, was für ein schlechter Mensch Sie doch seien. Es kann einige Zeit dauern, bis Sie die negativen Vorstellungen von sich selbst loslassen können, die aus diesen Aktionen resultierten. Selbstverletzungen dienen Ihnen möglicherweise dazu, sich selbst zu beweisen, wie schlecht Sie sind.

Welche Gründe auch immer es für Ihr selbstverletzendes Verhalten geben mag – es ist gut möglich, dass Sie sich dafür zu sehr schämen, um es gegenüber irgendjemandem zuzugeben. Wenn Sie sich mit diesen Gefühlen und Verhaltensweisen befassen möchten, ist es möglicherweise notwendig, dass Sie mit einem Therapeuten zusammenarbeiten, der speziell dafür ausgebildet ist, mit Selbstverletzungen umzugehen. Ein solcher Therapeut wird Sie weder verurteilen noch denken, dass Sie verrückt sind. Er oder sie wird mit Ihnen daran arbeiten, die Ursache für das Verhalten zu erkennen, und Ihnen helfen, damit klarzukommen.

Posttraumatische Belastungsstörung

Wenn Sie besonders gravierende Misshandlungen in Ihrer Beziehung erfahren haben, leiden Sie vielleicht unter einer posttraumatischen Belastungsstörung (PTBS; siehe Kapitel 4 „Verdeckter Horror: Sexueller Missbrauch“ für nähere Informationen dazu).

Die psychologische Forschung hat gezeigt, dass PTBS nicht nur bei Kriegsveteranen auftritt. Eine PTBS kann sich bei jedem Menschen entwickeln, der eine Form von extremer Gewalt durchlebt. Kommt es Ihnen vor, als hätten Sie Ihren eigenen, persönlichen Krieg durchlebt? Mussten Sie einen Großteil Ihrer Zeit in Angst leben? War das Leben ständig unvorhersehbar, und folgten auf Ihr Verhalten immer wieder negative Konsequenzen, ganz gleich, was Sie taten? Erlebten Sie Misshandlungen und Gewalt, wie sie niemand jemals erleben müssen sollte? Dann haben Sie sehr traumatische Ereignisse durchlebt.

Ein typisches Symptom von PTBS äußert sich in einer erhöhten Schreckhaftigkeit von Betroffenen bei unerwarteten Ereignissen. Plötzliche Schreckerlebnisse lösen in Personen mit PTBS extreme Reaktionen wie Herzrasen, Kurzatmigkeit und starke Schweißausbrüche aus. Weiterhin typisch für PTBS ist das ominöse Gefühl, dass in Kürze etwas Schreckliches passieren wird, obwohl keine echte Bedrohung vorliegt. Wenn Sie an PTBS leiden, werden Sie außerdem von Gedanken und Vorstellungen an die Misshandlungen heimgesucht, die sich Ihnen plötzlich und ohne jeden ersichtlichen Grund in den Sinn drängen. Diese Bilder erscheinen real, nahezu als würden Sie alles erneut durchleben.

Falls Sie solche Symptome bei sich beobachten, leiden Sie möglicherweise an einer PTBS. Das bedeutet nicht, dass Sie schwach oder verrückt sind. Sie erleben vielmehr eine normale Reaktion auf sehr unnormales Elend in Ihrem Leben. Nach genauer Betrachtung lassen sich leider viele Parallelen zwischen Kriegserlebnissen und häuslicher Gewalt feststellen. Posttraumatische Belastungsreaktionen benötigen wie die anderen Emotionen, die in diesem Kapitel beschrieben wurden, einige Zeit, um abzuklingen. Wenn die Symptome für Ihren Alltag eine ernsthafte Beeinträchtigung darstellen, wird vielleicht die Zusammenarbeit mit einem Psychotherapeuten notwendig sein, um darüber hinwegzukommen.

Weitere intensive Emotionen

Die Gefühle, auf die in diesem Kapitel genauer eingegangen wurde, werden von vielen Menschen geteilt, die eine Misshandlungs- oder Gewaltbeziehung erduldet und überlebt haben. Die Aufzählung der Emotionen ist keinesfalls erschöpfend. Es gibt viele weitere Gefühle, die Ihnen in dieser Zeit Schwierigkeiten bereiten können. Diese gewaltigen Emotionen sind normal. Es sind vorhersehbare Reaktionen auf einen schrecklich heftigen Abschnitt Ihres Lebens. Indem Sie sich Ihre Gefühle bewusst machen, sich Zeit geben, sie zu spüren, und indem Sie sich die Hilfe beschaffen, die Sie brauchen, um damit fertigzuwerden, bewegen Sie sich auf einen Punkt zu, an dem Sie Ihre selbstvernichtenden Emotionen hinter sich lassen können und die Heilung und die positiven Gefühle erreichen, die Sie verdienen.

Selbsterkundungsübung

Einschätzung und Bewertung Ihrer Emotionen

Vielen Misshandlungserfahrenen fällt es sehr schwer, das Ausmaß ihrer emotionalen Schwierigkeiten zu bestimmen. Es ist auch nicht einfach, objektiv zu sein, wenn es um die Einschätzung geht, wie stark Ihre Gefühle Sie in Ihrem Leben beeinträchtigen. Wenn Sie Ihre Gefühle von sich schieben oder kleinreden, laufen Sie Gefahr, dass Sie emotional nicht weiterkommen.

Anmerkung: Für diese Selbsterkundungsübung ist eine Dauer von *einer Woche* vorgesehen. Sie werden einige Zeit und Anstrengung investieren müssen. Bereiten Sie sie also sorgfältig vor und versuchen Sie, sie vollständig durchzuziehen. Sie werden die Übung sehr hilfreich finden. Falls die Bearbeitung der Aufgaben in Ihnen Ängstlichkeit hervorruft oder Sie sich dabei sehr unwohl fühlen, müssen Sie vielleicht noch warten, bis Sie sich dafür bereit fühlen, oder Sie ziehen die Hilfe eines Therapeuten heran, der Ihnen bei der Erkundung Ihres Gefühlslebens Unterstützung geben kann.

- In Teil I markieren Sie alle Gefühle, die Sie zurzeit erleben.
- Dokumentieren Sie dann in Teil II, wie oft Sie die Gefühle im Verlauf einer ganzen Woche wahrnehmen.
- Teil III dient dazu, anhand der Skala zu bestimmen, inwieweit Sie sich durch die Gefühle im Laufe des Tages gestört oder belastet fühlen. Bearbeiten Sie parallel zu den ersten drei Teilen ebenfalls Teil IV. Notieren Sie in Teil IV jedes Mal, wenn Angst, Wut, Schuldgefühle oder Depressionen Sie in Ihrer Lebensführung beeinträchtigen. Bewerten Sie Ihre Gefühle nicht. Es gibt keine „richtigen" oder „falschen" Gefühle. Die Tabellen dienen Ihnen lediglich dazu, Ihre Gefühle genauer zu untersuchen.

Bei dieser Übung ist jeweils eine Wiederholung nach einem Monat und nach sechs Monaten vorgesehen, sodass Sie sich Ihren Fortschritt vor Augen führen können. Mit der Zeit ist es gut möglich, dass Sie einen Rückgang an zerstörerischen emotionalen Reaktionen feststellen, der sich sowohl hinsichtlich der Anzahl, der Auftrittshäufigkeit, der Intensität und des Wirkungsgrades bemerkbar macht. Solche Rückgänge bedeuten, dass Sie auf dem besten Weg sind, Ihre emotionale Heilung voranzubringen. Falls Ihre emotionalen Reaktionen nahezu unverändert bleiben, aber in Ihrem Alltag keine allzu großen Hindernisse darstellen, brauchen Sie vielleicht einfach noch ein wenig Zeit, um sie hinter sich zu lassen. Falls Sie allerdings eine Zunahme der Anzahl, Häufigkeit oder Intensität feststellen, sollten Sie erwägen, professionelle Hilfsangebote in Anspruch zu nehmen, um einen Umgang mit Ihren Emotionen zu finden, der effektiver und für Ihre Heilung förderlicher ist.

Teil I

Denken Sie an die Gefühle, die Sie erleben. Kreuzen Sie alle Gefühle an, die auf Sie zutreffen.

- ☐ Angst vor weiterer Gewalt durch Ex-Partner
- ☐ Angst vor Gewalt durch einen anderen Menschen
- ☐ Sonstige Ängste: ____________________
- ☐ Wut auf Ex-Partner
- ☐ Wut auf sich selbst
- ☐ Wut über Faktoren, die zu den Misshandlungen beitrugen
- ☐ Wut auf andere, die nicht geholfen haben
- ☐ Wut anderen gegenüber, die nichts mit den Misshandlungen zu tun hat
- ☐ Wut über gegenwärtige Probleme, die nichts mit den Misshandlungen zu tun haben
- ☐ Sonstige Gefühle von Wut: ____________________
- ☐ Schuldgefühle, weil Sie die Beziehung eingegangen sind
- ☐ Schuldgefühle, weil Sie so lange in der Beziehung geblieben sind
- ☐ Schuldgefühle, weil Sie es nicht geschafft haben, den Misshandlungen durch Ihren Partner ein Ende zu bereiten
- ☐ Sonstige Schuldgefühle: ____________________
- ☐ Gefühle der Trauer
- ☐ Gefühle der Hoffnungslosigkeit

- ☐ Änderungen im Essverhalten
- ☐ Änderungen im Schlafverhalten
- ☐ Gedanken daran, sich umzubringen
- ☐ Andere Gefühle, die mit Depressionen zusammenhängen
- ☐ Selbstverletzungen wie Ritzen oder Gedanken daran
- ☐ Übermäßige Schreckhaftigkeit bei plötzlichen Geräuschen oder Ereignissen
- ☐ Gedanken an die Misshandlungen, die sich Ihnen plötzlich aufdrängen
- ☐ Vollkommene Weigerung, an die Misshandlungen zu denken
- ☐ Sonstiges: ______________________________
- ☐ Sonstiges: ______________________________

Anzahl der Kreuze: ________

Teil II

Dokumentieren Sie über den Zeitraum einer Woche, wie oft etwa die Gefühle jeweils auftreten.

Gefühl	**Kreuzen Sie alle Tage an, an denen das Gefühl vorkam**						
	Mo	Di	Mi	Do	Fr	Sa	So
Angst vor weiterer Gewalt durch Ex-Partner							
Angst vor Gewalt durch einen anderen Menschen							
Sonstige Ängste: ____________							
Wut auf Ex-Partner							
Wut auf sich selbst							
Wut über Faktoren, die zu den Misshandlungen beitrugen							

Gefühl	Kreuzen Sie alle Tage an, an denen das Gefühl vorkam						
	Mo	Di	Mi	Do	Fr	Sa	So
Wut auf andere, die nicht geholfen haben							
Wut anderen gegenüber, die nichts mit den Misshandlungen zu tun hat							
Wut über gegenwärtige Probleme, die nichts mit den Misshandlungen zu tun haben							
Sonstige Gefühle von Wut: ______________							
Schuldgefühle, weil Sie die Beziehung eingegangen sind							
Schuldgefühle, weil Sie so lange in der Beziehung geblieben sind							
Schuldgefühle, weil Sie es nicht geschafft haben, den Misshandlungen durch Ihren Partner ein Ende zu bereiten							
Sonstige Schuldgefühle: ______________							
Gefühle der Trauer							
Gefühle der Hoffnungslosigkeit							
Änderungen im Essverhalten							
Änderungen im Schlafverhalten							
Gedanken daran, sich umzubringen							
Andere Gefühle, die mit Depressionen zusammenhängen							
Selbstverletzungen wie Ritzen oder Gedanken daran							
Übermäßige Schreckhaftigkeit bei plötzlichen Geräuschen oder Ereignissen							
Gedanken an die Misshandlungen, die sich Ihnen plötzlich aufdrängen							

Gefühl	**Kreuzen Sie alle Tage an, an denen das Gefühl vorkam**						
	Mo	Di	Mi	Do	Fr	Sa	So
Vollkommene Weigerung, an die Misshandlungen zu denken							
Sonstiges: ______							
Sonstiges: ______							

Anzahl der Gefühle, die Sie in der Woche täglich erlebten: ______

Anzahl der Gefühle, die Sie 4- bis 6-mal in der Woche erlebten: ______

Anzahl der Gefühle, die Sie nur 1- bis 3-mal in der Woche erlebten: ______

Anzahl der Tage, an denen keines dieser negativen Gefühle aufkam: ______

Teil III

Bestimmen Sie auf einer Skala von 0 bis 10, wie stark ausgeprägt Ihre Gefühle jeweils waren. 0 bedeutet, das Gefühl trat an dem Tag gar nicht auf, 10 bedeutet, das Gefühl war so gewaltig und vereinnahmend, wie Sie es sich nur vorstellen können.

Gefühl	**Ausprägung des Gefühls (0–10)**						
	Mo	Di	Mi	Do	Fr	Sa	So
Angst vor weiterer Gewalt durch Ex-Partner							
Angst vor Gewalt durch einen anderen Menschen							
Sonstige Ängste: ______							
Wut auf Ex-Partner							
Wut auf sich selbst							

Gefühl	**Ausprägung des Gefühls (0–10)**						
	Mo	Di	Mi	Do	Fr	Sa	So
Wut über Faktoren, die zu den Misshandlungen beitrugen							
Wut auf andere, die nicht geholfen haben							
Wut anderen gegenüber, die nichts mit den Misshandlungen zu tun hat							
Wut über gegenwärtige Probleme, die nichts mit den Misshandlungen zu tun haben							
Sonstige Gefühle von Wut: ______________							
Schuldgefühle, weil Sie die Beziehung eingegangen sind							
Schuldgefühle, weil Sie so lange in der Beziehung geblieben sind							
Schuldgefühle, weil Sie es nicht geschafft haben, den Misshandlungen durch Ihren Partner ein Ende zu bereiten							
Sonstige Schuldgefühle: ______________							
Gefühle der Trauer							
Gefühle der Hoffnungslosigkeit							
Änderungen im Essverhalten							
Änderungen im Schlafverhalten							
Gedanken daran, sich umzubringen							
Andere Gefühle, die mit Depressionen zusammenhängen							
Selbstverletzungen wie Ritzen oder Gedanken daran							
Übermäßige Schreckhaftigkeit bei plötzlichen Geräuschen oder Ereignissen							

Gefühl	**Ausprägung des Gefühls (0–10)**						
	Mo	Di	Mi	Do	Fr	Sa	So
Gedanken an die Misshandlungen, die sich Ihnen plötzlich aufdrängen							
Vollkommene Weigerung, an die Misshandlungen zu denken							
Sonstiges: ______________							
Sonstiges: ______________							

Anzahl der Gefühle, die Sie stärker als 8 bewertet haben: ____________

Anzahl der Gefühle, die Sie mit 5 bis 7 bewertet haben: ____________

Anzahl der Gefühle, die Sie mit 2 bis 4 bewertet haben: ____________

Anzahl der Gefühle, die Sie schwächer als 2 bewertet haben: ____________

Teil IV

Notieren Sie an jedem Tag, welche Gefühle Sie erlebt haben und wie diese sich jeweils auf Ihre anderen Emotionen, Einstellungen, Verhaltensweisen und Interaktionen mit anderen ausgewirkt haben.

Montag Gefühl ______________ Wirkung______________

Gefühl ______________ Wirkung______________

Gefühl ______________ Wirkung______________

Dienstag Gefühl ______________ Wirkung______________

Gefühl ______________ Wirkung______________

Gefühl ______________ Wirkung______________

Mittwoch	Gefühl ____________	Wirkung ____________
	Gefühl ____________	Wirkung ____________
	Gefühl ____________	Wirkung ____________
Donnerstag	Gefühl ____________	Wirkung ____________
	Gefühl ____________	Wirkung ____________
	Gefühl ____________	Wirkung ____________
Freitag	Gefühl ____________	Wirkung ____________
	Gefühl ____________	Wirkung ____________
	Gefühl ____________	Wirkung ____________
Samstag	Gefühl ____________	Wirkung ____________
	Gefühl ____________	Wirkung ____________
	Gefühl ____________	Wirkung ____________
Sonntag	Gefühl ____________	Wirkung ____________
	Gefühl ____________	Wirkung ____________
	Gefühl ____________	Wirkung ____________

Denken Sie daran, sich etwa einen Monat Zeit zu geben, damit der Heilungsprozess voranschreiten kann. Wiederholen Sie diese Übung zunächst nach einem Monat und dann nach sechs Monaten ein zweites Mal. Vermutlich werden Sie feststellen, dass das Ausmaß, in dem diese negativen Emotionen Gewalt über Sie haben, stetig zurückgeht, während Sie heilen und selbst immer stärker werden.

9
Anzeichen von unerfüllter Heilung

Mythen:

Sobald die Misshandlungen der Vergangenheit angehören, entwickelt sich von ganz allein ein gutes Selbstbild.

Das Ende einer Misshandlungsbeziehung ist zugleich automatisch der Beginn neuer enger und gesunder Beziehungen.

Ihr Leben und Ihre Einstellungen werden sich in der Zeit nach der Misshandlungsbeziehung stetig und rasch verbessern.

Dieses Kapitel gibt Ihnen Gelegenheit einzuschätzen, wie gut Ihre Heilung voranschreitet. Natürlich wäre es großartig, wenn Ihr Selbstbild, Ihr emotionales Wohlbefinden und die Beziehungen zu anderen sofort wieder wären wie früher. Normalerweise läuft es aber nicht so. Sie werden gute und schlechte Tage erleben; gute Wochen und schlechte Wochen; gute Zeiten und schlechte Zeiten. Das ist normal und bedeutet nicht, dass Sie etwas falsch machen oder jemand sind, der besonders langsam heilt. Jeder, der eine Misshandlungsbeziehung überlebt hat, heilt im eigenen Tempo. Niemand, aber auch gar niemand heilt über Nacht. Lassen Sie uns den Heilungsprozess nach einer Misshandlungsbeziehung genauer betrachten.

Auf das große Ganze schauen

Als Erstes sollten Sie überprüfen, ob Ihre Erwartungen realistisch sind. Sie müssen sich keine Fristen setzen oder Zeitpläne erstellen. Es muss lediglich erkennbar sein, dass Ihre Heilung *insgesamt* in die richtige Richtung läuft. Wenn Sie das Gefühl haben, dass es Ihnen schon besser geht als noch vor einem oder zwei Monaten, ist das fantastisch. Wenn Ihr Leben sich jedoch nicht verbessert oder Sie bemerken, dass Sic sich schlechter fühlen, ist dies ein Zeichen, dass Sie die Fortschritte Ihrer Heilung überprüfen sollten.

Wahrscheinlich glaubten Sie, wenn Sie sich erst einmal aus der furchtbaren Beziehung befreit hätten, würde Ihr Leben schnell zur Normalität zurückkehren: keine unerwünschten Überraschungen mehr, keine beängstigende Unvorhersehbarkeit, keine Angst. Nun stellen Sie vielleicht fest, dass das Leben keineswegs so vorhersehbar ist, wie Sie gehofft hatten. Sie sind nicht immer sicher, wie Sie sich fühlen werden, wenn Sie morgens aufwachen; nicht sicher, wie Sie den Tag überstehen werden; nicht sicher, wie Begegnungen mit anderen laufen werden.

Viele Menschen, die eine Misshandlungsbeziehung hinter sich haben, erwarten für die Zeit nach der Trennung einen reibungslosen emotionalen Aufschwung. Sie erwarten, dass jeder Tag besser wird als der vorangehende. In dem Moment, wo dies nicht geschieht, fühlen sich viele entmutigt und verzweifelt und befürchten, dass es ihnen niemals wieder besser gehen wird.

Wahrscheinlich haben Sie bemerkt, dass einige Tage besser sind als der Tag davor. An anderen Tagen wiederum scheinen Sie stehenzubleiben; es geht nicht besser, aber auch nicht schlechter. Und dann gibt es Tage, an denen Ihre Stimmung abfällt. Sie fühlen sich, als hätten Sie ein neues emotionales Tief erreicht. Es ist wichtig, dass Sie der Versuchung widerstehen, jeden Tag solche Bewertungen über Ihr Leben vorzunehmen. Es ist viel hilfreicher, sich das Gesamtbild Ihrer Heilung anzuschauen – wie eine Kurve mit Hoch- und Tiefpunkten, die aber tendenziell steigt. Was zählt, ist der Heilungsfortschritt an sich, nicht die Geschwindigkeit der Heilung.

Emotionale Signale: Selbstachtung

Denken Sie an Ihr Leben vor der Beziehung zurück. Falls Sie bereits *vor* dieser Misshandlungsbeziehung zum Opfer von Beziehungsgewalt wurden, versuchen Sie sich an Ihr Leben vor Ihrer ersten Misshandlungsbeziehung zu erinnern. Versuchen Sie sich zu erinnern, wie Sie damals zu sich selbst standen. Wenn Sie schon als Kind missbraucht wurden, haben Sie vielleicht keine Erinnerung an eine „Zeit davor". In diesem Fall könnten Sie versuchen herauszufinden, inwiefern sich Ihre Selbstachtung über die Jahre verändert hat, statt eine Vorher-Nachher-Analyse zu machen. Fanden Sie, dass Sie Respekt verdienen? Gingen Sie davon aus, dass Sie jemanden finden würden, der Sie lieben und so gut behandeln würde, wie Sie auch ihn behandelten? Sahen Sie in sich eine intelligente, attraktive, einfühlsame und fürsorgliche Person? Fühlten Sie sich dazu in der Lage, einen anderen Menschen von ganzem Herzen zu lieben? Glaubten Sie daran, bestimmte Talente und Fertigkeiten zu besitzen? Empfanden Sie sich als einen *würdigen* Menschen?

Wie nehmen Sie sich jetzt wahr? Haben Sie noch immer eine gute Meinung von sich? Glauben Sie, dass Sie in der Lage sind, Ihre Ziele zu erreichen und eine bereichernde und erfüllende Beziehung zu genießen? Falls nicht, ist es Zeit, dass Sie betrachten, auf welche Weise die Misshandlungsbeziehung Ihre Selbstachtung beschädigt hat. Jeder verdient ein positives und gesundes Selbstbild. Sie sollten in der Lage sein, voll und ganz an sich zu glauben und zu wissen, dass Sie nur das Beste verdienen.

Sie können anhand verschiedener Methoden beurteilen, wie es um Ihr Selbstwertgefühl steht. Ein Weg besteht darin, Zukunftspläne zu betrachten. Wo sehen Sie sich in fünf Jahren? Malen Sie sich aus, wie Ihr Leben sein wird: Ihre Arbeit, Ihr Zuhause, Ihre Familie, Ihre Freunde. Nehmen Sie sich eine Minute Zeit und versuchen Sie einmal ernsthaft, sich Details Ihres zukünftigen Lebens vorzustellen. (Greifen Sie auf die Selbsterkundungsübung in der Einleitung dieses Buches zurück.) Wie sieht Ihre Zukunft aus? Werden Sie glücklich und in Sicherheit sein? Werden Sie schließlich ein schönes Leben genießen, so wie Sie es verdienen? Können Sie sich eine Arbeit vorstellen, der Sie gerne nachgehen und bei der Ihre Kollegen Sie mögen und respektieren? Werden Sie eine intakte, sichere Familie gründen können, in der Misshandlung nicht vorkommt?

Haben Sie eine Vorstellung davon, wie Sie vielleicht aussehen werden, wenn Sie sich Ihre Zukunft ausmalen? Stellen Sie sich vor, wie Sie sich in der Zukunft nackt in einem Ganzkörperspiegel ansehen. Was sehen Sie? Gibt es bei dieser Vorstellung Körperteile, die in Ihnen Unbehagen oder Scham hervorrufen? Erscheinen Ihnen persönliche Merkmale „hässlich"? Sind es dieselben Körperstellen, die Ihr Ex-Partner Ihnen gegenüber als „hässlich" bezeichnete?

Einige der herablassenden Bemerkungen, die Ihr Misshandler machte, zielten vermutlich auf Ihr Erscheinungsbild ab. Viele Frauen in unserer Kultur fühlen sich durch Kritik an ihrem Aussehen sehr verletzt. Oft haben Frauen Angst, dass sie zu dick, zu mager, zu klein oder zu groß sein könnten oder sind unzufrieden mit der Größe ihrer Brüste. Ihr Misshandler wusste vermutlich, womit er Sie am tiefsten treffen würde, und hat seine Kritik genau auf diese körperlichen Merkmale gerichtet. Vielleicht tragen Sie diese Überzeugungen noch immer in sich. Je mehr Kritik Ihr Misshandler an Ihrem Körper geübt hat, umso schwieriger ist es, sie loszulassen.

Auch wenn Sie nun verstehen, dass die Kritik Teil der Misshandlungen war, kann sie sich immer noch auf Ihr Selbstkonzept auswirken. Ihr Verstand sagt Ihnen, dass die Kommentare dazu dienten, Sie zu erniedrigen und Macht über Sie auszuüben. Dennoch ist es schwer, solche Bemerkungen auch auf einer emotionalen Ebene zurückzuweisen. Es kann viel Zeit vergehen, bis Sie überzeugt sind, dass Ihre Schönheit in keiner Weise davon abhängt, wie ein grausamer, Macht ausübender, misshandelnder Partner darüber geurteilt hat.

Posttraumatische Belastungsstörung (Wiederholung)

Möglicherweise leiden Sie in gewissem Maße an einer posttraumatischen Belastungsstörung (PTBS) (siehe Kapitel 8 „Wenn Emotionen Sie überwältigen"). Verschiedene emotionale Faktoren können auf PTBS hindeuten.

Sind Ihre Gedanken hin und wieder ganz plötzlich und aus heiterem Himmel von den Erinnerungen an die Misshandlungen (körperlicher, sexueller oder emotionaler Art) vereinnahmt? Ein Geräusch, ein Anblick oder auch ein Geruch, vielleicht ein Parfum oder ein Aftershave, kann Sie plötzlich und ohne Vorwarnung psychisch direkt zurück in die Misshandlungssituation versetzen. Dieses Phänomen, das als „Intrusion" bezeichnet wird, kann im Alltag eine große Beeinträchtigung darstellen. Zeitweise werden Sie „Flashbacks" erleben und sich fühlen, als durchlebten Sie ein besonders traumatisches Ereignis erneut. In anderen Momenten erleben Sie vielleicht eine besonders intensive, nahezu körperliche Erinnerung an ein Misshandlungsereignis.

Ein weiteres typisches Symptom von PTBS ist „Hypervigilanz" – das Gefühl, dass Sie immer auf der Hut sein müssen und niemals entspannen können. Wenn Sie bei plötzlichen, lauten Geräuschen oder weil jemand Sie von hinten berührt, gleich aus der Haut fahren, haben Sie die Nachwirkungen der Misshandlungen noch immer nicht vollkommen überwunden. Es kann sogar ein Duft sein, der Sie plötzlich und ohne Vorwarnung psychisch mitten in die Misshandlungssituation zurückversetzt. Diese starken geistigen und körperlichen Assoziationen zeigen, dass Sie noch immer daran arbeiten müssen, das Trauma zu bewältigen, das Sie erlebt haben.

PTBS ruft auch ein Symptom hervor, das als „Dissoziation" bezeichnet wird. Dabei klaffen die Wirklichkeitsvorstellungen eines Menschen und das, was tatsächlich passiert, für eine gewisse Zeit auseinander. Dissoziationen können die Wahrnehmung hervorrufen, außerhalb des eigenen Körpers zu sein. Wenn Sie in Ihrer Beziehung besonders schwere Formen von Gewalt erleiden mussten, haben Sie während der gewalttätigen Übergriffe vielleicht das Gefühl bekommen, Ihren Körper zu verlassen und von oben herabblickend zu beobachten, wie Sie geschlagen wurden. Diese Fähigkeit, dem Trauma des körperlichen Missbrauchs zu entkommen, hat Ihnen dabei geholfen, die Schrecken Ihrer Beziehung lebendig zu überstehen.

Jeder von uns erlebt hin und wieder Dissoziationen in stark abgeschwächter Form. Die folgende Situation bietet ein gutes Beispiel: Sie fahren über eine Autobahn und stellen plötzlich fest, dass Sie sich nicht an ein einziges Detail der zurückliegenden fünf Kilometer erinnern können. Zuerst sind Sie darüber vielleicht erschrocken, aber dann erkennen Sie, dass Sie vor sich hingeträumt haben und dabei problemlos weitergefahren sind. Solche Erfahrungen werden nicht durch ein Trauma verursacht, sie können aber durch Stress oder Ablenkung zustande kommen.

Dissoziationen infolge von traumatischen Erlebnissen ähneln Tagträumen, sind aber sehr viel intensiver. Jetzt, wo Sie nicht mehr in der Misshandlungsbeziehung sind, bemerken Sie vielleicht, dass Sie in beängstigender Weise dissoziieren. Es kann vorkommen, dass Sie erleben, wie Ihnen ganze Zeitabschnitte verloren gehen. Vielleicht haben Sie schon erlebt, dass Minuten, Stunden oder sogar Tage verstrichen sind, an die Sie im Nachhinein keine Erinnerung hatten. Gewalterfahrenen fällt es oft schwer, körperlich und gedanklich von den Abwehrmechanismen abzulassen, die ihrem Überleben dienten. Dissoziationen, die Sie in Ihrem alltäglichen Leben beeinträchtigen, sind ein deutliches Zeichen dafür, dass noch Heilungsarbeit vor Ihnen liegt.

Kognitive Vermeidung

Umgekehrt haben Sie vielleicht schon festgestellt, wie Sie bestimmte Gedanken aus Ihrem Kopf drängen. Vielleicht ist es für Sie unmöglich, überhaupt an diese schreckliche Zeit zu denken. Wissen Ihre Freunde und Familie, dass das Thema Misshandlung im Gespräch mit Ihnen tabu ist? Lenken Sie das Gespräch sofort in eine andere Richtung, wenn jemand Sie darauf anspricht, weil Sie es nicht ertragen, daran zu denken? Tun Sie alles, was Ihnen nur einfällt, um die Misshandlungen aus Ihrem Gedächtnis zu löschen? Niemand denkt gerne an schlimme Zeiten zurück, die er durchlebt hat. Wenn Sie jedoch nicht dazu in der Lage sind, an die Zeit Ihrer Misshandlungen zu denken, ohne zu dissoziieren oder mit starken Depressions- oder Angstzuständen zu reagieren, steckt weit mehr dahinter. Diese mentalen Strategien nennt man „kognitive Vermeidung". Sie sind bei Gewalterfahrenen häufig, weil die Gedanken zu schmerzhaft sind, um sie ins Bewusstsein zu lassen. Bis Sie die Erfahrung der Misshandlungen nicht bewältigen, darüber nachdenken, analysieren und schließlich hinter sich lassen können, wird der Schmerz vermutlich nicht verschwinden (siehe Kapitel 13 „Die Heilung beginnt"). Kognitive Vermeidung ist ein weiteres Zeichen dafür, dass Ihre Heilung noch nicht abgeschlossen ist.

Signale des Verhaltens: Der Kontakt zu anderen

Eine Methode, mit der Sie feststellen können, wie gut Ihre Heilung vorankommt, besteht darin, Ihre Alltagsaktivitäten einmal genauer zu betrachten. Viele Menschen sind nicht in der Lage, ihre psychischen Schmerzen wahrzunehmen, sehen aber im eigenen *Verhalten* sehr wohl die Anzeichen.

Wie steht es um Ihre sozialen Beziehungen, jetzt wo Sie nicht mehr in der Misshandlungsbeziehung sind? Ist es Ihnen gelungen, einige Ihrer alten Freundschaften aufrechtzuerhalten oder neue Kontakte zu knüpfen? Haben Sie ein gut funktionierendes soziales Unterstützungssystem von Menschen, die Sie lieben und von denen Sie geliebt werden?

Wie sind Ihre Beziehungen zu denen, die zu Zeiten der Misshandlungen und direkt danach für Sie da waren; zu den Personen, mit denen Sie sich jetzt sicher fühlen? Können Sie von Ihrer Scham, Wut und Ihren Schuldgefühlen ablassen, um mit ihnen in Kontakt zu bleiben? Können Sie diesen Menschen ins Gesicht sehen, und fühlen Sie sich dann mit ihnen auf Augenhöhe? Oder haben Sie das Gefühl, ihnen etwas schuldig zu sein und fühlen sich deswegen klein? Wenn Sie sich im Umgang mit Ihren Freunden nicht stark und gleichberechtigt fühlen, deutet es darauf hin, dass Ihre Heilung noch nicht abgeschlossen ist.

Und diejenigen, die zu Zeiten der Misshandlungen nicht für Sie da waren, die Sie im Stich gelassen haben? Haben Sie sich schon überlegt, wie oder ob diese Menschen heute in Ihr Leben passen? All dies ist Ihre Entscheidung. Möglicherweise werden Sie zu dem Schluss kommen, dass einige von ihnen nicht mehr in Ihrem Leben sein sollen. Andere sind hingegen vielleicht wichtig für Sie und bedeuten Ihnen viel, sodass Sie das Bedürfnis haben, sie in Ihrem Leben zu haben, obwohl sie nicht in der Lage waren, Sie angesichts der Misshandlungen zu unterstützen (siehe Kapitel 11 „Die Reaktionen anderer“). Fühlen Sie sich damit wohl, welche Rollen diese Menschen jetzt in Ihrem Leben spielen? Falls nicht, haben Sie wahrscheinlich noch immer mit Ihrer Heilung zu kämpfen.

Denken Sie an die neuen Menschen in Ihrem Leben. Haben Sie Sorge, dass diese Sie in irgendeiner Weise verletzen werden? Fühlen Sie sich in ihrer Gegenwart minderwertig, weil Sie in einer Misshandlungsbeziehung waren? Kommt es vor, dass kleinste Spannungen in diesen Freundschaften Sie in Panik versetzen, sodass Sie alles dafür tun, um die Wogen nur schnell wieder zu glätten? Befürchten Sie, dass diese neuen Freunde nicht für Sie da sein werden, wenn Sie sie brauchen? Vor dem Hintergrund der Misshandlungen, die Sie erlitten haben, sind solche Zweifel und Unsicherheiten vollkommen normal. Es ist schwer, anderen wieder zu vertrauen, aber Sie brauchen Freunde und Familie, von denen Sie Unterstützung bekommen können. Wenn die Antworten auf die Fragen in diesem Abschnitt zeigen, dass Sie noch immer sehr misstrauisch sind und sich davor fürchten, anderen nahezukommen, ist das ein weiteres Zeichen dafür, dass noch mehr Arbeit notwendig ist.

Kümmern Sie sich um sich selbst?

Wie gut haben Sie in der Zeit seit der Misshandlungsbeziehung auf sich geachtet? Tun Sie sich selbst Gutes, oder verwenden Sie Ihre meiste Energie eher darauf, für andere zu sorgen? Betrachten Sie Ihr Leben einmal objektiv: Scheint es, als täten Sie für andere mehr als für sich selbst? Scheuen Sie keine Mühe, um anderen auszuhelfen, die in Schwierigkeiten stecken und sich um sie zu kümmern? Und wenn *Sie* es sind, die eine schwere Zeit hat? Können Sie für sich selbst ebenso gut sorgen wie für die anderen?

Indem Sie in die Probleme anderer eintauchen, verstecken Sie sich möglicherweise vor sich selbst. Vielleicht ist es ein Weg, die qualvolle und beschwerliche Verarbeitung *Ihres* Traumas zu meiden. Wenn Sie all Ihre Zeit darauf verwenden können, an andere zu denken, brauchen Sie nicht über sich selbst nachzudenken. In Wirklichkeit bedeutet dies, dass Sie noch nicht bereit sind, sich mit Ihren eigenen Schmerzen auseinanderzusetzen. Diese Auseinandersetzung ist aber der Schlüssel zur Heilung.

Kümmern Sie sich um Ihre körperliche Gesundheit?

Körper und Psyche sind stark miteinander verbunden. Oder anders ausgedrückt: Emotionales Wohlbefinden und körperliche Gesundheit liegen nah beieinander. Wie gut geben Sie auf Ihren Körper acht? Hören Sie auf Ihren Körper, wenn er Ihnen sagt, dass Sie müde und erschöpft sind? Was tun Sie, wenn Sie krank werden? Gestatten Sie es sich, zu entspannen und gesund zu werden, oder zwingen Sie sich, weiterzumachen, egal, wie es Ihnen geht? Fällt es Ihnen schwer zuzulassen, dass sich andere um Sie kümmern? Denken Sie daran zurück, wie Sie vor den Misshandlungen einmal krank waren. Waren Sie damals schon so streng mit sich? Falls nicht, ist es vielleicht auf die Nachwirkungen der Misshandlungen zurückzuführen, dass Sie Ihrem Körper jetzt keine Ruhepause gestatten. Es kann Ihr Weg sein, eigene Schwächen zu verleugnen oder sich sogar zu bestrafen. Wie auch immer der Zusammenhang ist: Auch dies deutet darauf hin, dass Sie noch immer daran arbeiten müssen, die Nachwirkungen der Misshandlungen zu überwinden.

Der Umgang mit dem Thema Ernährung und Essen kann für Sie ein Problem sein, wenn Ihr Misshandler Ihr Körperbild zerrüttet hat. Falls Sie Ihre Nahrungsaufnahme massiv drosseln, übertriebene Diäten einhalten, übermäßig viel Sport treiben, Essanfälle bekommen oder sich Fressattacken mit Abführverhalten zyklisch abwechseln, müssen Sie Ihre Heilungsarbeit auf diese gefährlichen selbstzerstörerischen Verhaltensweisen konzentrieren (siehe Kapitel 13 „Die Heilung beginnt“).

Wenn Sie Alkohol trinken oder andere Drogen nehmen, um vor Ihren beängstigenden Emotionen und Erinnerungen zu flüchten, weist es deutlich darauf hin, dass Sie noch immer unter den Folgeerscheinungen der Misshandlungen leiden. Vergleichen Sie Ihren gegenwärtigen Umgang mit Drogen mit Ihrem Verhalten vor der Misshandlungsbeziehung. Wenn Sie mehr Alkohol trinken, mehr oder stärkere Drogen nehmen oder häufiger berauscht sind als vorher, sind dies deutliche Zeichen dafür, dass die Misshandlungen sich gegenwärtig noch immer auf Ihr Leben auswirken. Drogenmissbrauch ist eine häufig anzutreffende Bewältigungsstrategie. Sie kann Ihre Heilung aber behindern und Sie davon abhalten, Ihr Leben zurückzugewinnen. Ihr Misshandler verdient es nicht, weiterhin so viel Macht über Sie zu besitzen. Wenn Sie meinen, dass Sie Ihren Umgang mit Drogen nicht mehr unter Kontrolle haben, gibt es Einrichtungen, die Ihnen helfen können, Ihre Abhängigkeit zu überwinden und Ihre Heilung fortzusetzen (siehe „Kontaktadressen" im Anhang dieses Buches).

Viele Menschen, die Beziehungsgewalt überlebt haben, verletzen sich selbst. Dieses Thema wurde bereits in Kapitel 8 „Wenn Emotionen Sie überwältigen" besprochen, es ist aber so wichtig, dass wir es hier erneut erwähnen. Haben Sie sich Schnitte, Verbrennungen oder andere körperliche Verletzungen zugefügt? Viele Überlebende empfinden selbst nach dem Ende der Beziehung eine überwältigende Gefühlstaubheit. Indem sie sich selbst verletzen, überprüfen sie, ob sie noch in der Lage sind, etwas zu fühlen. Bei anderen deuten diese Selbstverletzungen auf Selbsthass oder Selbstbestrafung hin, die auf ein äußerst geringes Selbstwertgefühl zurückgehen.

Hilfe bei der Heilung

Die Anzeichen, die in diesem Kapitel besprochen wurden, sind nur einige der häufigsten Hinweise darauf, dass bis zur vollständigen Heilung noch Arbeit vor Ihnen liegt. Mit Sicherheit gibt es weitere Zeichen, die spezifischer auf Sie und Ihr Leben zutreffen. Die Erkenntnis, dass Sie sich noch nicht vollkommen von den Misshandlungen erholt haben, ist Teil eines gesunden Heilungsprozesses. Diese Einsicht ermöglicht Ihnen, sich immer mehr zu dem Menschen zu entwickeln, der Sie sein möchten, und auf das erfüllende Leben zuzugehen, das Sie sich wünschen.

Behalten Sie im Hinterkopf, dass Sie sich jederzeit Hilfe suchen können, sobald Sie merken, dass es Ihnen zu schwer wird, den Prozess allein zu bewältigen. Wie erwähnt ist es kein Zeichen von Schwäche oder dafür, dass mit Ihnen etwas nicht in Ordnung ist, wenn Sie Hilfe in Form von Beratung, Therapie oder ärztlichem Rat aufsuchen. Es bedeutet, dass Sie den Mut und die Stärke besitzen, alles in Angriff zu nehmen, was nach der Misshandlungsbeziehung zur Rückerlangung Ihres Lebens notwendig ist (siehe Kapitel 13 „Die Heilung beginnt“).

Selbsterkundungsübung

Einschätzung Ihrer Heilung

Die folgende Übung soll Ihnen helfen herauszufinden, wie gut Ihr Heilungsprozess vorankommt. Seien Sie bei Ihren Einschätzungen so ehrlich, wie Sie können, und versuchen Sie alle Fragen zu beantworten. Ihre Eintragungen braucht niemand außer Ihnen zu sehen.

Beurteilen Sie, wie es in Ihrem jetzigen Leben um die folgenden Aspekte steht:

Wie steht es um folgende Aspekte?	**Bewertung**				
	sehr gut	gut	mäßig	nicht so gut	trifft nicht auf mich zu
Allgemeines Selbstwertgefühl					
Fähigkeit, selbst gesetzte Lebensziele zu erreichen					
Persönliche Sicherheit					
Sicherheit Ihrer Kinder					
Arbeitsleben/Ihre Karriere					
Lebenszufriedenheit					
Intelligenz					
Talente					
Humor					
Fähigkeit, für andere zu sorgen					
Attraktivität					
Fähigkeit, Freundschaften zu schließen					
Beziehungen zu alten Freunden					
Familiäre Beziehungen					

Wie steht es um folgende Aspekte?	Bewertung				
	sehr gut	gut	mäßig	nicht so gut	trifft nicht auf mich zu
Kontakt zu Bekannten					
Verhältnis zu Arbeitskollegen					
Fähigkeit, sich Zeit für sich selbst zu nehmen					
Umgang mit sich selbst					
Fähigkeit, Ihren eigenen Bedürfnissen die Priorität zu geben					
Wie gut geben Sie körperlich auf sich acht?					
Wie gut beugen Sie Erschöpfungszuständen vor?					
Wie gut sorgen Sie für sich, wenn Sie krank sind?					
Essverhalten					
Schlaf					
Sportliche Betätigung					
Alkohol- und Drogenkonsum					

Schauen Sie sich nun an, wie Sie die einzelnen Aspekte bewertet haben.

- Wenn Sie die Mehrheit der Fragen mit „sehr gut“ oder „gut“ bewertet haben, ist Ihre Heilung schon auf dem besten Weg.
- Verteilen sich Ihre Markierungen über alle Spalten, aber liegen durchschnittlich eher auf der „positiven Seite“, hat Ihre Heilung schon begonnen, und Sie sollten nach und nach ein immer besseres Gefühl zu sich selbst und Ihrem Leben entwickeln.

- Ist die Mehrheit Ihrer Bewertungen neutral bis negativ ausgefallen, kann es sein, dass Ihr Heilungsprozess entweder noch ganz am Anfang steht oder „ins Stocken geraten“ ist, sodass es Ihnen schwerfällt weiterzukommen.

Um Ihren Heilungsvorgang zu verfolgen, wiederholen Sie diese Übung in etwa einem Monat. Haben sich Ihre Bewertungen bis dahin nicht verbessert oder verbleiben überwiegend neutral bis negativ, deutet es vielleicht darauf hin, dass Sie weiterhin Schwierigkeiten haben, von den Misshandlungen zu heilen und Ihr Leben neu zu ordnen (bitte lesen Sie dazu Kapitel 13 „Die Heilung beginnt“ und Kapitel 14 „Wer sind Sie jetzt?“).

10
Und die Kinder?

Mythen:

Ein gewalttätiger Vater ist besser als überhaupt kein Vater.

Misshandler vergehen sich selten an den Kindern.

Wenn Kinder die Misshandlungen nicht direkt mit ansehen müssen, werden sie dadurch normalerweise nicht traumatisiert.

Dieses Kapitel richtet sich an diejenigen von Ihnen, deren Kinder den Albtraum der Misshandlungen miterleben mussten. Entweder indem sie den Misshandlungen Ihres Ex-Partners selbst zum Opfer fielen oder indem sie zu Zeugen der Misshandlungen wurden, die Sie ertragen mussten. Traurigerweise kommt es innerhalb vieler Misshandlungsbeziehungen dazu, dass Kinder hineingezogen werden. Dies trifft Kinder aus ganz unterschiedlichen Familienkonstellationen: biologische Kinder, Kinder aus einer früheren Ehe oder Pflegekinder. Unabhängig davon, in welchem Verhältnis Ihre Kinder zu Ihrem früheren Misshandler standen (oder stehen), ist es möglich, dass sie unter den Folgen der Misshandlungen leiden. Zeuge von Misshandlungen und Gewalt einer Beziehung zu sein, kann sich auf jeden, vor allem aber auf Kinder, verheerend auswirken. Misshandelnde, die ihrem Partner Gewalt antun, misshandeln meist auch ihre Kinder.

Wie Forschungsergebnisse zeigen, müssen Kinder nicht selbst misshandelt worden sein oder Gewalt am eigenen Körper erfahren haben, um tiefgreifende psychische und emotionale Folgewirkungen davonzutragen, die auf Veränderungen ihres Gehirns zurückzuführen sind. Schließlich ist ihre Gehirnentwicklung noch nicht abgeschlossen. Jedes Kind, bei dem sich zu Hause Gewalt ereignet, wird in gewissem Maße leiden. Es ist unheimlich beängstigend und verwirrend für Kinder zu erleben, wie ein Elternteil drangsaliert wird. Dieses Kapitel ist für diejenigen von Ihnen, die ihre Kinder mitgenommen haben, als sie die Gewaltbeziehung verlassen haben. Im Mittelpunkt stehen die Nachwirkungen der Misshandlungsbeziehung auf Ihre Kinder, wie Sie Ihre Kinder vor Ihrem Peiniger schützen können und wie Sie ihnen helfen können, sich zu erholen und zusammen mit Ihnen zu heilen.

Wie erleben die Kinder die Gewalt?

Eines vorweg: Selbst, wenn Sie versucht haben, die Vorkommnisse zu tarnen oder vor Ihren Kindern zu verstecken, sollten Sie davon ausgehen, dass sie davon gewusst haben. Wahrscheinlich lebten Ihre Kinder in Angst und Verwirrung. Sie hatten Angst, selbst misshandelt zu werden. Sie hatten Angst um Sie. Und sie hatten Angst, die Menschen zu verlieren, die für sie sorgten und von denen sie abhängig waren. Vielleicht waren sie nicht in der Lage zu verstehen, wer für die Situation verantwortlich war und was passieren sollte, weil Ihr Misshandler ihnen immer wieder sagte, dass alles Ihre Schuld sei. Sie waren verwirrt, weil der immer wiederkehrende Gewaltzyklus ihre Umgebung unberechenbar machte. Genau wie Sie selbst quälte Ihre Kinder vermutlich am meisten, dass ein anderer Sie so behandeln konnte, erst recht, wo dieser andere für ihr Leben so wichtig war (und sie fühlten, dass sie ihn liebten, ganz egal, was er auch getan haben mochte). Wahrscheinlich begannen sie, ihre Einschätzungen über Menschen und Beziehungen infrage zu stellen.

Sicherheit und Beständigkeit sind zwei notwendige Bedingungen dafür, dass ein Kind emotional gesund aufwächst. Trotz stärkster Bemühungen konnten Sie vielleicht nicht dafür sorgen, dass Ihre Kinder unter diesen Verhältnissen heranwuchsen. Während Ihre Kinder der Gewaltbeziehung ausgesetzt waren, erfuhren sie weder Beständigkeit noch Sicherheit. Sie konnten in ihrer Situation nie sicher sein, ob am nächsten Tag noch immer ein Elternteil für sie da sein würde. Denn Ihrem Misshandler konnten sie bestimmt nicht trauen. Und Sie selbst waren wiederum körperlich und emotional oftmals so mitgenommen, dass Ihre Kinder zögerten, Ihnen die spärlichen verbleibenden Ressourcen abzuverlangen. Falls sie sich doch einmal an Sie wandten, waren Sie vielleicht nicht immer in der Verfassung, den Kindern zu geben, was sie in dem Moment brauchten. Ihre Kinder kannten das Gefühl sich nie sicher zu fühlen vermutlich genauso gut wie Sie.

Daran hatten Sie keine Schuld. Sie hatten damals wenig Kontrolle über Ihr Leben. Wir haben schon mehrfach betont, dass Sie alles tun mussten, was notwendig war, um zu überleben. Sicher haben Sie auch alles getan, um das Überleben Ihrer Kinder sicherzustellen. Überleben war einfach wichtiger, als eine perfekte Mutter zu sein. Denken Sie daran: Sie haben Ihre Kinder aus einer gefährlichen Situation befreit. *Sie haben sie gerettet.* Auf dem Pfad Ihrer Heilung werden Sie in der Regel feststellen, dass sich Ihre Kinder erholen, wenn *Sie* sich erholen.

Jedes Kind, das eine Misshandlungsbeziehung oder häusliche Gewalt mitbekommen hat, reagiert anders. Dennoch gibt es einige Verhaltensreaktionen, die in dieser Situation relativ häufig auftreten. Bei Kindern, die selbst zum Opfer der Misshandlungen wurden, treten solche Verhaltensweisen oft besonders deutlich hervor. Wenn Sie in der Lage sind, psychische, emotionale und verhaltensbezogene Folgen der Misshandlungen bei Ihren Kindern zu erkennen, wird es Ihnen leichter fallen, sie durch ihren Heilungsprozess zu geleiten.

Psychische und emotionale Reaktionen

Die psychischen und emotionalen Reaktionen, die Kinder auf Beziehungsgewalt zeigen, variieren beträchtlich. Wie ein Kind reagiert, hängt von der Art der Misshandlung, Persönlichkeitseigenschaften des Kindes und von seiner allgemeinen Angepasstheit vor den Misshandlungsvorfällen ab. Genau wie es bei Ihnen der Fall ist, kann die Missbrauchserfahrung auch Ihre Kinder anfälliger für eine PTBS machen – ganz gleich, ob sie Zeugen oder selbst Opfer der Taten wurden. Da sich ein kindliches Gehirn noch in der Entwicklung befindet, ist die Wahrscheinlichkeit sogar noch höher, dass die Erlebnisse spätere Probleme hervorrufen werden. Da die unten aufgeführten Symptome bei Kindern, die Misshandlungen erduldet oder mit angesehen haben, häufiger auftreten, sollten Sie aufmerksam beobachten, ob Ihre Kinder diese Zeichen zeigen.

Bei Ihren Kindern können *körperliche* und *psychische Schwierigkeiten* auftreten. Beispielsweise ist die Entwicklung des Denkens, der Sprache und der Motorik bei Kindern misshandelter Eltern manchmal verzögert. Sie leiden unter Schlafstörungen (die sowohl isoliert als auch in Verbindung mit Depressionen auftreten können) und psychosomatischen Erkrankungen (realen Krankheiten, die keine körperliche Ursache haben, zum Beispiel häufige Bauch- oder Kopfschmerzen). Weiterhin neigen sie überdurchschnittlich stark zu impulsiven Handlungen, das heißt, sie verhalten sich der Situation unangemessen, ohne mögliche negative Folgen zu beachten.

In Ihren Kindern kommen wahrscheinlich viele der starken Emotionen auf, die Sie während oder nach Ihrer Misshandlungsbeziehung selbst verspürt haben. Die vermutlich häufigsten, absolut normalen emotionalen Reaktionen von Kindern sind *Ängstlichkeit* und *Depressionen.* Ihre Kinder hatten vielleicht noch viel stärker als Sie selbst das Gefühl, dass die Misshandlungen sich weit jenseits ihrer Kontrolle abspielten.

Es mag sein, dass Sie nun in einer Situation sind, in der Sie wissen, dass Ihre Kinder nicht mehr in Gefahr sind. *Ihre Kinder* allerdings verstehen vielleicht nicht, dass sie nun in Sicherheit sind. Sie sind vielleicht zu jung, um alle Schutzmaßnahmen zu begreifen, die Sie zur Gewährleistung ihrer Sicherheit unternommen haben. Sie haben in der Vergangenheit mit angesehen, wie Sie nicht imstande waren, sich selbst und möglicherweise auch sie vor der Gewalt zu schützen. Möglicherweise hält ihre Angst weiter an; nicht nur die Angst um sich selbst, sondern auch um Sie. Sie wissen, dass sie in der Vergangenheit nicht fähig waren, die Gewalt zu unterbinden. Daraus folgern sie, dass sie auch jetzt machtlos wären und die Misshandlungen nicht aufhalten könnten. Wie könnte die Empfindung dieser drohenden Gefahr *keine* starke Angst hervorrufen?

Auch wenn Sie den Kontakt zu Ihrem Misshandler reduziert oder abgebrochen haben, stehen Ihre Kinder möglicherweise noch durch gerichtlich verfügte Besuchsregelungen oder gemeinsames Sorgerecht mit ihm in Verbindung (darauf wird genauer in Kapitel 12 „Praktische Erwägungen“ eingegangen). Auch wenn Sicherheitsmaßnahmen getroffen sind, die weitere offensichtliche Misshandlungen der Kinder während der Besuche bei Ihrem Misshandler verhindern, müssen Sie verstehen, dass es für Ihre Kinder vielleicht nicht leicht ist, sich sicher zu fühlen. Möglicherweise fühlen sich Ihre Kinder noch ängstlicher als Sie.

Ein *geringer Selbstwert* ist vielleicht das häufigste Merkmal, das zum Vorschein kommt und worauf Sie bei Ihren Kindern aufmerksam achten sollten. Von allen psychischen Folgen ist dies die wahrscheinlich tiefgreifendste und lähmendste. Wie schon erwähnt ist es möglich, dass Ihre Kinder sich die Schuld an den Misshandlungen geben und sich verantwortlich machen, dass sie diesen Vorkommnissen kein Ende machen konnten. Sie betrachten sich als Versager. Dieses schlechte Selbstbild beeinträchtigt oft ihre Bemühungen in der Schule, bei sportlichen Aktivitäten, ihre persönlichen Ziele oder die Beziehungen zu anderen.

Die Machtlosigkeit, die Ihre Kinder gegenüber schlimmen Ereignissen in ihrem Leben empfinden, kann zu Depressionen führen. Die Symptome einer Depression bei Kindern ähneln einer depressiven Symptomatik von Erwachsenen. Dazu gehören sozialer Rückzug, häufiges Weinen oder erhöhte Weinerlichkeit, mangelnde Begeisterung für Aktivitäten, die Freude bereiten, Energiemangel, Änderungen in Schlaf- oder Essgewohnheiten und manchmal Suizidgedanken.

Weiterhin kommt es im Anschluss an eine Misshandlungsbeziehung bei einigen Kindern zu Selbstbeschuldigung. Kinder lieben ihre Eltern bedingungslos. Möglicherweise zeigen sie trotz der Misshandlungen oder Gewalt auch Liebe gegenüber Ihrem Misshandler. Sie wollen um alles in der Welt, dass ihre Eltern glücklich sind, miteinander auskommen, sich nicht gegenseitig verletzen und ihnen ebenfalls Liebe entgegenbringen. Möglicherweise glauben Ihre Kinder, wenn sie sich anders oder irgendwie „besser" verhalten hätten, wären Sie alle glücklich und zusammen.

Kinder, die sich auf diese Weise selbst für die Vorkommnisse verantwortlich machen, haben häufig starke *Schuldgefühle*. Ältere Kinder haben manchmal das Gefühl, dass sie irgendwie hätten eingreifen und die Misshandlungen aufhalten müssen, um zu verhindern, dass Sie verletzt werden. Wenn ältere Kinder versuchen einzuschreiten, kann dies katastrophale Folgen haben: Das eingreifende Kind wird verletzt oder getötet, oder in einigen anderen Fällen verletzt oder tötet das Kind den Misshandler. Viele Kinder sind hingegen zu ängstlich und fühlen sich viel zu hilflos, um einzugreifen. Sie haben keine andere Wahl, als stillschweigend mit der Angst und dem Grauen der Misshandlungen zu leben. Falls Ihre Kinder versucht haben einzuschreiten, haben sie riskiert, dass Sie beide gravierende emotionale und körperliche Folgen davontragen. Wenn sie sich bemüht haben, aber nicht helfen konnten, sind ihre Schuldgefühle vielleicht sehr stark.

Nach dem Ende von Misshandlungen kommt bei Kindern aus der neuen, relativen Sicherheit heraus häufig eine Emotion zum Vorschein, die in Ihnen vielleicht auch aufgestiegen ist: *Wut*. Als Ihre Kinder die Misshandlungen und Gewalt mit ansahen, war ihnen vermutlich äußerst klar, dass es nicht infrage kam, ihre Wut zu zeigen. Sie wussten, dass es gefährlich wäre; dass es die Misshandlungen womöglich verschärfen würde oder Ihren Misshandler dazu bewegen könnte, auch sie zu misshandeln. Jetzt, wo Sie und Ihre Kinder frei sind, mag die Wut in ihnen erwachen. Sie kann sich als Wut auf den Misshandler äußern. Sie kann sich gegen Sie richten, dafür dass Sie – in der Vorstellung des Kindes – die Misshandlungen „zugelassen" haben. Oder sie drückt sich in der Beschuldigung gegen Sie aus, die Familie auseinandergebracht zu haben.

Es ist möglich, dass Ihre Kinder gegenüber Ihnen, Geschwistern oder Gleichaltrigen missbräuchlich werden, indem sie Verhaltensweisen nachahmen, die sie bei Ihrem Misshandler beobachtet haben. Vielleicht empfinden sie auch Anflüge von Selbsthass, weil sie glauben, die Misshandlungen irgendwie verursacht zu haben oder bei ihrer Verhinderung versagt zu haben.

Schließlich leiden Ihre Kinder möglicherweise unter Verlassenheitsängsten. Zu Zeiten der Misshandlungsbeziehung fühlten sie sich vielleicht hilflos oder hatten panische Angst, dass ihre Eltern nicht für sie da sein würden. Obwohl sie nun von Ihrem Misshandler getrennt sind, damit sie vor ihm geschützt werden, fühlen sie sich vielleicht trotzdem von ihm verlassen.

Im Leben Ihrer Kinder haben sich viele schreckliche und unkontrollierbare Ereignisse zugetragen. Wie können sie also sicher sein, dass Sie, der einzige Elternteil, der ihnen noch bleibt, nicht auch gehen werden? Nach und nach werden sie wieder lernen, darauf zu vertrauen, dass Sie für sie da sein werden. Im Moment – und vielleicht noch für eine ganze Weile – ist die Angst, verlassen zu werden, aber normal und aus ihrer Perspektive berechtigt.

Verhaltensschwierigkeiten

Falls Ihre Kinder nicht in der Lage sind, sich verbal mit ihren psychischen Problemen auseinanderzusetzen, stellen Sie vielleicht fest, dass sie extreme und unangemessene Verhaltensmuster zeigen. Es können häufige Wutanfälle, erhöhte Aggressivität gegenüber Geschwistern, Weglaufen, selbstverletzendes Verhalten (Kopf aufknallen, sich schneiden, verbrennen usw.), gewalttätiges Verhalten gegenüber Haus- oder anderen Tieren, Drogen- und Alkoholmissbrauch sowie sexuelle Impulsivität oder Promiskuität vorkommen, wobei die Verhaltensweisen vom Alter des Kindes abhängig sind. Es ist normal, dass Kinder sich gelegentlich abreagieren, wenn sie wütend oder frustriert sind. Bei Kindern, die häusliche Gewalt beobachtet oder erlebt haben, treten die genannten Verhaltensweisen jedoch verstärkt auf.

Es wäre erleichternd, die Gewissheit zu haben, dass Folgen von Misshandlung und Gewalt immer sofort sichtbar würden. Dann könnten Sie versuchen, dagegen vorzugehen. Leider zeigen sich Auswirkungen auf das Verhalten und die Angepasstheit von Kindern, die häuslicher Gewalt ausgesetzt waren, aber mitunter erst im späteren Lebensverlauf. Die Sicherheit, Bestätigung und Hilfe, die Sie Ihren Kindern jetzt geben, wird das Risiko späterer Schwierigkeiten deutlich senken.

Für Besserung sorgen

Es ist niemals einfach, eine gute Mutter oder ein guter Vater zu sein. Kein Elternteil ist „perfekt". Im Moment mag die Elternschaft für Sie besonders schwierig sein, da Sie mit den Belastungen und Anspannungen umgehen müssen, die Ihre eigene Heilung im Zuge der Misshandlungen mit sich bringt. Weil Sie wissen, dass Ihre Kinder in Ihrem Leben die oberste Priorität haben, werden Druck und Schuldgefühle in Ihnen noch stärker, wenn Sie die Zeit und Energie nicht aufbringen können, die Ihre Kinder brauchen. Darüber hinaus stellen einige Überlebende fest, dass sich die Wut, die sie gegenüber ihrem Misshandler empfinden, hin und wieder auf ihre Kinder verlagert. Vielleicht haben Sie bemerkt, dass Sie schneller wütend oder ausfällig werden, wenn Ihre Kinder sich schlecht benehmen, oder sogar dass Sie auf körperliche Strafen verfallen, die Ihnen hinterher leidtun. Nach allem, was Sie durchgemacht haben, und in Anbetracht des Kraftaufwandes, den Sie benötigen, um Ihr Leben zurückzugewinnen, ist es nachvollziehbar, wenn Ihre Emotionen hin und wieder schnell überkochen – dasselbe gilt für Ihre Kinder. Falls Sie feststellen, dass sich die Beziehung zu Ihren Kindern auf negative Weise verändert, ist es wichtig, dass Sie sehr genau darauf achten, wie und wann sich Ihr Frust gegenüber Ihren Kindern aufbaut und zu einem ungewollten Ausbruch führt.

Wenn Ihre Kinder gezwungen sind, Zeit mit Ihrem Ex-Partner zu verbringen, kann es sein, dass sie dies als verwirrend, unangenehm und sogar beängstigend erleben. Es ist möglich, dass Ihre Kinder diese Gefühle zum Ausdruck bringen, indem sie Ihnen gegenüber ausfällig werden, ungezogen sind oder Sie ignorieren, bevor oder nachdem ein Besuch stattfindet. Vielleicht bemerken Sie nach der Rückkehr Ihrer Kinder auch, dass Ihr Ex-Partner versucht, die Kinder gegen Sie aufzubringen. (Näheres dazu finden Sie in Kapitel 16 „Ist Ihr Misshandler noch immer in Ihrem Leben?".)

Was können Sie tun, um Ihren Kindern bei ihrer Heilung zu helfen? Versuchen Sie in erster Linie, es nicht persönlich zu nehmen, wenn sie ihre Gefühle auf diese Weise ausagieren. Es ist nicht einfach, aber denken Sie daran, dass Ihre Kinder einige dieser Emotionen gegen Sie richten, weil Sie der einzige Mensch sind, bei dem es vollkommen sicher ist, das zu tun. Dies macht es noch wichtiger, dass Sie selbst jemanden haben, der Sie unterstützt und mit dem Sie diese Probleme besprechen können.

Erklären Sie Ihren Kindern, dass dies eine schwierige Zeit ist und dass alle gereizt sind, falls sie alt genug sind, um es zu verstehen. Sagen Sie ihnen, dass es in Ordnung ist, dass Sie alle ein wenig empfindlicher sind als gewöhnlich. Lassen Sie sie wissen, dass dies mit der Zeit vorübergehen wird. Vergewissern Sie sich, dass Ihre Kinder wissen, dass Sie sie lieb haben, egal, was auch passiert.

Falls Sie mehrere Kinder haben, versuchen Sie so zu planen, dass Sie mit jedem Kind Zeit zu zweit verbringen können. Was ein bestimmtes Kind hören, sagen oder besprechen möchte, unterscheidet sich oft sehr stark von den Bedürfnissen der anderen Kinder. Räumen Sie allen Kindern ein, ihre Gedanken und Gefühle auf ihre eigene Art auszudrücken. Es gibt keine falschen oder richtigen Reaktionen. Ermutigen Sie sie, über die Misshandlungen und über Ihren Misshandler zu sprechen.

Versuchen Sie, so schwer es auch sein mag, zu erklären, was passiert ist, ohne dabei selbst wütend zu werden oder eine Abwehrhaltung einzunehmen. Helfen Sie ihnen, ihre Gefühle festzustellen, und sagen Sie ihnen, dass es in Ordnung ist, so zu empfinden. Kinder haben häufig Schwierigkeiten, zu bestimmen, was sie fühlen. Indem Sie ihnen ihre Gefühle zugestehen und sie benennen (Angst, Wut, Schuldgefühl), helfen Sie ihnen, sich selbst besser zu verstehen. Machen Sie deutlich, dass sie immer zu Ihnen kommen und über alles reden können (siehe „Mit den Kindern reden" weiter hinten in diesem Kapitel).

Sprechen Sie mit Ihren Kindern über die Gewalt. Vermeiden Sie es, Ihren Misshandler dabei zu beschimpfen, da Ihre Kinder möglicherweise immer noch Liebe für ihn empfinden. Aber reden Sie mit ihnen darüber, dass Menschen einander niemals weh tun sollten. Erklären Sie, was das bedeutet und welche Folgen Misshandlungen und Gewalt nach sich ziehen. Ihre Kinder müssen verstehen, dass man einen anderen Menschen niemals misshandeln darf, aber darüber hinaus müssen sie auch wissen, dass niemand es verdient, misshandelt zu werden.

Lassen Sie ihnen für ihre Heilung die Zeit, die sie brauchen. Da die Misshandlungen sich vermutlich während kritischer Entwicklungsphasen zugetragen haben, werden Sie vielleicht feststellen, dass Ihre Kinder hinsichtlich bestimmter Gefühle oder Verhaltensweisen nicht so weit entwickelt sind wie andere Kinder im selben Alter. Unter den gegebenen Umständen ist das natürlich. Bedenken Sie, dass Ihre Kinder dieselbe Angst erlebt haben, die Sie vielleicht immer noch verspüren. Tun Sie alles, was dazu beiträgt, Ihren Kindern ihre Ängste zu nehmen. Erlauben Sie, dass sie bei offener Tür oder mit Nachtlicht schlafen. Falls sie sich ernsthaft um die eigene oder Ihre Sicherheit sorgen, können Sie darüber nachdenken, ob Sie in den Zimmern Ihrer Kinder eine Babysprechanlage installieren möchten.

Seien Sie zu Ihren Kindern besonders liebevoll. Umarmen Sie sie mehr als sonst. Klopfen Sie ihnen häufiger liebevoll auf die Schulter. Verbringen Sie ein paar Minuten mehr Zeit mit ihnen, wenn sie zu Bett gehen. Versuchen Sie für zusätzlichen Spaß mit Ihren Kindern zu sorgen, in einer Umgebung, in der sich alle wohl fühlen. Dabei ist alles möglich, vom Picknick im Park bis hin zu einem gemeinsamen DVD-Abend zu Hause. Erinnern Sie Ihre Kinder häufiger als sonst an all ihre guten Eigenschaften. Diese kleinen Gesten können viel bewirken, um die Folgen der starken negativen Emotionen umzukehren, die alle in dieser schwierigen Zeit erleben.

Entwickeln Sie Strategien, mit denen Sie emotionale Situationen entschärfen können, bevor sie außer Kontrolle geraten. Sie könnten mit allen Familienmitgliedern ein Erkennungswort vereinbaren oder einen Satz, der einen zweiminütigen Waffenstillstand einleitet, bei dem niemand sprechen darf (auf diese Weise hat *jeder* die Macht, eine weitere Eskalation zu verhindern). Sie können versuchen, dafür zu sorgen, dass alle Familienmitglieder darüber sprechen, wie sie sich fühlen (durch die Verwendung von Ich-Sätzen), anstatt darüber zu reden, was ein anderer gesagt oder getan hat („Er hat gesagt ...“, „Sie hat ...“). Dadurch können allzu heftige Diskussionen möglicherweise verhindert werden. Oder es könnten regelmäßige Familiensitzungen stattfinden, bei denen jeder jedes beliebige Thema frei heraus ansprechen kann, ohne Angst haben zu müssen, dass er bestraft oder lächerlich gemacht wird. Dies sind nur einige Vorschläge. Sie können auch eigene Interventionsmaßnahmen entwickeln, vielleicht unter Einbeziehung Ihrer Kinder, wenn sie alt genug sind, oder nach Rücksprache mit dem Therapeuten, der – falls vorhanden – mit Ihnen oder Ihren Kindern arbeitet.

Und schließlich: Schaffen Sie sich Zeit für sich selbst, in der Sie einmal ohne Ihre Kinder sind. Es sollten schöne Momente sein – nicht die Zeit, in der Sie arbeiten oder in der Ihre Kinder Ihren Misshandler besuchen, während Sie sich um sie sorgen. Versuchen Sie jede Woche ein paar Stunden einzurichten, in denen Ihre Kinder einen Freund besuchen oder zu einem Verwandten gehen, dem Sie vertrauen. Das trägt dazu bei, dass Ihre Frustrationen sich nicht gefährlich hochschaukeln.

Behalten Sie im Sinn, dass diese Strategien wahrscheinlich nicht jedes Mal funktionieren werden. Von Zeit zu Zeit lassen sich Streit, Wutanfälle und Ausbrüche nicht verhindern. Sie können jedoch über die Ursachen nachdenken, überlegen, wie solche Situationen verhindert oder entschärft werden können, und vorausplanen. Dadurch lässt sich die Häufigkeit und Heftigkeit solcher Vorkommnisse meistens minimieren. Falls gar nichts weiterhilft und Ihre Beziehung zu Ihren Kindern weiterhin schwierig bleibt, ist möglicherweise eine professionelle Familientherapie ratsam. (Darauf wird weiter hinten in diesem Kapitel näher eingegangen.)

Für die Sicherheit der Kinder sorgen

Sämtliche Informationen zu Ihrer Sicherheit, die in Kapitel 2 „Sind Sie jetzt in Sicherheit?" erörtert wurden, gelten auch in Bezug auf die Sicherheit Ihrer Kinder. Neben diesen wichtigen Schutzmaßnahmen ist für die Sicherheit Ihrer Kinder in erster Linie entscheidend, dass Sie den Zugang Ihres Misshandlers zu ihnen verhindern.

Wenn Ihr Misshandler kein Umgangsrecht hat, achten Sie gut darauf, ob er unrechtmäßig versucht, Ihre Kinder zu sehen. Beweggrund dafür könnte zwar sein, dass Ihr Ex-Partner auf seine eigene Art noch immer

Liebe für Ihre Kinder empfindet und das Bedürfnis hat, sie zu sehen. Häufiger kommt es jedoch vor, dass Misshandler versuchen, die Kinder einzusetzen, um Kontrolle über *Sie* auszuüben und Ihnen Angst zu machen.

Wenn Sie glauben, dass Ihr früherer Partner versuchen könnte, Kontakt mit Ihren Kindern aufzunehmen, müssen Sie alle Menschen zur Mithilfe und Kooperation heranziehen, mit denen die Kinder Zeit verbringen. Die möglichen Gefahren müssen sämtlichen Betreuungspersonen klargemacht werden. Geben Sie allen Betreuungsstellen, Schulen, Babysittern, Sportvereinen oder Gruppenleitern anderer Freizeitaktivitäten Informationen, eine Beschreibung und Fotos von Ihrem Misshandler und machen Sie genaueste Angaben darüber, mit wem sie das Kind mitgehen lassen dürfen. Heutzutage sind die meisten Einrichtungen, die Verantwortung für Kinder tragen, mit diesen Themen vertraut, aber Sie sollten sich auf jeden Fall noch einmal vergewissern.

Falls Ihre Kinder alt genug sind, um hin und wieder unbeaufsichtigt zu sein, stellen Sie sicher, dass sie wissen, dass sie Ihrem früheren Misshandler niemals erlauben dürfen, Kontakt zu ihnen aufzunehmen oder mit ihnen zu sprechen. Weiterhin dürfen sie unter keinen Umständen mit Ihrem Misshandler mitgehen, wenn es nicht vorher mit Ihnen abgesprochen wurde und Sie zugestimmt haben. Erklären Sie Ihren Kindern, dass es wichtig ist, sich an die geregelten Besuche zu halten, auch wenn sie es lieben und genießen, Zeit mit Ihrem Ex-Partner zu verbringen. Sagen Sie Ihnen, dass dies wichtig ist, damit die schönen Momente niemals wieder zu schlechten Momenten werden müssen.

Erklären Sie Ihren älteren Kindern, was sie tun sollen, wenn Ihr Misshandler sich ihnen nähert. Gehen Sie Ihren Sicherheitsplan mit Ihnen durch, damit sie wissen, auf welchem Weg sie im Notfall das Haus verlassen können. Vergewissern Sie sich, dass sie wissen, dass sie sofort fliehen müssen, falls Ihr Ex-Partner unerwartet erscheint, und dass sie unter keinen Umständen bleiben und mit ihm reden dürfen. Bestimmen Sie Orte, zu denen Ihre Kinder gehen können, wenn Ihr Misshandler sie aufsucht, während Sie nicht in der Nähe sind, wie Wohnungen von Freunden oder Verwandten oder andere Orte, beispielsweise Geschäfte oder Büros. Ihre Kinder sollten erkennen, dass sie zwar nicht in jeder Sekunde Angst haben müssen, aber dass sie mögliche Gefahren begreifen und vorbereitet sein müssen, um zu handeln.

Sorgerecht und Besuchsrecht

Nach dem Untergang einer Gewaltbeziehung kämpfen viele Täter, die ihren Partner misshandelt haben, vor Gericht um das Sorgerecht. Das Sorgerecht bietet dem Misshandler nicht nur Gelegenheit, Macht auszuüben. Viele erkennen darin auch die Chance zu beweisen, dass die Misshandlungsvorwürfe unbegründet waren. Bedenken Sie, dass die meisten Misshandler Experten sind, wenn es darum geht, gewalttätige Wesenszüge zu verbergen. Sie können sehr liebevoll wirken – und sogar als Opfer erscheinen. Schlimmer noch, Ihr Misshandler versucht womöglich, Ihre Kinder einzusetzen, um Sie weiterhin zu misshandeln, indem er sie zu Ihren Aktivitäten befragt, Sie für den Zerfall der Familie verantwortlich macht oder versucht, Ihre Kinder davon zu überzeugen, dass Sie sie nicht lieben.

Wenn Sie glauben, dass das vom Gericht eingeräumte Besuchsrecht Ihre Kinder oder Sie in größere Gefahr bringt, ist die beste Vorgehensweise, weiterhin rechtlich gegen diese Entscheidung vorzugehen. Dies kann teuer sein, aber es gibt einige Möglichkeiten, kostenlos oder zu sehr geringen Kosten juristischen Beistand zu bekommen (siehe Kapitel 12 „Praktische Erwägungen“).

Mit den Kindern reden

Bei der Entscheidung, welche Erklärungen Sie Ihren Kindern für den Schmerz, die Misshandlungen und das emotionale Trauma liefern sollen, die sie ansehen mussten, sollten Sie auf Ihre Intuition setzen und nach eigenem Ermessen entscheiden, was Ihre Kinder in ihrem Alter brauchen und hören möchten. Es gibt jedoch einige Grundprinzipien, auf denen alle Gespräche aufbauen können:

1. Ihre Kinder brauchen und haben das Recht auf wahrheitsgemäße, altersangemessene Informationen über die Dinge, die sie mit angesehen haben, und darüber, weshalb der Misshandler nicht mehr mit ihnen zusammenlebt. Jüngere Kinder akzeptieren meist die Erklärung, dass Ihr Ex-Partner manchmal sehr wütend geworden ist und dass es besser sei, von ihm getrennt zu wohnen. Ältere Kinder können meist

das Konzept eifersüchtiger Verhaltenstendenzen Ihres Misshandlers, seiner Macht oder Gewalt begreifen; sie verstehen, warum es notwendig war, sich zu trennen, und können mit diesen Dingen in der Regel umgehen. Wie erwähnt, müssen Ihre Kinder so genau wie möglich erfahren, auf welche Weise Ihr Misshandler im Moment für sie eine Bedrohung darstellt, falls das der Fall ist.

2. Ihre Kinder, vor allem die jüngeren, empfinden vielleicht noch immer Liebe für Ihren Misshandler, obwohl sie schreckliche Ereignisse angesehen oder erfahren haben. Diese Gefühle müssen ihnen zugestanden werden, doch gleichzeitig sollten Sie ihnen klarmachen, dass sie momentan nicht zusammen sein können.
3. Es wird Ihre Kinder vermutlich nur weiter beunruhigen und verwirren und auf lange Sicht nicht hilfreich sein, ihnen zu erzählen, dass Ihr Misshandler ein „schlechter" Mensch sei. Sprechen Sie stattdessen mit ihnen über das Misshandlungs*verhalten* (Schreien, Drohungen, Schläge). Reden Sie darüber, dass diese Verhaltensweisen schwierig, gefährlich oder unheimlich waren, anstatt weitreichende Aussagen über den gesamten Charakter Ihres Ex-Partners zu machen.
4. Es ist wichtig für Kinder, dass ihnen oft und klar verständlich gesagt wird, dass Sie alles für ihre Sicherheit tun, was Ihnen möglich ist, und dass Sie immer für sie da sein werden (siehe Kapitel 2 „Sind Sie jetzt in Sicherheit?"). Natürlich gibt es für nichts im Leben eine absolute Garantie. Dies ist aber eine wesentliche Botschaft, die alle Kinder in ihrem Leben brauchen, unabhängig von den Misshandlungen.
5. Ihre Kinder brauchen das Gefühl, dass sie von Ihnen bedingungslos geliebt werden. Sie können ihnen zu diesem Gefühl verhelfen, indem Sie ihnen dies oft und direkt sagen. Versuchen Sie die Zeit aufzubringen, Ihren Kindern in die Augen zu sehen, sie zu streicheln oder in den Arm zu nehmen und zu sagen „Ich hab dich lieb". Das ist viel weitreichender als ein flüchtiges, routinemäßiges „Hab dich lieb," während Sie „Gute Nacht" sagen und das Licht ausschalten. Auch sollten Sie, wenn Sie Ihre Kinder einmal zurechtweisen müssen, kommunizieren, dass es das Verhalten der Kinder war, das Ihnen missfiel, und nicht sie selbst als Person. Sagen Sie: „Ich bin sehr darüber verärgert, dass du

das gemacht hast“, und nicht: „Manchmal bist du dämlich, guck, was du gemacht hast.“

6. Es muss jede Möglichkeit genutzt werden, um den Kindern zu versichern, dass sie keinerlei Schuld an den Misshandlungen oder dem Scheitern der Beziehung tragen. Warten Sie wenn möglich nicht erst ab, bis Ihre Kinder dies von sich aus ansprechen. Reden Sie stattdessen mit jedem Kind einzeln, und erklären Sie, dass es ein Problem mit Ihrem Misshandler und nur zwischen Ihnen beiden war. Sagen Sie jedem Kind auf eine ihm verständliche Weise, dass kein Kind etwas falsch gemacht hat und dass sie keine Schuld an der Trennung haben.
7. Sie sollten Ihren Kindern sehr deutlich sagen, dass jede Form von Misshandlung und Gewalt verkehrt ist. In einer Kultur, in der Gewalt verherrlicht wird, fällt es oft schwer, dies voll und ganz zu begreifen. Wenn die Kinder alt genug sind, sprechen Sie mit ihnen darüber, inwiefern die Gewalt in den Medien mit der Gewalt in Verbindung steht, die sie persönlich in ihrem Leben erfahren haben. Machen Sie ihnen klar, dass sie bei der Eindämmung und Verhinderung von Gewalt eine wichtige Rolle spielen können – nicht nur in ihrem eigenen Leben, sondern auch auf gesellschaftlicher Ebene.
8. Kinder sollten von Ihren Müttern lernen, dass sie ein Recht darauf haben, geliebt zu werden und frei von Schaden zu bleiben, und dass Misshandlungsverhalten niemals akzeptiert werden muss. Vermutlich ist es besser, wenn Sie versuchen, das Geschehene nicht zu verstecken oder abzuleugnen, sondern darüber in dem Maße offen zu sprechen, wie es für das Alter des Kindes angemessen ist. Sie können Ihre Erfahrungen dabei als Beispiel für inakzeptables Verhalten in jeder Art von Beziehung verwenden.

Es müssen alle Möglichkeiten herangezogen werden, um Kindern zu sagen, dass die Misshandlungen, die sie erlebt oder angesehen haben, nicht in Ordnung waren. Sie müssen wissen, dass so etwas niemandem jemals widerfahren sollte und dass solche Dinge in einer liebevollen Beziehung nichts zu suchen haben.

Sollten Sie professionelle Hilfe für Ihre Kinder aufsuchen?

Falls Sie ein Kind haben, dass unheimlich stark unter den Misshandlungen zu leiden scheint, können speziell ausgebildete Therapeuten Ihrem Kind helfen, mit dem Trauma der häuslichen Gewalt fertigzuwerden. Es gibt ein paar allgemeine Richtlinien, die Ihnen helfen können einzuschätzen, ob Ihre Kinder Hilfe von außen brauchen. (Diese Richtlinien finden Sie detaillierter in der Selbsterkundungsübung am Ende dieses Kapitels.) Betrachten Sie dabei die verschiedenen emotionalen, psychischen und verhaltensbezogenen Symptome, die bereits aufgeführt wurden. Notieren Sie alle diese Symptome, die Sie bei Ihrem Kind feststellen. Prüfen Sie die beobachteten Anzeichen dann in Bezug auf die folgenden drei Dimensionen.

Die erste Dimension ist die *Häufigkeit*. Wie oft tritt das jeweilige Symptom bei Ihrem Kind auf? Allgemein ist eine Form von Behandlung umso dringender erforderlich, je häufiger ein Symptom sich zeigt. Die zweite Dimension ist die *Intensität:* Wie stark sind die erscheinenden Symptome ausgeprägt? Ist die Emotion, das psychische Problem oder das besagte Verhalten besonders hervorstechend, sprich eindeutig identifizierbar und unübersehbar, ist eine professionelle Intervention möglicherweise dringender erforderlich. Schließlich ist es notwendig, den *Grad der Funktionsbeeinträchtigung* zu betrachten. Wie stark beeinträchtigen die Symptome Ihr Kind in seinem Schulalltag sowie zu Hause, im Umgang mit Freunden und seiner Beziehung zu Ihnen? Wenn mehrere Symptome in diesen Dimensionen einen hohen Rang einnehmen, wäre ein Termin bei einer professionellen Beratung vielleicht sehr sinnvoll.

Hilfe für Ihre Kinder finden

Es gibt zahlreiche Möglichkeiten, wie Sie Berater ausfindig machen können, die speziell dafür ausgebildet sind, sich mit Problemen von Misshandlungsfolgen zu befassen. Falls Sie nicht sicher sind, welche Therapeuten in Ihrer Wohnumgebung eine solche besondere Ausbildung besitzen, fragen Sie bei Ihrer örtlichen Kontakt- und Beratungsstelle für häusliche Gewalt nach einer Empfehlung oder einem Verweis oder rufen Sie eine Hotline für Opfer von häuslicher Gewalt an. Viele Einrichtungen bieten solche Beratungen zu einem einkommensabhängigen Preis an, das heißt, für Klienten mit geringerem Einkommen wird eine geringere Gebühr erhoben.

Falls Sie dann noch immer Schwierigkeiten haben, qualifizierte Hilfe für Ihre Kinder zu finden, nehmen Sie Kontakt zu einer der im Anhang („Kontaktadressen“) aufgeführten Organisationen auf. Dort erhalten Sie nicht nur Informationen zur Krisenintervention, sondern diese Einrichtungen führen auch nach Ländern und Städten geordnete Verzeichnisse von Beratungsangeboten und sollten dazu in der Lage sein, Sie an entsprechende Angebote in Ihrer Nähe zu verweisen.

Falls Sie denken, dass eines oder mehrere Ihrer Kinder vielleicht professionelle Unterstützung benötigt, aber sich nicht sicher sind, können Sie dies herausfinden, indem Sie eine Probesitzung bei einem Berater für Gewalt in der Familie oder einem Berater nach Misshandlung vereinbaren und eine Einschätzung und Begutachtung vornehmen lassen. Wenn der Therapeut weitere Eingriffe nicht für notwendig hält, wird Ihnen eine Last von den Schultern genommen. Deuten die Untersuchungen hingegen darauf hin, dass professionelle Hilfe benötigt wird, haben Sie Klarheit darüber, dass ein solches Angebot in Anspruch genommen werden muss. (Lesen Sie Kapitel 13 „Die Heilung beginnt“ für weitere Informationen über Beratung.)

Ihre Kinder erleben den Prozess der Heilung mit Ihnen gemeinsam. Sobald Sie zu größeren Kräften kommen und spüren, dass Sie besser mit Ihrem Leben klarkommen, leben Sie Ihren Kindern diese Erfolge vor.

Selbsterkundungsübung

Die Kinder einschätzen

Nachfolgend finden Sie eine Auflistung der emotionalen und psychischen Probleme sowie Verhaltensschwierigkeiten, die manche Kinder infolge einer Misshandlungsbeziehung zeigen. Bewerten Sie jeden Punkt auf der Liste hinsichtlich aller drei Dimensionen so gut wie Sie können, indem Sie für jedes Ihrer Kinder die folgenden Skalen verwenden.

Einschätzungsskalen

fast nie — sehr häufig

1 2 3 4 5 6 7 8 9 10

Häufigkeit des Symptoms

sehr schwach ausgeprägt — sehr stark ausgeprägt

1 2 3 4 5 6 7 8 9 10

Intensität des Symptoms

fast keine Beeinträchtigung — fast immer beeinträchtigend

1 2 3 4 5 6 7 8 9 10

Beeinträchtigung des alltäglichen Lebens

Bewerten Sie die folgenden Verhaltensweisen anhand der Bewertungsskalen

Symptom	Häufigkeit 1–10	Intensität 1–10	Beeinträchtigung 1–10
Suizidgedanken**			
Alkoholmissbrauch**			
Sonstiger Drogenmissbrauch**			
Tierquälerei**			

Symptom	**Häufigkeit 1–10**	**Intensität 1–10**	**Beeinträchtigung 1–10**
Selbstverletzendes Verhalten**			
Ängstlichkeit			
Sozialer Rückzug			
Weinen			
Mangel an Spaß			
Schlafstörungen			
Essprobleme			
Selbstbeschuldigung			
Schuldgefühle			
Verlassenheitsängste			
Geringer Selbstwert			
Verzögerte motorische Entwicklung			
Verzögerte Sprachentwicklung			
Psychosomatische Krankheiten			
Geringe Impulskontrolle			
Wutanfälle			
Streit mit Geschwistern			
Zerstörung von Eigentum			
Gegenstände schmeißen			

Anmerkung 1: Die ersten fünf Punkte, die mit ** gekennzeichnet sind, sind besonders bedenklich. Wenn Ihr Kind auch nur eines dieser Sympto-

me zeigt, müssen Sie *unabhängig vom Ausmaß der Symptomatik* sofortige professionelle Unterstützung in Erwägung ziehen.

Anmerkung 2: Falls Ihr Kind auf diesen Bewertungsskalen niedrige Werte erzielt, Sie aber dennoch das Gefühl haben, dass es professionelle Unterstützung benötigt, sollten Sie Ihrem Bauchgefühl folgen. Keine Skala kann mit hundertprozentiger Genauigkeit bestimmen, ob Ihr Kind eine solche Unterstützung braucht, und niemand kennt es besser als Sie selbst.

Wenn Sie fertig sind, können Sie Ihre Beurteilung der Symptome auf allen drei Skalen auswerten. Die folgenden Leitlinien helfen Ihnen bei der Interpretation Ihrer Bewertungen und bei der Entscheidung, ob Ihr Kind Unterstützung benötigt.

- Ein Skalenwert unter 3 deutet darauf hin, dass es wenig Anlass zur Beunruhigung gibt (mit Ausnahme der Punkte, die mit ** gekennzeichnet sind).
- Ein Skalenwert zwischen 3 und 4 deutet darauf hin, dass entsprechende Verhaltensweisen leicht auffällig sind. Professionelle Hilfe mag im Augenblick nicht unbedingt notwendig sein, jedoch wäre es sinnvoll, die Verhaltensweisen in Zukunft aufmerksam zu beobachten.
- Ein Skalenwert zwischen 5 und 6 deutet auf eine mäßige Auffälligkeit entsprechender Verhaltensweisen hin. Eine Beratung zum gegenwärtigen Zeitpunkt wäre vielleicht hilfreich für den Umgang mit ihnen und kann helfen, eine Verschlechterung zu verhindern.
- Skalenwerte, die größer oder gleich 7 sind, deuten möglicherweise auf ernsthafte Probleme hin. Ihr Kind würde von professioneller Hilfe jetzt oder in der nahen Zukunft sehr profitieren.

11
Die Reaktionen anderer

Mythen:

Wahre Freunde werden verstehen und akzeptieren, was in Ihrer Beziehung vorgefallen ist.

Es ist besser, Familie und Freunde um sich herum zu haben, als alleine zu sein; auch dann, wenn sie einen nicht verstehen.

Sie können darauf zählen, dass Ihre Familie und Freunde sich mit den Nachwirkungen der Misshandlungsbeziehung auseinandersetzen und Sie bedingungslos unterstützen.

Während Sie Ihr neues Leben aufbauen, werden Sie entscheiden müssen, wer ein Teil davon sein wird und wer nicht. Diese Entscheidungen liegen ganz bei Ihnen, und oft gehören sie zu den schwierigsten Abwägungen überhaupt. Es wird einige Zeit und sorgfältige Überlegung kosten, für sich zu der besten Entscheidung darüber zu gelangen, welche Menschen Sie weiter an Ihrem Leben teilhaben lassen möchten. Sicher ist auf jeden Fall, dass Sie andere Menschen in Ihrem Leben brauchen, die Sie unterstützen, Ihnen Freundschaft schenken und Sie lieben.

Bei der Entscheidung, ob jemand in Zukunft noch zu Ihrem Leben gehören soll, sollten Sie sich die drei folgenden, entscheidenden Fragen stellen:

1. Ist es jemand, der in der Lage ist, mich zu unterstützen und zu lieben?
2. Bewirkt diese Person, dass ich ein positives Selbstgefühl habe und mich mit der Entscheidung gut fühle, mich aus der Misshandlungsbeziehung befreit zu haben?
3. Habe ich das Gefühl, dass ich diesem Menschen vollkommen vertrauen kann?

Wenn Sie diese Fragen beantwortet haben, sollte Ihnen Ihre Entscheidung leichter fallen. Allerdings kann es vorkommen, dass die Beantwortung schwieriger ist, als sie zunächst scheint. Ihre Antworten können von zahlreichen wichtigen Faktoren abhängen, die den anderen und Ihre eigene Person betreffen.

Menschen, die es versäumten, Sie zu unterstützen

Jeder von uns stößt auf schwierige Zeiten im Leben. Die meisten gehen davon aus, dass Familie und Freunde immer für einen da sind. Wir erwarten von diesen Menschen – komme was wolle – Liebe und Unterstützung. Wenn sie dieser Erwartung nicht gerecht werden, ist manch einer am Boden zerstört. Die Wut, die Enttäuschung und die Verluste, die wir dann empfinden, führen oftmals dazu, dass jede weitere enge Bindung an diese Menschen nahezu unmöglich wird.

Am schwierigsten ist es meist, diejenigen Menschen noch am eigenen Leben teilhaben zu lassen, die zu Zeiten der Misshandlungsbeziehung nicht für einen da waren. Dazu können Familienmitglieder der eigenen Familie, seiner Familie, Freunde oder Arbeitskollegen gehören. Es mag zahlreiche Gründe dafür geben, weshalb Sie von ihnen im Stich gelassen wurden. Vielleicht konnten sie nicht akzeptieren, dass der Missbrauch tatsächlich stattfand, oder die von Ihrem Misshandler erzwungene Isolation Ihrer Person war der Grund. Möglicherweise haben sie sich von Ihnen verlassen gefühlt.

Vielleicht stellen Sie fest, dass Sie nichts mehr mit den Personen zu tun haben möchten, die sich zu Zeiten Ihrer Misshandlungsbeziehung von Ihnen abgewendet haben. Wenn Sie meinen, dass Sie Ihre negativen Gefühle gegenüber diesen Menschen nicht loslassen können, werden Sie den Kontakt auf lange Sicht vielleicht vollkommen abbrechen müssen. Es gibt aber auch Fälle, bei denen Sie vielleicht entscheiden, dass Sie zunächst Zeit für die Heilung Ihrer Wunden brauchen und die Beziehung zu diesen Menschen dann noch einmal überdenken.

Wenn Sie beschließen, dass einige dieser Menschen in Ihrem Leben bleiben sollen, werden Sie Wege finden müssen, mit ihnen darüber zu kommunizieren, was vorgefallen ist. Wenn Sie weiterhin negative Gefühle gegenüber diesen Personen in sich bergen und nicht offen mit ihnen umgehen können, ist davon auszugehen, dass die Gefühle sich kontraproduktiv auswirken werden. Versuchen Sie mit ihnen über Ihre Gefühle und über ihre fehlende Unterstützung in der Vergangenheit zu sprechen. Schauen Sie, ob Sie zu einem Verständnis gelangen, welches ermöglicht, Ihre Differenzen wahrlich beizulegen. Wenn Sie dies erreichen können, haben Sie die Basis für tiefe Freundschaft und Unterstützung geschaffen, die womöglich für den Rest Ihres Lebens fortbestehen wird.

Menschen, die vor den Misshandlungen die Augen verschlossen

Vielleicht hilft es Ihnen, wenn Sie verstehen, warum einige Menschen Sie nicht unterstützt haben. Ein Grund könnte sein, dass sie nicht glaubten, dass tatsächlich Misshandlungen vorfielen, oder nicht einsehen wollten, wie schlimm diese waren. Falls dies zutrifft, überlegen Sie, weshalb sie daran zweifelten. Falls diese Menschen mit Ihrem früheren Partner verwandt waren, waren sie vermutlich blind für seine Fehler. Misshandler besitzen ein großes Talent dafür, ihre kontrollierende und misshandelnde Seite vor anderen zu verbergen, selbst vor Familienangehörigen. Außenstehende waren vermutlich einfach überzeugt, dass so furchtbare Verhaltensweisen unmöglich vorkommen könnten.

Andere haben vielleicht versucht, die Handlungen Ihres Peinigers mit der Ausflucht zu rechtfertigen, dass Ihr Ex-Partner eine schwierige oder sogar missbräuchliche Kindheit hinter sich hat und nicht richtig gelernt hat, Liebe auszudrücken. Vielleicht haben sie große Anstrengungen unternommen, um Ihnen zu erklären, wie schwer Ihr früherer Peiniger es in seiner Vergangenheit hatte und wie hart er daran gearbeitet hat, alles zu überwinden. Möglicherweise haben sie Ihnen erzählt, wie gut Sie ihm taten und wie sehr er Sie brauchte. Sie schafften es, *Ihnen* ein schlechtes Gewissen dafür zu machen, dass Sie ihn für die Misshandlungen verurteilten.

Es ist unwahrscheinlich, dass diese Menschen Ihre Erfahrungen heute anders sehen. Wahrscheinlich hat er sie sogar davon überzeugt, dass Sie am Scheitern der Beziehung die Schuld tragen. Falls nicht etwas sehr Überzeugendes ihren Standpunkt geändert hat, werden sich ihre Meinungen über Sie und über die Beziehung vermutlich nie ändern. Sie müssen sich entscheiden, ob es für Sie in irgendeiner Weise wertvoll ist, solche Menschen in Ihrem Leben zu behalten.

Menschen, die Ihnen die Schuld gaben

Vielleicht gibt es auch Menschen, die nicht nur versäumten, Sie zu unterstützen, sondern die Sie obendrein beschuldigten. Wenn Sie solchen Menschen von einem Misshandlungsereignis erzählten, stellten diese ohne zu zögern Fragen wie: „Was hast du nur getan, dass er so die Beherrschung verloren hat?“ Oder sie kommentierten: „Also das hättest du nun wirklich nicht tun sollen!“ Sie bekamen Hinweise darüber, wie schwierig Beziehungen sich gestalten können, und Ratschläge, dass Sie durchhalten und sich noch ein wenig mehr anstrengen müssten. Einige werden Ihnen vielleicht sogar erzählt haben, dass die Misshandlungen auf Ihr eigenes Verhalten zurückzuführen seien und dass *Sie* sich ändern müssten, um das Problem zu lösen.

Es ist wichtig für Sie, dass Sie sich einmal die Gründe anschauen, aus denen diese Menschen sich so verhalten haben. Versuchen Sie, die Vergangenheit hinter sich zu lassen und lieber einzuschätzen, wie diese Leute sich wahrscheinlich in Zukunft verhalten werden. Sie werden entscheiden müssen, ob Ihr Gefühl erlaubt, ihnen zu vergeben (und das mag für Sie unmöglich sein). Sie werden auch einschätzen müssen, ob der Kontakt zu diesen Menschen in Zukunft in Ihrem Interesse ist (siehe „Sollten Sie vergeben?“ später in diesem Kapitel).

Einige Personen besitzen die feste Vorstellung, dass Männer in Liebesbeziehungen tun und lassen können, was sie wollen. Diese gehören vermutlich nicht zu den Menschen, die Sie in Ihrem Leben haben möchten. Sie werden Sie ewig daran erinnern, dass Sie in ihren Augen einen Fehler machten, als Sie Ihren Peiniger verließen. Womöglich urteilen sie über Ihre zukünftigen Beziehungen und hindern Sie daran, die Entscheidungen zu treffen, die für Sie am besten sind.

Vielleicht fühlen Sie sich damit unwohl, unerwünschte Kontakte abzubrechen, weil es sich um Familienmitglieder oder alte Freunde handelt oder weil Sie Angst haben, damit jemanden zu verletzen. Aber niemand sollte sich jemals verpflichtet fühlen, mit Menschen befreundet zu sein, die keine Bereicherung für das eigene Leben darstellen. Falls Ihr Bauch Ihnen sagt, dass bestimmte Menschen niemals in der Lage sein werden zu akzeptieren, was wirklich geschehen ist, und Ihre Entscheidungen nicht befürworten können, folgen Sie dieser Eingebung.

Sehen Sie es einmal so: Sie haben so viele Qualen erduldet, und es hat Sie eine solche Stärke und so großen Mut gekostet, sich aus dieser Misshandlungsbeziehung zu lösen – Ihre neuen Beziehungen sollten Ihnen guttun. Das ist nicht eigennützig oder egoistisch. Es bedeutet, dass Sie für sich sorgen. Sie müssen für sich feststellen, was Sie in einer engen Beziehung brauchen, und dann sicherstellen, dass Sie dies in den Beziehungen bekommen, die Sie aufrechterhalten möchten. Sie werden auch Grenzen festlegen müssen, indem Sie für sich bestimmen, welche Verhaltensweisen von anderen Sie nicht bereit sind zu akzeptieren.

Menschen, die nicht wussten, wie sie helfen sollten

Wahrscheinlich gehören viele Ihrer Freunde und Familienangehörigen in diese Kategorie. Sie lieben Sie und wollten Ihnen gerne helfen, als Sie in Schwierigkeiten steckten. Trotzdem wussten sie einfach nicht, was sie sagen oder tun sollten. Der gute Wille war da, aber sie waren nicht in der Lage, etwas an Ihrer Situation zu verbessern.

Ein typisches Beispiel hierfür sind Familienmitglieder und Freunde, die Sie immer drängten, sich zu trennen. Sie konnten nicht verstehen, warum dies für Sie eine so schwierige und komplizierte Sache war. Als Sie sich nach einiger Zeit noch immer nicht aus der Beziehung gelöst hatten, verloren diese Personen vielleicht an Mitgefühl. Auch wenn sie es nicht sagten, kam es Ihnen vor, als dächten sie: „Ich habe es dir doch gesagt." Mit der Zeit riefen solche Meinungen in Ihnen zunehmend Schuldgefühle hervor, und Sie fühlten sich immer unwohler dabei, sich diesen Menschen anzuvertrauen.

Nachdem Sie sich nun getrennt haben, fällt es Ihnen vielleicht schwer, zu diesen Freunden und Verwandten wieder eine Beziehung aufzubauen. Diese tun alles Erdenkliche, um Sie zu erinnern, wie furchtbar Ihre Beziehung war. Sie werfen Bemerkungen ein wie: „Ich werde ja nie verstehen, weshalb du so lange geblieben bist" oder „Ich würde mir so etwas niemals bieten lassen". Vielleicht sehen Sie diese Menschen als Ihre Freunde an, fühlen sich aber häufig in ihrer Gegenwart unwohl und nehmen oft eine Abwehrhaltung ein. Es macht Sie fertig, ihnen immer und immer wieder erklären zu müssen, dass es ganz und gar nicht einfach war, sich zu lösen, sondern sehr viel schwieriger, als sie es sich vorstellen können.

Wenn Sie entscheiden, ob Sie diese Menschen in Ihrem Leben behalten möchten, sollten Sie darüber nachdenken, welchen Einfluss sie im Moment auf Ihre Gefühle haben. Trotz der Versäumnisse in der Vergangenheit schenken Ihnen einige dieser Freunde vielleicht Unterstützung, Respekt und Freundschaft. Vielleicht werden Sie die Kurzsichtigkeit einiger Freunde ausblenden und sich auf die guten Seiten Ihrer Beziehung zu ihnen konzentrieren können. Andere entwickeln vielleicht langsam ein besseres Verständnis dafür, was Sie durchgemacht haben, und bieten Ihnen Unterstützung an.

Wenn Sie aber das Gefühl haben, dass ihre beurteilende Sicht auf die Misshandlungsbeziehung die positiven Seiten der Beziehung zunichtemacht, müssen Sie vielleicht noch einmal abwägen, wie viel Ihnen diese Freundschaften bedeuten. Sie können versuchen, mit diesen Freunden zu sprechen und ihnen zu erklären, welche Gefühle ihre Haltung in Ihnen auslöst. Sagen Sie ihnen, dass Sie ein schlechtes Gewissen bekommen und sich traurig und wütend fühlen, wenn Sie von ihnen für Ihre Handlungen verurteilt werden. Falls sie es zu begreifen scheinen, können Sie versuchen, sie als Unterstützer in Ihren Heilungsprozess einzubeziehen. Zeigen Sie, dass Sie wissen, dass es für Außenstehende schwierig sein kann, eine Misshandlungsbeziehung zu verstehen, aber erklären Sie, dass Ihr Leben jetzt, wo Sie sich gelöst haben, weitergehen muss und dass Sie es vermeiden müssen, sich länger mit der Vergangenheit aufzuhalten. Damals waren diese Menschen nicht für Sie da, aber vielleicht können sie es heute sein!

Menschen, die Bescheid wussten, aber nichts unternahmen

Wie steht es um die Personen, die zwar von den Misshandlungen wussten, aber es bevorzugten, diese zu ignorieren? Vielleicht war es für diese Menschen zu schmerzhaft, sich einzugestehen, was Ihnen angetan wird. Vielleicht wussten sie nicht, was sie sagen oder tun sollten, und taten deshalb überhaupt nichts. Viele Freunde und Familienangehörige von Misshandlungsopfern geben im Nachhinein an, dass sie sich nicht einmischen wollten oder dass sie die Freundschaft nicht aufs Spiel setzen wollten, indem sie eingriffen.

Sie mögen ihre stillschweigende Hinnahme der Misshandlungen heute als Verrat empfinden. Einmal von der Beziehung losgekommen, ist es leicht, sich vorzustellen, dass dieser schreckliche Abschnitt Ihres Lebens anders verlaufen wäre, wenn doch nur jemand für Sie da gewesen wäre. Aber ist das wirklich wahr? Während Sie die Beziehungen zu diesen „schweigenden" Freunden prüfen, sollten Sie auch überlegen, ob es wirklich etwas geändert hätte, wenn sie in die Misshandlungen eingegriffen hätten. Hätten diese Menschen überhaupt etwas sagen oder tun können, um den Misshandlungen ein Ende zu machen? Sehen Sie, ob Sie mit diesen Freunden über ihr Schweigen sprechen können. Machen Sie ihnen keine Vorwürfe. Stellen Sie sie nicht zur Rede. Fragen Sie einfach nach, warum sie nicht mit Ihnen darüber gesprochen haben. Die Antworten werden Sie vielleicht überraschen.

Einige werden vielleicht darauf bestehen, dass sie sehr wohl auf die Misshandlungen reagiert haben. Es ist sehr gut möglich, dass sie beteuern, sich daran zu erinnern, wie sie ihr Mitgefühl oft ausgedrückt haben, aber dann immer das Gefühl bekamen, dass *Sie* nicht darüber sprechen wollten. Es ist sehr schwierig, das Thema der Misshandlung einer Person gegenüber zur Sprache zu bringen, die man liebt. Man befürchtet, sie zu verärgern oder verprellen. Einige Ihrer Freunde hatten vielleicht Angst, Sie zu verlieren, wenn sie das Thema zu stark forcierten. Vielleicht sagen sie, dass sie durchaus für Sie da waren, aber es Ihnen überlassen haben, die Misshandlungen anzusprechen. Vielleicht betrachteten sie Ihre Beziehung als etwas „Privates" und hatten das Gefühl, dass es ihnen nicht zustand, sich einzumischen.

Wenn Sie diese Beziehungen retten wollen, wird es wichtig sein, dass Sie ehrlich sind. Sie können zur Sprache bringen, wie Sie die Bereitschaft Ihrer Freunde schätzen, jetzt mit Ihnen zu reden. Stellen Sie doch in den Mittelpunkt, was auch immer Sie an Unterstützung von ihnen erhalten haben. Vielleicht möchten Sie ihnen sagen, dass Sie verstehen, wie furchtbar schwierig es für sie war, überhaupt etwas zu sagen. Es kann sehr hilfreich sein, ihre Versionen der zurückliegenden Ereignisse anzuhören, ohne dabei in die Defensive zu gehen. Vielleicht haben diese Menschen ihre Besorgnis damals angedeutet, aber Sie waren zu dem Zeitpunkt nicht in der Lage, dies aufzugreifen. Wenn Sie die Spannung loslassen und sich einander öffnen können, könnten diese Menschen in Zukunft zu Ihren engsten Freunden gehören.

Menschen, die Ihnen sagten, „was zu tun sei"

Vielleicht gab es auch Freunde und Familienmitglieder, die meinten, ihnen würde die Rolle Ihres „Erretters" zukommen. Diese Menschen hatten vermutlich das Gefühl, Ihre einzige wahre Unterstützung zu sein, indem sie Ihnen genau sagten, was Sie tun und lassen müssten, um den Problemen ein Ende zu machen. Sie erwiesen sich überaus großzügig in der Abgabe von Ratschlägen und schienen immer zu wissen, was für Sie am besten wäre.

Vermutlich waren diese Menschen um Ihr Wohl bedacht. Sie glaubten, Ihnen auf die Sprünge helfen zu müssen, wenn Sie nicht „selbst wussten, was für Sie gut ist". Sie meinten zu wissen, was falsch oder richtig sei, und glaubten Ihnen den Weg zu Ihrem Besten weisen zu können.

Leider wurden sie dadurch vielleicht, ohne es selbst zu bemerken, genau zu dem, was Sie nicht brauchten: zu weiteren Menschen, die versuchten, Ihr Leben zu steuern.

Jetzt, wo Sie sich von der Misshandlungsbeziehung befreit haben und die Verantwortung für Ihr Leben in der Hand haben, empfinden Sie Begegnungen mit dieser Gruppe von Menschen möglicherweise als angespannt. Es mag sein, dass diese Sie noch immer lenken wollen. Sie spüren solche Beeinflussungsversuche, wenn sie Ihnen erzählen, was Sie eigentlich gerade tun oder empfinden sollten, wie zum Beispiel: „Du wirst doch nicht erlauben, dass dein Ex die Kinder sieht, oder?“ oder „Es ist doch noch zu früh, um schon wieder mit jemandem auszugehen. Was werden die Leute denken?“ Diese wertenden Kommentare untergraben möglicherweise Ihr Vertrauen in sich, die Entscheidungen zu treffen, die für Sie am besten sind, und hindern Sie daran, selbst die Verantwortung für Ihr Leben zu übernehmen.

Es kann nahezu jedem passieren, dass er einen Freund ein wenig zu stark „schubst“, den er in Schwierigkeiten oder Not wähnt. Wir alle versuchen denen, die uns etwas bedeuten, zu einer besseren Lage zu verhelfen. In schwierigen Situationen ist es oft sinnvoll, Meinungen und Erkenntnisse anderer zu berücksichtigen, denen man vertraut. Diese Personen sollten allerdings bereit und fähig sein, sich zurückzuziehen, nachdem sie Rat und Weisheit gespendet haben, und Ihnen die Führung des eigenen Lebens überlassen. Jemand, der dazu fähig ist, wird innerhalb Ihres Unterstützungsnetzwerkes vielleicht eine positive Rolle spielen können. Wenn jemand das nicht kann, ist es vielleicht ein Warnzeichen – eine weitere Person, die versucht, Sie zu steuern und zu kontrollieren, können Sie in Ihrem Leben gerade nicht gebrauchen.

Sollten Sie vergeben?

Wurde Ihnen als Heranwachsende nahegelegt, dass es immer besser sei zu vergessen und zu verzeihen? Wurden Sie in dem Glauben erzogen, dass nur diejenigen glücklich werden, die die Fehler anderer akzeptieren? Waren Sie bisher davon überzeugt, dass Vergebung notwendig sei, um „weiterzukommen“? Die Wahrheit ist, Sie *schulden* niemandem Ihre

Vergebung. Darüber hinaus ist Vergebung nicht zwangsläufig notwendig, um zu heilen. Sie allein können entscheiden, wer Ihre Vergebung *verdient*. Vergebung ist eine sehr komplizierte Angelegenheit. Der Entschluss, jemandem zu vergeben, beruht auf drei Bedingungen:

- ob Sie der Meinung sind, dass das, was jemand getan (oder nicht getan) hat, überhaupt eine verzeihliche Handlung ist
- ob Sie glauben, dass die Vergebung für Ihre Heilung förderlich wäre, unabhängig von dem, was jemand getan hat
- ob Sie sich bereit fühlen zu verzeihen

Ein „richtiger" Zeitpunkt für Vergebung oder eine allgemeingültige Regel dafür, wem man verzeihen sollte, existiert nicht. Einige Menschen vergeben schnell. Andere halten lange an ihrem Groll und ihrem Ärger fest. Diese Unterschiede lassen sich zum großen Teil durch unterschiedliche Erziehungsweisen und Erfahrungen mit Vergebung erklären. Manchmal benötigen alte Wunden die Zeit zu heilen, bevor man denen vergeben kann, von denen man im Stich gelassen wurde. Sie müssen zunächst Angst, Wut, Misstrauen und Trauer überwinden, bevor Sie über Vergebung nachdenken können. Wenn Sie jemandem wahrhaftig vergeben, muss es von Herzen kommen und Sie müssen es wirklich wollen. Noch einmal: Es besteht keinerlei Zwang, jemandem zu vergeben, wenn es für Ihren Heilungsprozess nicht förderlich ist. Sie alleine entscheiden darüber, ob und wem Sie vergeben möchten.

Menschen, die Verständnis hatten und Sie unterstützten

Probleme mit denen, die zu Zeiten der Misshandlungen wirklich für Sie da waren? Kann so etwas vorkommen? Auf den ersten Blick ergibt dies wenig Sinn, denn immerhin geht es um die Menschen, die Verständnis dafür hatten, was Sie durchmachten; um diejenigen, die über die ganze Zeit zu Ihnen gehalten haben. Sie versuchten weder, in Ihre Entscheidungen einzugreifen, noch urteilten sie über Sie. Sie ließen Sie schlicht wissen, dass Sie ihnen etwas bedeuteten und dass sie jederzeit für Sie da wären, ganz gleich, was auch passieren würde. Es ist wahrscheinlich, dass diese Menschen jetzt weiterhin zu Ihren engsten Freunden und Angehörigen zählen. Allerdings verläuft der Übergang in einen neuen Abschnitt der Beziehung zu ihnen nach dem Ende einer Misshandlungsbeziehung häufig holpriger als erwartet.

Vielleicht „verschwanden" Sie zur Zeit Ihrer Beziehung und verloren den Kontakt zu diesen Personen, weil Ihr Misshandler Ihnen keine eigenen Freunde zugestand. Dies kommt in ungesunden, kontrollierenden Beziehungen sehr häufig vor. Möglicherweise erlaubte er Ihnen nicht einmal, Ihre Familie und Freunde zu treffen. Vielleicht wollten Sie ihnen Ihre Probleme nicht aufbürden und hätten es nicht ertragen, sie mit dem Wissen um Ihren Schmerz zu belasten. Oder vielleicht fürchteten Sie, dass sie versuchen würden, Ihnen zur Rettung zu eilen und die Situation damit zu verschlimmern, indem sie Sie zu Schritten drängten, zu denen Sie noch nicht bereit waren.

Selbst wenn Sie nicht völlig aus ihrem Leben verschwanden, erzählten Sie ihnen vielleicht nur die halbe Wahrheit. Vermutlich erinnern Sie sich an Momente, in denen Sie gefragt wurden, warum Sie nicht irgendwohin mitgehen konnten oder warum Sie von unterwegs so häufig zu Hause anrufen mussten oder wie der blaue Fleck an Ihrem Arm oder Ihrer Wange zustande gekommen war. Jetzt haben Sie vielleicht das Gefühl, dass Sie keine gute Freundin waren, weil Sie so oft gelogen haben.

Jetzt, wo Sie sich endlich aus dieser Misshandlungsbeziehung gelöst haben, stellen Sie vielleicht fest, dass Sie sich schämen und Gewissensbisse bekommen, wenn Sie mit diesen Freunden zusammen sind. Sie müssen sich in Erinnerung rufen, dass Sie diese Freunde gerne von all dem verschont hätten, aber zu dem Zeitpunkt keine andere Wahl hatten, als sich auf jene Weise zu verhalten. Wenn Sie sich ihnen voll und ganz anvertraut hätten, wäre es für Sie vielleicht zu schwierig geworden, das vor Ihrem Misshandler zu verbergen. Wäre es „aufgeflogen", hätte sich die Situation vielleicht zugespitzt, sodass es vielleicht unmöglich gewesen wäre, Ihre Freunde überhaupt noch zu sehen oder mit ihnen zu sprechen. Vielleicht wollten Sie sich auch vormachen, dass alles in Wirklichkeit nicht so schlimm war. Dies taten Sie, indem Sie Ihre Erfahrungen in Ihren Erzählungen abmilderten.

Welche Gründe auch immer für Ihr Verhalten vorlagen – Sie müssen Ihre Schuldgefühle nun hinter sich lassen. Sie verdienen es, von der

Freundschaft bestmöglich zu profitieren, so wie Ihre Freunde dasselbe auch verdienen. In engen Freundschaften sollten Verlegenheits- und Schuldgefühle nicht viel Raum einnehmen. Sie haben Ihr Bestes getan, und Ihre Freunde wissen das.

Vielleicht gab es einige Freunde oder Verwandte, denen Sie vertrauen und sich anvertrauen konnten – die Personen, zu denen Sie „angelaufen kamen", wenn alles zu furchtbar wurde. Immer wieder spendeten sie Ihnen Trost, hörten Ihnen zu und fühlten mit Ihnen. Danach gingen Sie immer wieder zu Ihrem Peiniger zurück. Die Fassungslosigkeit und Traurigkeit stand Ihren Freunden ins Gesicht geschrieben. Vielleicht sagten sie Ihnen, wie groß ihre Angst um Sie war und wie sehr sie sich sorgten. Rückblickend sind Sie erstaunt über jeden Menschen, der es so lange mit Ihnen ausgehalten hat. Aus heutiger Sicht erscheint es wie ein Wunder, dass diese Menschen Ihnen für so lange Zeit Verständnis entgegenbrachten und Ihnen treu zur Seite standen.

Es ist niemals zu spät, diesen Menschen dafür zu danken und ihnen zu sagen, wie viel ihre Unterstützung Ihnen bedeutet hat und noch immer bedeutet. Es ist weder notwendig, ihnen teure Geschenke zu machen, noch perfekte Worte zu finden. Sagen Sie Ihnen einfach, was Sie empfinden. Falls es Ihnen schwerfällt, ihnen diese Dinge direkt zu sagen, schicken Sie eine Karte, einen Brief oder sogar eine E-Mail und drücken Sie Ihre Dankbarkeit auf diese Weise aus. Lassen Sie Ihre Freunde wissen, dass auch die „kleinen" Dinge, kleine Gesten oder Mut machende Worte Ihnen eine ausgesprochene Hilfe waren, als Sie sich in Not befanden.

Neue Freunde und Unterstützung finden

Jetzt, wo Sie nicht mehr in der Misshandlungsbeziehung sind, haben sich die Eigenschaften, die Sie in neuen Freundschaften suchen, vielleicht verschoben. Möglicherweise sind Sie ein wenig (oder viel) misstrauischer und brauchen aus diesem Grund mehr Zeit, um zu entscheiden, wie nahe Sie jemanden an sich heranlassen möchten. Es ist nichts verkehrt daran, im Umgang mit neuen Freundschaften vorsichtig zu sein. Es ist auch vollkommen in Ordnung, bewusst und mit Bedacht die Menschen auszuwählen, die Sie in Ihr Leben lassen möchten.

Neue Menschen in Ihrem Leben wissen womöglich nicht genau, was Sie von ihnen brauchen oder wollen. Es ist an Ihnen, diesen Leuten zu erklären, was Sie von ihnen in Ihrer Freundschaft benötigen. Das kann bedeuten, dass Sie ihnen sagen müssen, ob, wann und auf welche Weise sie nach Ihrer Vergangenheit fragen und wie sie mit Ihnen über Ihr gegenwärtiges Leben sprechen sollen sowie über die Erwartungen, die Sie an eine Freundschaft stellen (zum Beispiel Vertrauen, Zuverlässigkeit, Ehrlichkeit und Freundlichkeit).

Falls Sie noch immer starke Emotionen verspüren, die auf die Misshandlungen zurückgehen, mag es schwierig sein, andere in Ihr Leben zu lassen, die das möglicherweise nicht verstehen (siehe Kapitel 8 „Wenn Emotionen Sie überwältigen“). Auch in diesem Zusammenhang ist es klug, mit der Schließung neuer Freundschaften vorsichtig umzugehen, aber gleichzeitig ist es wichtig, neue Netzwerke aufzubauen und neue Freundschaften zu knüpfen, die Unterstützung bieten können. Es gibt gute Menschen, die wirklich für Sie da sein können. Achten Sie darauf, dass Sie sich nicht so stark einigeln, dass niemand mehr zu Ihnen vordringen kann. Wenn Sie bedacht handeln, aber gleichzeitig aufgeschlossen sind gegenüber neuen Freundschaften, in die Sie vertrauen können, wird es für alle Beteiligten gewinnbringend sein.

Selbsterkundungsübung

Bewertung Ihrer Freundschaften

In diesem Buch ist schon mehrfach deutlich geworden, dass Sie bestimmte Angelegenheiten besser einschätzen können, wenn Sie sie aufschreiben. Dies trifft sogar auf die Betrachtung von zwischenmenschlichen Beziehungen zu. Es existiert keine allgemeingültige Methode, um Beziehungen „einzustufen" („Mensch, Joey muss eine viel bessere Freundin sein als Heather. Sie erzielte 92 Punkte und Heather nur 78!"). Es ist aber durchaus möglich, dass Sie analysieren, ob eine Freundschaft Ihnen das gibt, was Sie brauchen. Diese Übung wird Ihnen dabei helfen. Füllen Sie die folgende Tabelle aus, indem Sie für jede Freundschaft, über die Sie nachdenken, die nachstehenden Kategorien betrachten:

Name der Person oder Anfangsbuchstaben: ______________________

Eigenschaft/Merkmal	immer	manchmal	nie
Will momentan an meinem Leben teilhaben			
Ist momentan eine Unterstützung für mich			
Hat sich sehr bemüht, zu Zeiten der Misshandlungen für mich da zu sein			
Ist ehrlich			
Ist zuverlässig			
Ist vertrauenswürdig			
Schätzt mich menschlich			
Ist auch in schwierigen Zeiten für mich da			
Erkennt den Schweregrad dessen, was ich durchgemacht habe			
Kann meine Erfahrungen nachfühlen			
Will mir helfen, mich aber nicht steuern			

Eigenschaft/Merkmal	immer	manchmal	nie
Urteilt nicht über mich			
Will mein Bestes			
Sonstiges ____________________			

Sehen Sie Ihre Antworten nun noch einmal durch. Wie schneidet dieser Freund oder Verwandte ab? Stimmen Ihre Angaben mit Ihrem Bauchgefühl zu dieser Person überein? Verwenden Sie diese Kategorien, um mit einer Einschätzung aller Freundschaften zu beginnen, die Sie infrage stellen. Natürlich können Sie den Bogen auch verwenden, um sich eine objektive Sicht auf neue Bekanntschaften zu verschaffen, die sich in Zukunft zu Freundschaften entwickeln könnten.

Teil III
Blick voraus

12
Praktische Erwägungen

Mythen:

Ist das Leben erst einmal frei von Misshandlungen, regelt sich alles andere quasi von selbst.

Es ist so erleichternd, nicht mehr bei seinem Misshandler zu sein, dass das normale Alltagsleben dann einfach erscheint.

Menschen, die häusliche Gewalt überlebt haben, sind Opfer, die alleine einfach nicht zurechtkommen.

Ein Grund, weshalb einige Überlebende zu ihrem Peiniger zurückkehren, besteht darin, dass sie sich den Anforderungen, die das Alltagsleben stellt, nicht gewachsen fühlen. Wenn es Ihnen geht wie den meisten Misshandlungsüberlebenden, wissen Sie, dass Ihr früherer Partner nicht nur die Kontrolle über Sie wollte, sondern auch sicherstellte, dass Sie in nahezu allen Bereichen der Beziehung machtlos waren.

Viele Opfer von Misshandlungsbeziehungen finden sich in einer Situation wieder, in der sie von der Außenwelt abgeschnitten sind. Die Forderungen Ihres Misshandlers beschränkten Ihren Tätigkeitsbereich möglicherweise auf ganz bestimmte Aktivitäten und es war nicht wert, einen Misshandlungsvorfall heraufzubeschwören, indem Sie von diesen erlaubten Verhaltensweisen abwichen. Durch Ihr schrumpfendes Selbstwertgefühl und den Rückgang an Selbstsicherheit fühlten Sie sich vielleicht unsicher und schüchtern, wenn Sie sich unter anderen Leuten aufhielten.

Die Folgen verlorener Unabhängigkeit und fehlender vertrauter täglicher Aktivitäten werden Ihnen deutlich geworden sein, als Sie Ihren Misshandler schließlich verließen. Falls Sie Gedanken erleben wie: „Oh mein Gott, wie bringe ich nur alleine mein Leben in Ordnung?“, kennen Sie das Gefühl. Sie bauen sich gerade ein neues Leben auf. Das ist ein emotionaler Heilungsprozess, aber es beinhaltet auch unzählige praktische Herausforderungen. Unglücklicherweise treiben gerade diese praktischen Fragen viele Überlebende zu ihrem früheren Partner zurück, wo sie dann weitere und noch schlimmere Misshandlungen erleiden.

Dieses Kapitel widmet sich der Erörterung einiger dieser wichtigen Lebensfragen. Es bietet Ihnen einige Leitlinien und gibt Ihnen Sicherheit, dass Sie diese praktischen Probleme in den Griff bekommen und ein unabhängiger Mensch werden können.

Krisendienste und Frauenhäuser

Manche Überlebende stellen fest, dass sie „abtauchen“ müssen, um sicher zu sein. Nachdem sie der Beziehung entflohen sind, fürchten sie, dass eine wirkliche Gefahr besteht, von ihrem Misshandler verletzt oder sogar getötet zu werden, wenn er sie findet. Oft sind spezielle Institutionen oder Initiativen beteiligt, wenn es darum geht, einen Weg zu finden, auf dem Sie „verschwinden“ können.

Wie bereits in Kapitel 2 „Sind Sie jetzt in Sicherheit?“ erwähnt, sollte Ihr lokaler Krisendienst oder das lokale Frauenhaus in der Lage sein, Ihnen kurzfristig eine vorübergehende sichere Unterkunft zu verschaffen. Wie lange Sie dort bleiben können, variiert von Ort zu Ort. Die Mitarbeiterinnen können Ihnen dann helfen, Wege zu finden, wie Sie in Sicherheit bleiben, nachdem Sie die Notunterkunft verlassen haben.

Viele örtliche Initiativen helfen Ihnen auch dabei, eine neue Adresse vor dem Misshandler geheim zu halten. Dabei wird Ihnen eine Postanschrift zur Verfügung gestellt, an die Ihre Post ausgeliefert wird und die Sie für Rechnungen und sonstige Korrespondenz nutzen können. Das erschwert es Ihrem Misshandler, Ihre neue Adresse herauszubekommen. Wieder können Ihnen die Mitarbeiterinnen des örtlichen Krisendienstes mitteilen, ob es vor Ort bei Ihnen ein solches Programm gibt. Falls nicht, könnten Sie in Erwägung ziehen, ein Postfach anzumieten.

Rechtliche Fragen

Fühlen Sie sich von den vielen juristischen Fragen überwältigt, die Teil Ihres Lebens geworden sind? Falls ja, sind Sie nicht allein. Wichtige Rechtsangelegenheiten nehmen bei der Beendigung einer Misshandlungsbeziehung oft großen Raum ein. Dazu gehört – unter anderem –, eine gerichtliche Verfügung gegen den Misshandler zu erreichen und durchzusetzen, die Scheidung einzureichen, Sorgerechtsfragen zu klären, Beratung in Steuerfragen, finanzielle Unabhängigkeit zu erlangen und die Misshandlungen zum Zwecke der Strafverfolgung zu dokumentieren. Eine detaillierte Erörterung dieser Rechtsfragen folgt nach dem Abschnitt darüber, wie Sie juristische Unterstützung finden und finanzieren können.

Rechtsbeistand bekommen

Vielleicht meinen Sie, dass Sie aus einigen der oben aufgezählten Gründe juristischen Rat brauchen, wissen aber nicht, wie Sie ihn finden und/oder ob Sie sich diesen leisten können. Glücklicherweise gibt es in der

Öffentlichkeit ein gewisses Bewusstsein für das Problem häuslicher Gewalt, sodass mehrere Möglichkeiten geschaffen wurden, günstig oder sogar kostenlos juristischen Rat und Beistand zu bekommen. Sie müssen nur wissen, wie Sie ihn finden können.

Finden Sie zunächst heraus, ob es in Ihrer Gegend Anwälte gibt, die sich auf häusliche Gewalt spezialisiert haben und ihre Dienste zu geringen Kosten anbieten. Falls Sie nicht im Telefonbuch oder in den Gelben Seiten unter „Rechtsanwälte" fündig werden, rufen Sie bei Ihrem lokalen Krisendienst an. Dort sollte man dazu in der Lage sein, Sie an eine verfügbare und bezahlbare Rechtsberatung weiterzuverweisen.

Der „Weiße Ring" ist eine große Organisation, die in Deutschland, Österreich und der Schweiz Verbrechensopfern auf vielfältige Weise Unterstützung anbietet. Dazu gehört auch kostenlose Rechtsberatung. Es gibt viele weitere lokale und überregionale Organisationen, die Opfern häuslicher Gewalt kostenlos juristische Unterstützung anbieten. Im Anhang „Kontaktadressen" sind die Adressen einiger Internetseiten aufgeführt, auf denen Sie ausführliche Informationen dazu finden, und Telefonnummern, die Sie anrufen können. Seien Sie vorsichtig, wenn Sie auf einem Computer nach Hilfsangeboten recherchieren, den auch Ihr Misshandler benutzt; es könnte sein, dass er dies bemerkt. Benutzen Sie lieber den Computer bei der Arbeit oder in Ihrer örtlichen Bücherei oder einer nahegelegenen Schule oder Universität. Sie finden im Anhang „Kontaktadressen" auch Telefonnummern, die Sie direkt anrufen können. Achten Sie auch dabei darauf, keine Spuren dieser Kontaktaufnahme zu hinterlassen, wenn Ihr Misshandler Zugang zu Ihrem Telefon hat.

Wenn Sie sich keinen Rechtsanwalt leisten können, haben Sie einen Anspruch auf Beratungshilfe (in Österreich: Verfahrenshilfe). In Deutschland müssen Sie sich dafür beim örtlichen Amtsgericht einen Gutschein besorgen, mit dem Sie sich dann von einem Rechtsanwalt Ihrer Wahl kostenlos beraten lassen können. Der Anwalt wird Sie dabei unterstützen, sich durch die komplizierten und emotional belastenden juristischen Verfahren zu arbeiten. In Österreich bekommen Sie auf Antrag vom Bezirksgericht einen Anwalt beigestellt. In der Schweiz gibt es Beratungsstellen, bei denen Sie kostenlos Rechtshilfe bekommen. Da die Regelungen je nach Bundesland bzw. Kanton etwas unterschiedlich sind, erkundigen Sie sich am besten beim örtlichen Amts- bzw. Bezirksgericht oder aber beim Krisendienst oder Frauenhaus, was Sie genau tun müssen, um an einen kostenlosen Rechtsanwalt zu kommen. Auch der „Weiße Ring“ oder die anderen im Anhang „Kontaktadressen“ aufgeführten Organisationen geben Ihnen die nötigen Informationen. Achten Sie darauf, einen Rechtsanwalt zu finden, der speziell im Umgang mit Fällen von häuslicher Gewalt ausgebildet ist.

Gerichtliche Verfügung

Sie haben bestimmt schon einmal von gerichtlichen Verfügungen gehört, auch Annäherungs- oder Aufenthaltsverbot genannt. (Diese werden in Kapitel 2 „Sind Sie jetzt in Sicherheit?“ erörtert.) Solche Verfügungen spricht das örtliche Amtsgericht (Deutschland) bzw. Bezirksgericht (Österreich, Schweiz) aus, um Ihren früheren Partner davon abzuhalten, Sie weiter zu misshandeln, zu bedrohen oder mit Ihnen und Ihren Kindern in Kontakt zu treten.

Gegen eine gerichtliche Verfügung zu verstoßen, ist eine Straftat, und die Polizei kann den Misshandler festnehmen, selbst wenn sie den Verstoß nicht beobachtet hat. Die Angst vor einer Festnahme wird für manche Misshandler Grund genug sein, die Verfügung zu beachten, aber *garantieren* kann eine gerichtliche Verfügung die Sicherheit des Opfers nicht.

Die Einzelheiten solcher Verfügungen, wie man sie bekommt und wie ihre Übertretung geahndet wird, sind je nach Land, Bundesland oder Kanton etwas unterschiedlich geregelt. Wenn Sie möchten, dass Ihnen jemand das Vorgehen erklärt, können Ihnen die örtliche Polizei, die Mitarbeiterinnen von Krisendiensten und Frauenhäusern oder ein Rechtsanwalt weiterhelfen.

Andere Gerichtsverfahren

Die Trennung oder Scheidung zu regeln, kann sehr kompliziert und komplex sein, insbesondere wenn es Streit um das Eigentum oder das Sorgerecht für die Kinder gibt. Für jemanden, der sich gleichzeitig emotional von seiner Misshandlungsbeziehung erholt, ist solch ein Verfahren oft noch überwältigender. Typischerweise wehren sich Misshandler gegen eine Scheidung, weil sie glauben, sie könnten ihr Opfer in die Beziehung zurückzwingen.

Falls Ihr Misshandler der gesetzliche Vater Ihrer Kinder ist und die Misshandlungen nicht vollständig nachgewiesen werden können, erkennen die Gerichte meistens ein gemeinsames Sorgerecht oder zumindest bestimmte Besuchsrechte zu. Da Sie sehr wohl wissen, wie gewalttätig und gefährlich Ihr Ex-Partner sein kann, kann diese Aussicht für Sie sehr beängstigend sein. Wiederum kann ein Anwalt oder Berater eines Krisendienstes Ihnen durch diesen Prozess helfen.

Recht und Finanzen

Es ist möglich, dass Ihr Misshandler sich alleinigen Zugang zum gesamten Geld der Familie verschafft hat. Oft benutzen Misshandler finanzielle Tricks, um sich der kompletten Abhängigkeit ihres Partners zu versichern. Vielleicht fällt Ihnen auf, dass keines Ihrer „gemeinsamen" Bankkonten und keine der Kreditkarten auf Ihren Namen lautete. Oder vielleicht gehörte Ihr Misshandler zu denen, die selbst keinen finanziellen Beitrag leisten und von ihren Partnerinnen verlangen, das nötige Einkommen zu erwirtschaften. Aber selbst wenn dies in Ihrer Beziehung zutraf, so durften Sie vielleicht trotzdem in finanziellen Angelegenheiten oder beim Ausgeben des Geldes, das *Sie* verdienten, nicht mitreden.

Ihre Finanzen und die Ihres Misshandlers zu entwirren sowie finanzielle Unabhängigkeit zu erreichen, kann sehr kompliziert und verwirrend sein.

Es mag besonders knifflig sein, wenn Sie während der Beziehung wenig Kontrolle oder Wissen über Ihre Finanzen hatten. Und selbst wenn Sie ziemlich genau wussten, wofür das Geld ausgegeben, welche Schulden gemacht und welche Kredite aufgenommen wurden, kann das finanzielle Erbe Ihrer Beziehung extrem kompliziert und emotional aufreibend sein.

Wenn Sie mit Ihrem Misshandler verheiratet waren, so haften Sie möglicherweise für seine Schulden. Selbst wenn Sie nicht verheiratet waren, hat er Sie vielleicht gezwungen, einzelne Kreditanträge oder Ratenkäufe mit zu unterschreiben. Zusätzlich haben Sie sich vielleicht zu hilflos gefühlt, sich zu wehren, als er von Ihnen verlangte, unehrliche Steuererklärungen mit zu unterschreiben. Dadurch sind Sie jetzt vielleicht Rückforderungen des Finanzamts ausgesetzt. Es gibt juristische Verfahren zur Trennung und Zuordnung solcher alten Kredite und Forderungen, aber dafür werden Sie normalerweise den Rat eines Steuerberaters oder eines Anwalts benötigen.

Strafverfolgung

Denken Sie schließlich daran, dass Gewalt in einer Beziehung eine Straftat ist. In manchen Fällen ist es schwierig zu beweisen, dass Gewalt vorkam und wie schwer sie wog. Wenn es infrage kommt, Ihren Misshandler strafrechtlich zu verfolgen, brauchen Sie wahrscheinlich einen Anwalt, der Ihnen hilft, die bestmöglichen Argumente für die Festnahme, Anklage, Verurteilung und eine Freiheitsstrafe zu liefern.

Finanzielle Hilfen

Viele, die vor einem sie misshandelnden Partner geflohen sind, befinden sich in einer schwierigen finanziellen Lage. Vielleicht erging es auch Ihnen so. Wie oben erwähnt, bestand ein Teil seiner Kontrolle über Sie darin, sehr stark über das Geld in der Beziehung zu verfügen. Als Sie gegangen sind, hatten Sie vielleicht keinen Zugang zu Ersparnissen oder Konten. Darüber hinaus haben Sie vielleicht keine Arbeit, oder das Einkommen aus Ihrem Job mag für Sie und Ihre Kinder nicht ausreichen. Sie sollten niemals aus Geldsorgen gezwungen sein, zu Ihrem Misshandler zurückzukehren. Deswegen ist es für Sie wichtig, so bald wie möglich finanziell auf die Beine zu kommen. Nachfolgend einige Vorschläge, wie Sie kurzfristig finanzielle Hilfe erhalten können.

Freunde und Familie

Haben Sie Freunde oder Verwandte, die vielleicht bereit wären, Ihnen zu helfen? Vielleicht haben manche sich schon angeboten. Jetzt ist wahrscheinlich ein guter Zeitpunkt, auf solche Angebote zurückzukommen oder um Hilfe zu bitten. Viele Leute schämen sich, Geld von anderen anzunehmen, aber in dieser Zeit geht es für Sie darum, sich auf Ihre emotionale Heilung zu konzentrieren. Enge Freunde und Verwandte sind wahrscheinlich erleichtert, dass Sie der schrecklichen Situation entflohen sind, und würden Ihnen wirklich gerne helfen. Wenn es Ihnen zu viel Unbehagen bereitet, ein Geschenk anzunehmen, nehmen Sie das Geld als Kredit an und bieten Sie ein schriftliches Versprechen an, es zurückzuzahlen. Denken Sie daran, dass es weder schwach noch egoistisch ist, Hilfe von anderen anzunehmen, sondern lediglich ein Anerkennen Ihrer gegenwärtigen *vorübergehenden* Krisensituation.

Krisendienste

Was tun, wenn die Leute nicht Schlange stehen, um Ihnen Geld zu schenken oder zu leihen? Es gibt verschiedene andere Möglichkeiten, wie Sie Ihre finanzielle Situation abmildern können. Krisendienste oder Frauenhäuser können häufig Hilfe bieten. Diese Organisationen haben oft spezielle Mittel oder wissen, welche Stellen Überlebende finanziell unterstützen und ihnen damit durch die unmittelbare Krise hindurch helfen. Wenn das Frauenhaus bei Ihnen vor Ort nicht über solche Mittel verfügt, so wird es Ihnen immerhin erst einmal kurzfristig Unterkunft und Unterstützung geben, bis Sie eine Einkommensquelle finden.

Arbeit finden

Wenn Sie noch keinen Job haben und wenn es Ihre Situation erlaubt, denken Sie vielleicht einmal darüber nach, sobald es geht eine Arbeit zu finden. Zwar ist es oft leichter gesagt als getan, aber vielleicht sind Sie zunächst bereit, einen Job anzunehmen, der nicht ganz Ihren Karrierewünschen entspricht oder auch ein bisschen unter Ihrem Niveau ist, um nur überhaupt erst mal ein Einkommen und vielleicht sogar eine Sozialversicherung zu haben. Es wird auch Ihrer Selbstachtung und Selbstsicherheit guttun, zur Arbeit zu gehen und einen Lohn nach Hause zu bringen. Sie müssen das nicht als dauerhafte Lösung ansehen, es ist vielleicht nur ein Job, der Ihnen hilft, über die Runden zu kommen, bis sich etwas Besseres findet.

Manchen Überlebenden von Misshandlungsbeziehungen wurde die Gelegenheit vorenthalten, berufliche Fertigkeiten zu erwerben. Das ist eine andere Taktik, die Misshandler nutzen, um ihre Partner in vollständiger Abhängigkeit zu halten. Wenn es Ihnen so ergangen ist, wollen Sie vielleicht darüber nachdenken, eine Aus- oder Weiterbildung in einem Bereich zu machen, der Sie interessiert. Solange Sie genug verdienen, um über die Runden kommen, können Sie sich etwas Zeit nehmen, um Ihre Fertigkeiten und Talente auszubilden. Während dieser Zeit der Heilung müssen Sie sich nicht unter Druck setzen, einen Abschluss zu erwerben oder Ihren idealen Beruf zu finden. Heutzutage gehen Erwachsene jeden Alters wieder zur Schule – Volkshochschulen, Studienkollegs, Abendgymnasien, Fachhochschulen und Universitäten. Sie können Ihre Ausbildung langsam angehen lassen, es reicht sogar, wenn Sie immer nur einen Kurs auf einmal besuchen. Häufig gibt es auch finanzielle Unterstützung für bestimmte Ausbildungsgänge oder Abschlüsse. Verschaffen Sie sich einen Überblick über Stipendien und andere Fördermöglichkeiten, die für Sie infrage kommen.

Abgesehen von Beratungs-, Unterstützungs- und Präventionsangeboten helfen viele Beratungsstellen und Krisendienste dabei, geeignete Ausbildungsgänge zu finden, die eigenen Fähigkeiten und Interessen einzuschätzen, Bewerbungsstrategien zu entwickeln, einen Lebenslauf zu schreiben oder Kontakte zu möglichen Arbeitgebern in der Region herzustellen. Sie sind dazu da, Ihnen zu helfen. Sich auf diese Weise helfen zu lassen, ist manchmal das Beste, was Sie tun können.

Finanzielle Unterstützung vom Staat

Viele Leistungen des Sozialstaates sind auch dazu geeignet, Überlebenden einer Misshandlungsbeziehung zu helfen. Wenn Ihre eigenen Mittel nicht ausreichen, haben Sie normalerweise Anspruch auf Arbeitslosengeld oder Sozialhilfe, sodass Sie das nötigste Geld für den täglichen Bedarf, eine Wohnung und eine Krankenversicherung vom Staat erhalten, solange Sie darauf angewiesen sind. Die genauen Regelungen und Ansprechpartner sind wieder abhängig von Ihrem Bundesland bzw. Kanton oder Ihrem Wohnort.

Manchmal ist es schwierig, herauszufinden, welche Leistungen genau Ihnen zustehen, und dann alle Formulare auszufüllen, die eingereicht werden müssen, um die Leistung zu erhalten. Krisendienste und Frauenhäuser haben Mitarbeiterinnen, die sich genau mit den jeweiligen Prozeduren auskennen und Ihnen helfen können, einen Antrag bei der zuständigen staatlichen Stelle einzureichen. Zusätzlich gibt es Behörden vor Ort, wie das Jobcenter oder das Sozialamt, welche diese Leistungen verwalten. Obwohl diese Ihnen nicht immer persönliche Beratung anbieten, können Sie dort auf jeden Fall die Formulare und Merkblätter bekommen, die Sie für den Antrag brauchen.

Vielleicht zögern Sie, staatliche Leistungen zu beantragen, weil Sie das soziale Stigma wahrnehmen, das damit verbunden ist, ein „Sozialhilfeempfänger" zu sein. Aber wenn Sie einmal genauer darüber nachdenken, so sind diese Leistungen ja gerade dafür geschaffen worden, Menschen zu helfen, die in Ihrer oder einer ähnlichen Lage sind. Sie verschaffen sich keinen ungehörigen Vorteil. Sie nehmen nur das an, was Ihnen zusteht. Sie nutzen diese Leistungen genau zu dem Zweck, für den sie gedacht sind: um Sie und Ihre Kinder in der Übergangsphase von Ihrem alten, ungesunden in Ihr neues, ertragreiches Leben zu unterstützen.

Kreditwürdigkeit wiederherstellen

Wenn alle Kreditkarten, Darlehen, Hypotheken und so weiter auf den Namen Ihres Misshandlers liefen, können Sie sich Ihre eigene Kreditwürdigkeit selbst aufbauen und bei Null beginnen. Ihre Kreditwürdigkeit spielt in der heutigen wirtschaftlichen Realität für alles eine wichtige Rolle, vom Beantragen einer Kreditkarte über die Finanzierung eines Autos bis hin zum Erwerb einer Immobilie. Für die meisten Finanzinstitutionen ist eine fehlende Kredithistorie gleichbedeutend mit einer schlechten. Die Verbesserung Ihrer Bonität können Sie selbst in Angriff nehmen. Anwälte und Finanzberater, die Überlebenden häuslicher Gewalt mit Rat und Tat zur Seite stehen, sind in dieser Angelegenheit eine erstklassige Anlaufstelle für Sie. Doch Sie können auch auf eigene Faust aktiv werden.

Viele Banken und Kreditanstalten bieten *gesicherte Kreditkarten* an. Dabei handelt es sich um Kreditkarten, bei denen Sie eine bestimmte Summe, zum Beispiel 300 €/CHF oder 500 €/CHF auf ein Konto einzahlen, das als Sicherheit dient. Das Limit der Kreditkarte entspricht der

Summe, die Sie auf dem Konto hinterlegt haben. Sie verwenden die Karte für Ihre Zahlungen, genau wie Sie es mit jeder anderen Kreditkarte tun würden. Nach einer gewissen Zeit erkennt die Bank, dass Sie die Kreditkarte verantwortungsbewusst einsetzen, und bietet Ihnen ein normales Kreditkartenkonto an.

Eine andere Möglichkeit, um Kreditwürdigkeit herzustellen, besteht darin, bei großen Warenhäusern auf Raten einzukaufen. Kaufhausketten räumen ihren Kunden oftmals bereitwilliger Kredite ein als Banken. Wenn Ihr Budget eine größere Anschaffung erlaubt (etwa einen Fernseher oder ein Möbelstück) und Sie alle Zahlungen pünktlich leisten, erhalten Sie eine positive Bewertung, die Ihnen zukünftige Kreditgeschäfte erleichtern wird.

Schließlich bieten im Allgemeinen auch Autohändler Finanzierungsmöglichkeiten für Käufer ohne lange Kreditgeschichte. Vielleicht müssen Sie mehr Zinsen bezahlen als jemand mit einer guten Bonität, doch wenn Sie es sich leisten können, kann es lohnenswert sein, Ihre Kreditwürdigkeit durch die Finanzierung eines Autos zu verbessern.

Medizinische Versorgung

Zugang zu medizinischer Versorgung inklusive psychosozialer Beratung oder Therapie ist für Sie in dieser Zeit der Heilung von der Misshandlungsbeziehung von großer Bedeutung. In Ihrem Leben gibt es gerade viele Quellen von Stress; Sorgen darüber, ob Sie medizinische Versorgung bekommen oder sich leisten können, sollten nicht dazukommen. Gesundheitsversorgung ist besonders wichtig, weil die Spannungen, die mit dem Neubeginn in Ihrem Leben verbunden sind, sich oft auch körperlich auswirken. Außerdem müssen vielleicht noch Verletzungen behandelt werden, die Ihnen Ihr Misshandler zugefügt hat. Jedoch haben einige Misshandlungsopfer Angst, ihre Krankenversicherung zu verlieren, wenn sie der Beziehung entfliehen, weil sie über ihren Misshandler mitversichert waren oder ihre Arbeit aufgeben mussten.

Wenn Sie und Ihr Misshandler verheiratet sind, gilt die gesetzliche Krankenversicherung in der Regel weiter. Sie können sich direkt an die Krankenkasse wenden, wenn Ihr Misshandler versuchen sollte, Ihnen

Steine in den Weg zu legen. Wenn Sie über ihn privat versichert sind, ist er in der Regel weiter verpflichtet, für Sie Beiträge zu entrichten. Es kann notwendig sein, sich einen Rechtsanwalt zu nehmen, um Ihr Recht auf die Krankenversicherung durchzusetzen. Seien Sie jedoch vorsichtig dabei – vergessen Sie nicht, dass Ihr Misshandler möglicherweise über Abrechnungen herleiten kann, wo Sie sich aufhalten.

Wenn Sie Arbeitslosengeld oder Sozialhilfe erhalten, wie im vorigen Abschnitt beschrieben, sind Sie automatisch darüber krankenversichert. Schließlich können Sie sich in einem medizinischen Notfall ruhig in ein Krankenhaus begeben, selbst wenn augenblicklich nicht klar sein sollte, wer für die Behandlungskosten aufkommt. Die meisten Krankenhäuser werden die Behandlung eines Notfalls nicht verweigern, egal, ob der Patient krankenversichert oder wie seine finanzielle Lage ist.

Hilfe annehmen

Wie schon erwähnt, mag diese frühe Übergangszeit in Ihrem Leben es erfordern, persönlichen Stolz zur Seite zu schieben, indem Sie entscheiden, wie Sie die Hilfe bekommen, die Sie zum Überleben benötigen. Dass Sie manche der hier erörterten Angebote als „Almosen“ verstehen und sich zu stolz, peinlich berührt oder beschämt fühlen, sie anzunehmen, ist normal und verständlich. Jedoch ist es ein wichtiger Teil Ihrer Heilung, die Hilfe zu akzeptieren, die andere Ihnen geben können. Sie wissen, dass es nicht leicht ist, Ihr Leben zurückzugewinnen, und wenn einzelne Personen oder Organisationen es Ihnen ein bisschen erleichtern können, nehmen Sie deren Angebote an. Machen Sie sich klar, dass sie Ihnen helfen *wollen* und Sie nur *vorübergehend* auf diese Hilfe angewiesen sind. Vielleicht können Sie, wenn Ihr Leben eines Tages wieder in Ordnung ist, etwas davon zurückgeben, indem Sie anderen helfen, die dann das durchmachen, was Sie jetzt gerade erleben.

Selbsterkundungsübung 1

Die praktische Seite der Heilung

Dieses Kapitel bietet zwei Übungen an, die Ihnen dabei helfen, mit den praktischen Fragen des Alleinlebens klarzukommen. Diese erste ist schlicht eine Gelegenheit für Sie, unter eher praktischen und weniger emotionalen Gesichtspunkten die Möglichkeiten zu betrachten, die Sie für den Wiederaufbau Ihres Lebens haben. Natürlich sind die praktische und die emotionale Seite miteinander verbunden, sodass mit einer Besserung in einem Bereich auch meist ein Aufschwung im anderen einhergeht. Im ersten Teil dieser Übung haben Sie Gelegenheit, sich über einige Ihrer praktischen Bedürfnisse klar zu werden und sich über mögliche Ressourcen Gedanken zu machen, die Ihnen zur Erfüllung dieser Bedürfnisse zur Verfügung stehen.

1a. Sicherheit: Notieren Sie, inwiefern Sie sich unsicher fühlen, entweder ausgelöst durch die Gefahr, die von Ihrem früheren Misshandler ausgeht, oder durch sonstige Schwierigkeiten Ihres derzeitigen Lebens.

1b. Zählen Sie Unterstützungs- und Hilfsquellen auf, auf die Sie zurückgreifen können, um Ihre Sicherheit zu erhöhen und sich sicherer zu fühlen.

2a. Juristische Fragen: Zählen Sie rechtliche Probleme auf, falls es welche gibt, die Sie auf sich zukommen sehen, jetzt wo Sie der Misshandlungsbeziehung entflohen sind.

2b. Zählen Sie auf, bei welchen Stellen in Ihrer Gegend Sie juristischen Beistand für den Umgang mit diesen Problemen bekommen können.

3a. Finanzen: Zählen Sie – falls es welche gibt – finanzielle Probleme auf, die Sie jetzt, wo Sie der Misshandlungsbeziehung entflohen sind, auf sich zukommen sehen.

3b. Zählen Sie auf, bei wem oder bei welchen Stellen in Ihrer Gegend Sie finanzielle Unterstützung bekommen können, wenn Geld für Sie ein Problem ist.

____

____

____

____

____

4. Medizinische Versorgung: Zählen Sie auf, wo und von wem Sie und ggf. Ihre Kinder medizinisch versorgt werden können.

____

____

____

____

____

5. Bildung und Berufsausbildung: Schreiben Sie einige der Möglichkeiten auf, die Sie verfolgen können, um Ihre Ausbildung voranzutreiben und die Fertigkeiten zu erlernen, die Sie für den beruflichen Weg benötigen, den Sie sich wünschen.

____

____

____

____

____

____

Selbsterkundungsübung 2

Wie viel Geld brauchen Sie genau zum Überleben?

Diese nächste Übung mag Ihnen im Vergleich zu den anderen in diesem Buch ein bisschen banal erscheinen, sie ist aber mindestens genauso wichtig. Wenn Sie ungefähr berechnen können, wie viel Geld Sie tatsächlich im Monat benötigen, um bei einfachem Lebensstandard zu leben, wird Ihnen klarer, welches Gehalt oder welche finanzielle Unterstützung Sie anstreben müssen. Schätzen Sie zu dem Zweck für jeden der aufgeführten Punkte, der auf Sie zutrifft, welchen Betrag Sie benötigen (Schreiben Sie 0 €/CHF bei Dingen, die auf Sie nicht zutreffen oder auf die Sie verzichten können). Seien Sie realistisch! Setzen Sie nicht zu wenig an, aber beschränken Sie sich auf Ihre Grundbedürfnisse. Dies ist eine sehr detaillierte Liste, sodass Ihnen eine möglichst genaue Schätzung vorliegen wird.

Nachdem Sie Ihren monatlichen Finanzbedarf abgeschätzt haben, können Sie mit der anschließenden Liste Ihr momentanes und mögliches zukünftiges Monatseinkommen aus verschiedenen Quellen berechnen. Diese zwei grundlegenden Informationen sind für Sie wichtig, um einen Plan zu machen, der Sie in die wirtschaftliche Unabhängigkeit führt.

Haushaltsposten	Geschätzte monatliche Kosten
Lebensmittelgeschäft	
Lebensmittel	€/CHF
Kosmetik	€/CHF
Sonstiges: ______________________	€/CHF
Gesundheit	
Krankenhausaufenthalte	€/CHF
Arztbesuche	€/CHF
Zahnarztbesuche	€/CHF

Haushaltsposten	Geschätzte monatliche Kosten
Medikamente/Vitamine	€/CHF
Beiträge zur Krankenversicherung	€/CHF
Sonstiges: ________________	€/CHF
Fortbewegung	
Ausgaben für öffentliche Verkehrsmittel	€/CHF
Ratenzahlungen für Auto	€/CHF
Steuern und Abgaben	€/CHF
Maut	€/CHF
Benzin	€/CHF
Instandhaltungskosten	€/CHF
Autoversicherung	€/CHF
Parkgebühren	€/CHF
Sonstiges: ________________	€/CHF
Kleidung	
Reinigung/Wäsche	€/CHF
Neuanschaffungen Freizeitkleidung	€/CHF
Neuanschaffungen Arbeitskleidung	€/CHF
Sonstiges: ________________	€/CHF
Bildung (für Sie oder Ihre Kinder)	
Ausbildungskosten	€/CHF
Einschreibe-/Rückmeldegebühren	€/CHF
Schulgeld oder Studiengebühren	€/CHF
Bücher	€/CHF

Haushaltsposten	Geschätzte monatliche Kosten
Unterkunft/Mittagessen	€/CHF
Verschiedene Ausgaben	€/CHF
Sonstiges: ______________________	€/CHF
Ausgaben für Kinder	
Tagesbetreuung	€/CHF
Babysitter	€/CHF
Kleidung	€/CHF
Windeln	€/CHF
Säuglingsmilch	€/CHF
Medikamente	€/CHF
Babynahrung	€/CHF
Sonstiges: ______________________	€/CHF
Arbeitsbezogene Ausgaben	
Kantine/Essen	€/CHF
Büromaterial	€/CHF
Uniform, Arbeitskleidung	€/CHF
Gewerkschaftsbeitrag	€/CHF
Sonstiges: ______________________	€/CHF
Wohnung	
Miete oder Hypothekenrate	€/CHF
Gas	€/CHF
Strom	€/CHF
Heizkosten	€/CHF

Haushaltsposten	Geschätzte monatliche Kosten
Wasser	€/CHF
Abwasser	€/CHF
Versicherungen	€/CHF
Instandhaltung, Reparaturen	€/CHF
Grundsteuer	€/CHF
Winterdienst	€/CHF
Durchschnittliche Telefonrechnung	€/CHF
Sonstiges: ______________________	€/CHF
Feste monatliche Zahlungen	
Kreditkartenzahlungen	€/CHF
Ratenzahlungen	€/CHF
Sonstiges: ______________________	€/CHF
Haustiere	
Tierarztrechnungen	€/CHF
Tierfutter	€/CHF
Verpflegung	€/CHF
Sonstiges: ______________________	€/CHF
Taschengeld	€/CHF
Geschätzte monatliche Gesamtausgaben (Minimum)	€/CHF

Derzeitige und potenzielle Einkommensquellen

Jetzt müssen Sie darüber nachdenken, woher das Geld kommen soll, das Sie für Ihre monatlichen Ausgaben benötigen. Schätzen Sie anhand der folgenden Liste möglichst genau den Betrag, den Sie zurzeit aus verschiedenen Quellen bekommen, und den Betrag, den Sie insgesamt wahrscheinlich erhalten könnten, wenn Sie weitere Quellen in Anspruch nähmen wie die, die in diesem Kapitel erörtert wurden. Wenn Sie diese Beträge mit Ihren Grundbedürfnissen vergleichen, wird Ihnen das helfen, Ihre Prioritäten darauf auszurichten, dass Sie Ihre Grundbedürfnisse selbständig und unabhängig von Ihrem Misshandler erfüllt bekommen.

Einkommensquelle	Heutiger Betrag	Möglicher zukünftiger Betrag
Arbeit	€/CHF	€/CHF
Ersparnisse	€/CHF	€/CHF
Kindergeld	€/CHF	€/CHF
Unterhaltszahlungen	€/CHF	€/CHF
Von Verwandten	€/CHF	€/CHF
Von Freunden	€/CHF	€/CHF
Staatliche Sozialleistungen	€/CHF	€/CHF
Weitere mögliche Einkommensquellen (aufzählen): __________ __________ __________	€/CHF €/CHF €/CHF	€/CHF €/CHF €/CHF
Summen	€/CHF	€/CHF

13
Die Heilung beginnt

Mythen:

Man muss sich nur genug anstrengen, dann bekommt man seine Probleme ganz alleine in den Griff.

Wer eine professionelle Therapie benötigt, muss verrückt sein.

Wenn man stark genug ist, wird man mit allem alleine fertig.

Sie fragen sich vielleicht, wann Sie wohl endlich die Frage „Wie geht es dir?“ *ehrlich* mit „Gut!“ beantworten können. Während Sie mit dem Aufbau Ihres neuen Lebens beginnen, werden Sie sich vermutlich einigen der belastenden Emotionen stellen müssen, von denen Sie sich geplagt fühlen.

Drei der aufreibendsten Emotionen, die Überlebende von Misshandlungsbeziehungen typischerweise erleben, sind Wut, Depressionen und Angst. Wenn diese Emotionen allzu stark werden, können sie Ihr Leben zerstören, und Ihre Heilung kann darüber entgleisen.

Wut

An sich gibt es an Wut nichts auszusetzen. Wut ist eine normale, gesunde Emotion. Sie sind nur allzu berechtigt, gegenüber Ihrem Misshandler Wut zu empfinden. Wenn Sie allerdings bemerken, dass die Wut die Oberhand über Sie gewinnt, ist es vielleicht an der Zeit, diese Wut einmal genauer zu betrachten und Maßnahmen zu ergreifen, die Ihnen helfen, sie besser unter Kontrolle zu bringen.

Wie oft sind Sie wütend? Beeinträchtigt dieser Zorn Ihre Beziehungen zu anderen? Brodelt Ihre Wut immer gerade so unter der Oberfläche und droht, in Ihnen negative Gedanken oder Gefühle hervorzurufen? Fühlen Sie sich verfolgt von Überlegungen, wie Sie sich an Ihrem Misshandler rächen können? Falls ja, hat Ihre Wut vielleicht einen Punkt erreicht, an dem sie Ihr Wohlbefinden beeinträchtigen kann, wenn Sie nicht lernen, damit zurechtzukommen.

Falls Sie dauerhaft Wut verspüren oder wenn Sie darüber nachdenken, Ihren Peiniger *tatsächlich* zu verletzen, zum Krüppel zu machen oder zu töten, sollten Sie sich sofort Hilfe suchen. Wenn Sie Ihren Peiniger angreifen, wird es Ihr Leben nur verschlimmern und anderen wehtun, die Sie lieben. Es ist wichtig, sich in Erinnerung zu rufen, dass Ihr Ex-Partner das einfach nicht wert ist.

Die meisten Menschen lernen als Kinder, dass es nicht richtig ist, andere anzuschreien oder zu schlagen oder fremdes Eigentum zu zerstören. Wenn diese Verhaltensweisen allerdings in einem therapeutischen Sinn zielgerichtet und in harmloser Weise ausgeführt werden, können sie helfen, ein wenig von der aufgestauten Wut abzulassen.

Wenn Sie einmal das Gefühl haben, so wütend zu sein, dass Sie am liebsten schreien möchten, sollten Sie vielleicht genau das tun. Suchen Sie einen Ort auf, an dem es niemand hören wird, und brüllen und schreien Sie, so lange Sie möchten. Sagen Sie alles, was Sie fühlen. Halten Sie nichts zurück. Sagen Sie all das, was Sie zu Ihrem Peiniger nie sagen konnten. Bringen Sie zum Ausdruck, wie wütend Sie sind – über alles, was Ihnen widerfahren ist, und darüber, was man Ihnen genommen hat. Denken Sie darüber nach, ob Sie eine verständnisvolle Freundin, der Sie vertrauen, einladen, währenddessen bei Ihnen zu sein. Falls Sie sich nach der Befreiung Ihrer Wut erschöpft oder weinerlich fühlen, kann Ihre Freundin Ihnen helfen, sicher nach Hause zu kommen.

Falls es keinen Ort gibt, an dem Sie schreien könnten, versuchen Sie in ein Kissen zu brüllen. Es kann sein, dass Sie sich zunächst albern vorkommen. Aber wenn Sie sich gehen lassen, kann es Wunder bewirken, Ihre angesammelte Wut zu befreien. Schreien ist kein Allheilmittel, aber es ist ein sicherer Weg, den Emotionen freien Lauf zu lassen.

Gibt es Momente, in denen Sie so wütend sind, dass Sie am liebsten jemanden schlagen würden? Indem Sie jemanden schlagen, insbesondere wenn Sie Ihren früheren Misshandler schlagen, werden Sie Ihre Situation nur verschlimmern, und das könnte gefährlich sein. Wenn Sie das Bedürfnis verspüren, um sich zu schlagen, ist es wichtig, Wege zu finden, wie Sie diesem Bedürfnis nachkommen können, ohne sich dabei mehr Schaden zuzufügen. Manchmal ist es hilfreich, auf ein Bett einzuschlagen oder in ein Kissen zu boxen, um ein wenig Wut abzulassen. Schlagen Sie gegen etwas Weiches, sodass Sie Ihre Hände nicht verletzen. Wenn Sie gegen eine Wand oder eine Tür schlagen, werden Sie sich nur verletzen, und Schmerzen haben Sie zur Genüge erlitten. Denken Sie darüber nach, ob Sie vielleicht in einen Sandsack investieren möchten. (Diese sind in verschiedenen Größen und einer breiten Preisspanne erhältlich.)

Sind Sie in der Lage, Ihre wütenden Gedanken zu äußern, oder unterdrücken Sie sie? Schlucken Sie Ihre Wut jedes Mal herunter, wenn Sie spüren, wie sie aufsteigt? Zwingen Sie sich dann, an etwas anderes zu denken? Wenn Sie bisher nicht in der Lage waren, Ihre Wutgedanken herauszulassen, versuchen Sie doch einmal, sie aufzuschreiben. Schreiben Sie alles auf, was Sie wütend macht. Wenn Wut für Sie eine sehr unangenehme Emotion ist, wird es Ihnen zunächst vielleicht schwerfallen. Gehen Sie die Sache langsam an, wenn das hilft. Machen Sie einen Anfang, indem Sie die den einen oder zwei wütende Gedanken aufschreiben, die am häufigsten aufkommen. Es kann sein, dass dies zunächst allgemeine Aussagen sind wie: „Ich bin sauer über die Misshandlungen" oder „Ich bin so wütend auf meinen Misshandler!" Wenn Sie dann an Ihrer Liste weiterarbeiten, können Sie die Gedanken weiterentwickeln oder neue hinzufügen und dabei viel spezifischer werden. Ein spezifischer wuterzeugender Gedanke könnte zum Beispiel lauten: „Ich bin absolut sauer, dass du mich eingeengt hast, indem du mir auf Schritt und Tritt gefolgt bist!" oder „Ich hasse dich dafür, dass du meine Lieblingsvase zerbrochen hast!"

Versuchen Sie, mit der Zeit alles niederzuschreiben, was in Ihnen Wut hervorruft. Wenn Sie meinen, dass Sie vorerst mit Ihrer Liste fertig sind, denken Sie darüber nach, was Sie damit tun möchten. Wenn Sie das Gefühl haben, dass die Liste Sie von einer Menge Wut erlöst hat, möchten Sie sie vielleicht zum späteren Nachlesen aufbewahren. Wenn Sie die Liste lieber aus der Welt schaffen möchten, können Sie verschiedene heilsame Entsorgungsarten in Erwägung ziehen.

Nehmen Sie sich Zeit bei der Entscheidung, auf welche Weise Sie die Liste zerstören wollen, um sich innerlich am besten gereinigt zu fühlen. Sie können die ganze Liste auf einmal entsorgen oder aber in Teilen. Falls Sie alles auf einmal entsorgen möchten, versuchen Sie eine wutaustreibende Zeremonie zu gestalten. Sie könnten eine Erklärung abgeben oder ein Gedicht über Ihre Gefühle vortragen. Vielleicht möchten Sie aber auch erleben, wie Ihre Gefühle spontan aus Ihnen herausfließen. Ihre Zeremonie könnte darin bestehen, die Liste zu unendlich vielen kleinen Fetzen zu zerreißen. Vielleicht möchten Sie diese Fetzen danach verbrennen oder vergraben. Zu welcher Handlung Sie sich auch entscheiden mögen – es geht darum, Ihre Wut mithilfe des Rituals auf sichere Art und Weise abzulassen und sich von diesem Zorn zu befreien.

Wenn Sie meinen, dass es für Sie hilfreicher ist, wenn Sie die wütenden Gedanken schrittweise loslassen, möchten Sie Ihre Liste vielleicht mit der Zeit Stück für Stück zerstören. Ein Weg, wie Sie Ihre Wut zur Geltung bringen können, besteht darin, einen oder mehrere Punkte Ihrer

Wutliste auf ein Klebeband zu schreiben. Kleben Sie das Band dann an Ihre Schuhsohle. Lassen Sie Ihre Wut über den ganzen Tag hinweg ab, indem Sie mit dem Fuß aufstampfen, besonders hart auftreten oder in etwas treten, dem Sie normalerweise aus dem Weg gingen. Sie können auch Punkte Ihrer Liste an Ihre Füße kleben und einen „Heilungstanz" durchführen. Ihrer Kreativität sind keine Grenzen gesetzt. Die Wut auf körperlichem Weg abzureagieren, kann sehr befreiend sein.

Depression

In Kapitel 8 „Wenn Emotionen Sie überwältigen" wurden viele Symptome beschrieben, die für Depressionen typisch sind. Einige der wichtigsten Anzeichen für Depressionen sind permanente Traurigkeit, Veränderungen der Ess- und Schlafgewohnheiten, Erschöpfung, Hoffnungslosigkeit und Gedanken an Selbstverletzung oder Suizid. Im Zuge der Nachwirkungen einer Misshandlungsbeziehung kann sich eine depressive Symptomatik entwickeln oder verstärken.

Leichte Depression

Wie haben Sie die verschiedenen Depressionsmerkmale bewertet, die in Teil III der Selbsterkundungsübung am Ende von Kapitel 8 „Wenn Emotionen Sie überwältigen" aufgeführt sind? Liegen Ihre Bewertungen in jenem Übungsabschnitt überwiegend zwischen 1 und 4, so leiden Sie möglicherweise an einer leichten Depression, wobei Ihr Alltag und Ihre Beziehungen zu anderen vermutlich nicht gravierend durch Ihre Stimmung beeinträchtigt sind. Wahrscheinlich erscheint der Alltag für Sie bewältigbar, wenn auch absolut nicht angenehm. Dies sind Anzeichen einer leichten Depression. Wenn die Depression nur schwach ausgeprägt ist, können Sie entweder gegen Ihre Trauer vorgehen oder aber darauf warten, dass sie sich von selbst wieder legt. Falls Sie beschließen, dass Sie dagegen aktiv etwas unternehmen möchten, finden Sie hier ein paar wirkungsvolle Methoden, mit denen sich Ihr Schmerz lindern lässt.

Eine Technik, mit der sich leichte Depressionen abmildern lassen, besteht darin, Ihre Trauer in Worten auszudrücken. Manchmal wirkt es schon Wunder, jemandem von seinen Gefühlen zu erzählen, der eine Stütze ist und wirklich zuhört. Gespräche über Ihre Gefühle mit Freunden oder Familienmitgliedern, denen Sie vertrauen, haben oft eine sehr lindernde Wirkung auf Depressionen. Falls es Ihnen an der Unterstützung mangelt, die Sie in diesem Moment in Ihrem Leben brauchen, ist es an der Zeit, sich diese Kraft spendenden menschlichen Ressourcen wieder aufzubauen. Vielleicht werden Sie bei Ihrer Familie, Freunden, Nachbarn oder Arbeitskollegen auf Unterstützung stoßen. Ist dies allerdings nicht der Fall, bedenken Sie einmal, ob Sie nicht in einen Verein, eine Organisation oder eine Gruppe einer Kirchengemeinde eintreten oder eine ehrenamtliche Arbeit aufnehmen möchten. Abgesehen davon, dass solche Aktivitäten Spaß machen und selbstwerterhöhend wirken, sind sie oft hilfreich, um neue Menschen kennenzulernen. Durch Isolation und Einsamkeit werden Depressionen normalerweise nur weiter verstärkt.

Weiterhin wichtig für die Bewältigung von Depressionen ist, dass Sie lernen, Ihre Gefühle zu akzeptieren. Emotionen sind nicht richtig oder falsch. Indem Sie sich vor Ihren Emotionen verstecken und es sich nicht zugestehen zu fühlen, könnten Sie die Depression noch verschlimmern. Indem Sie Ihre wahren Gefühle verbergen, werden Sie sie nicht zum Verschwinden bringen.

Versuchen Sie auch hierbei, all die Gründe niederzuschreiben, aus denen Sie sich bedrückt fühlen. Räumen Sie sich ein, dass das, was Sie durchgemacht haben, als Grund für die Gefühle, die Sie haben, mehr als ausreichend ist. Gestatten Sie sich, niedergeschlagen zu sein, zu weinen und alles zu tun, was Sie tun müssen, um mit Ihren Gefühlen in Kontakt zu sein.

Gleichzeitig sollten Sie es sich zur Aufgabe machen, täglich etwas für sich zu tun, das Sie genießen. Treiben Sie Sport, nehmen Sie ein Schaumbad, machen Sie einen langen Spaziergang im Wald, telefonieren Sie mit einer Freundin, lesen Sie eine Zeitschrift oder gehen Sie einer künstlerischen oder handwerklichen Tätigkeit nach. Sorgen Sie dafür, dass Sie sich die Freude an solchen Aktivitäten regelmäßig gönnen. Es kann sein, dass die Depression Ihre Lust an diesen Tätigkeiten für eine Weile dämpft. Trotzdem sollten Sie sich auf diese Weise etwas Gutes tun, da dies umgekehrt auch dazu beitragen wird, Ihre Depression zu besiegen.

Mittlere oder schwere Depression

Falls Ihre Bewertungen in Teil III der Selbsterkundungsübung von Kapitel 8 überwiegend über 4 liegen, weist dies auf eine mittlere bis schwere Depression hin. Eventuell möchten Sie entschlossener dagegen vorgehen. Nach dem Ende einer Gewaltbeziehung sind Depressionen normal. Sie müssen aber keineswegs für immer damit leben. Sie können beschließen, sich Hilfe zu besorgen, und beginnen, sich besser zu fühlen.

Woran können Sie erkennen, dass Ihre Depression so schwerwiegend ist, dass Sie Hilfe von außen benötigen? Meist können Sie das am besten selbst beurteilen. Folgen Sie Ihrer Intuition. Falls Sie nicht sicher sind, ob eine (therapeutische) Behandlung notwendig ist oder nicht, erwägen Sie ein Gespräch mit jemandem, der Ihnen bei dieser Entscheidung helfen kann. Es gibt ein paar allgemeine Richtlinien, die Ihnen helfen können, den Schweregrad Ihrer Depression besser einzuschätzen und zu bestimmen, ob Sie möglicherweise professionelle Hilfe brauchen.

Ein Hauptmerkmal für eine stärker ausgeprägte Depression besteht darin, dass Ihre Alltagstätigkeiten dadurch merklich beeinträchtigt werden. Fällt es Ihnen sehr schwer, zur Arbeit zu gehen oder Ihr übliches Leistungsniveau aufrechtzuerhalten? Wachsen Ihnen Routineaufgaben wie die Essenszubereitung, die Versorgung der Kinder oder die Bewältigung des Haushaltes allmählich über den Kopf? Bereiten Ihre Lieblingstätigkeiten Ihnen keine Freude mehr? Dies sind Anzeichen dafür, dass die Depression schlimmer wird.

Es ist auch wichtig, dass Sie Ihr Schlaf- und Essverhalten aufmerksam beobachten. Übermäßiger Schlaf, sehr wenig Schlaf oder frühes Erwachen am Morgen, ohne wieder einschlafen zu können, sind Symptome einer schweren Depression. Wenn Sie sehr wenig essen oder sehr viel mehr als sonst zu sich nehmen, kann dies darauf hindeuten, dass die Depression gravierender wird.

Suizidgedanken

Der vermutlich alarmierendste Hinweis auf eine schwere Depression sind Gedanken daran, sich selbst zu verletzen oder sich das Leben zu nehmen. Gibt es Tage, an denen Sie sich wünschen, am Tag darauf einfach nicht mehr aufzuwachen? Hoffen Sie manchmal, dass ein Unfall Sie von der schweren Last erlöst, immer weitermachen zu müssen? Haben Sie manchmal das Gefühl, es würde allen besser gehen, wenn es Sie nicht mehr gäbe? Solche Gedanken sind Warnsignale, die Ihnen sagen, dass Sie Ihre Depressionen sehr genau im Auge behalten sollten. *Falls in Ihnen das Gefühl aufkommen sollte, dass Sie diese Gedanken vielleicht wahr machen könnten, müssen Sie sich sofort Hilfe holen.* Wenn Sie sich dabei beobachten, wie Sie einen tatsächlichen Suizidplan entwickeln, wenn Sie darüber nachdenken, auf welche Weise Sie sich umbringen wollen, oder wenn Sie über den „richtigen Zeitpunkt" nachdenken, sollten Sie *jetzt* Hilfe besorgen. Erzählen Sie einer Freundin, einem Angehörigen oder Ihrem Arzt davon oder wenden Sie sich an eine Beratungsstelle, aber warten Sie nicht, bis es zu spät ist.

Falls Sie Symptome einer mittleren oder schweren Depression haben, handelt es sich dabei vielleicht nicht um eine Art von Problemen, die Sie eigenständig überwinden können. Sich in Behandlung zu begeben, bedeutet nicht, dass Sie schwach oder verrückt sind. Sie zeigen normale Reaktionen auf eine traumatische Vergangenheit. Hilfe zu suchen, bedeutet einfach nur, dass Sie erkannt haben, dass Sie unmöglich all Ihre Schwierigkeiten bewältigen können und dass Sie bereit sind, sich in dieser Angelegenheit von einem speziell ausgebildeten, einfühlsamen Experten anleiten zu lassen. Später in diesem Kapitel gehen wir darauf ein, wie Sie Hilfe finden können.

Angst

Jeder leidet von Zeit zu Zeit unter Ängsten. Wenn sich unerwartete und unkontrollierbare Ereignisse zutragen, fühlen wir uns häufig ängstlich und machen uns Sorgen darüber, wie wohl alles verlaufen wird. Diese normalen Angstgefühle sind vorübergehend und beeinträchtigen unser Leben üblicherweise nicht in bedeutender Weise.

Es gibt allerdings Formen der Angst, die schwerwiegend und lähmend sein können. Häufig lässt sich eine ernsthafte Angstproblematik daran erkennen, dass die Angst allmählich überhand gewinnt. Anstatt Ihre Angst unter Kontrolle zu haben, werden Sie von ihr kontrolliert. Eine solche Form von Angst manifestiert sich oft im Umgang mit anderen. Leichte bis mäßige Angst kann dazu führen, dass Sie gegenüber anderen leicht reizbar und kurz angebunden auftreten. Sie erscheinen schnell genervt und sprunghaft. Vielleicht sagen Ihnen andere, dass Sie sich beruhigen und entspannen sollen, aber Sie wissen, dass dies leichter gesagt ist als getan. Sie versuchen sich einzureden, dass Sie sich weniger Sorgen machen sollten, aber wenn es Ihnen dann einmal gelingt, ist der Zustand nie von Dauer.

Vielleicht haben Sie das Gefühl, dass Ihr Misshandler noch immer eine reale Gefahr darstellt, und sorgen sich darum, wie Sie sich und Ihre Kinder schützen können. In diesem Fall ist Ihre Angst berechtigt. Sie ist eine realistische und kluge Reaktion. Aber was ist, wenn körperliche Sicherheit für Sie kein Thema ist, um das Sie sich sorgen müssen? Bedeutet dies, dass Sie „kein Recht haben", ängstlich zu sein? Natürlich bedeutet es das nicht. Selbst wenn körperliche Gewalt in Ihrer Beziehung nie eine Rolle gespielt hat, gibt es jetzt, wo Sie frei sind, viele mögliche Gründe dafür, ängstlich zu sein. Allein die Tatsache, ein neues Leben beginnen zu müssen, ist ausreichend, um jeden in dieser Situation ängstlich zu machen. Stark ausgeprägte Angst kann sich auf Ihre Denkmuster auswirken. Sie können dadurch in einen Teufelskreis hineingeraten: Ihr Versuch, negative Gedanken zu unterbinden, führt dazu, dass diese nur immer und immer schneller in Ihrem Kopf herumwirbeln. Vielleicht hören Sie sich denken: „Ich kann das nicht", „Das wird nie gut werden" oder „Das ist mir einfach alles zu viel." Dies können Anzeichen dafür sein, dass Ihre Angst die Oberhand über Sie gewinnt.

Ängstlichkeit wirkt sich auch in körperlicher Weise aus. Haben Sie häufig Bauch-, Nacken-, Rücken- oder Kopfschmerzen? Kommt es Ihnen vor, als seien andere seltener von Erkältungen oder Grippe betroffen als Sie? Leiden Sie häufig unter Durchfall oder Verstopfung? Haben Sie Herzrasen? Brechen Sie in kaltem Schweiß aus oder hyperventilieren Sie? All das kann auf schwerwiegende Ängstlichkeit hinweisen.

Starke Angst kann zu sehr furchterregenden Episoden führen, die als *Panikattacken* bezeichnet werden. Zu den Symptomen einer Panikattacke gehören Kurzatmigkeit, beschleunigter Herzschlag, starkes Schwitzen, Tunnelblick, das Gefühl, einen Herzinfarkt zu erleiden, die Wahrnehmung, dass die Welt „unwirklich" wird, und sogar Todesangst.

Es ist nichts falsch oder verrückt daran, unter Ängsten zu leiden. Sie haben mit schwierigen, schmerzhaften und vielfach beängstigenden Themen zu tun. Angst ist eines der vielen Anzeichen dafür, dass Sie noch weiter von den Misshandlungen heilen müssen, die Sie erlitten haben. Bei Bedarf können Sie professionelle Hilfe in Anspruch nehmen, um zu lernen, wie Sie Ihre Angst reduzieren und bewältigen können.

Sich helfen lassen

Wenn davon gesprochen wird, „Hilfe zu holen" oder Unterstützung durch einen „ausgebildeten Experten" zu suchen, ist damit ein Termin bei einem Berater oder Therapeuten gemeint, der auf die Arbeit mit Frauen spezialisiert ist, die in einer Misshandlungsbeziehung waren. Viele Menschen wehren sich gegen die Vorstellung von Psychotherapie, da sie glauben, „nur verrückte Leute brauchen so etwas". Tatsächlich verhält es sich ganz anders: Psychotherapie bietet Hilfe bei psychischen oder emotionalen Problemen wie überschießender Wut, Depression oder Angst.

Doch woran können Sie erkennen, ob Sie professionelle psychologische Hilfe aufsuchen sollten? Erstens bedeutet es *nicht*, dass Sie verrückt sind, wenn Sie sich Hilfe beschaffen. Im Gegenteil: Die große Mehrheit derer, die in psychotherapeutischer Behandlung sind, ist nicht geisteskrank, sondern erlebt schlicht schmerzhafte Probleme im Leben, die sie alleine nicht lösen kann. Die Entscheidung, bei emotionalen Schmerzen Hilfe zu suchen, fällt den meisten Menschen dennoch schwerer, als sich in medizinische Behandlung zu begeben.

Wenn Sie körperlich krank oder verletzt sind, haben Sie üblicherweise relativ klare Symptome, die als Richtlinie dafür dienen, wann ein Arzt aufgesucht werden sollte. Wenn Sie sich beim Skifahren das Knie verdrehen, wird sich Ihre Entscheidung, ärztliche Hilfe zu suchen, danach richten, wie intensiv und anhaltend die Schmerzen sind, wie stark das Knie anschwillt oder sich verfärbt und wie gut es noch funktioniert. Emotionale Schmerzen können ebenso qualvoll sein, aber die meisten Menschen sind sich unsicher, welche Hinweise dafür sprechen, dass eine Psychotherapie notwendig ist.

Woran können Sie erkennen, dass die Emotionen, die im Anschluss an eine Misshandlungsbeziehung nachwirken, „ernst genug" sind, um Hilfe zu holen? Wenn Sie, wie in diesem Kapitel beschrieben, die Intensität und Dauer der Emotionen analysieren und feststellen, wie stark diese Ihr derzeitiges Leben und Ihre zukünftigen Ziele beeinträchtigen, sollten Sie ausmachen können, ob Sie von psychologischer Hilfe profitieren würden.

Es gibt viele Stellen, die psychologische Unterstützung anbieten, die mitunter kostengünstig oder sogar kostenfrei ist. Bei örtlichen Frauenhäusern, Kontakt- und Beratungsstellen oder Ihrem Arzt können Sie sich jemanden empfehlen lassen. Sie können auch mit Personen aus Ihrer Kirchengemeinde sprechen oder Freunde oder Verwandte fragen, die möglicherweise selbst eine Therapie gemacht haben. Oft bieten auch Hochschulen persönliche Beratungsdienste an, die Sie in Anspruch nehmen können, falls Sie dort eingeschrieben sind. *Wichtig ist allerdings, dass Sie einen Berater oder Therapeuten finden, der sich speziell mit Beziehungsgewalt auskennt und geschult ist, Überlebenden von gewalttätigen und kontrollierenden Beziehungen zu helfen.*

Psychotherapie funktioniert. Berater, Sozialarbeiter, Therapeuten und Psychologen sind darin ausgebildet, Menschen im Umgang mit ihrer Wut zu helfen, Depressionen zu überwinden und Ängste unter Kontrolle zu bringen. Viele Menschen benötigen keine dauerhafte Therapie. Tatsächlich werden Erfolge bereits oftmals nach weniger als zehn Sitzungen erzielt. Psychologische Therapie oder Beratung ist etwas, das man für sich selbst tut. Es ist *absolut* vertraulich. Niemand anderes braucht zu wissen, was Sie während der Sitzungen zu Ihrem Berater oder Therapeuten gesagt haben. Es muss nicht einmal jemand davon erfahren, dass Sie dorthin gehen. Vielleicht fühlen Sie sich dabei unwohl und etwas ängstlich, jenen ersten Termin zu vereinbaren, aber es ist ein wichtiger Schritt auf dem Weg zur Heilung, sich die Hilfe zu besorgen, die man braucht.

Selbsterkundungsübung

Brauchen Sie professionelle Hilfe?

Diese Übung soll Ihnen helfen zu entscheiden, ob Sie sich an einen Berater oder Therapeuten wenden sollten. Nehmen Sie sich bei der Bearbeitung der Checkliste Zeit. Seien Sie ehrlich zu sich selbst. Sie würden sich nur selbst verletzen, wenn Sie sich die Antworten „zurechtlegten".

Je häufiger die aufgeführten Gefühle und Verhaltensweisen vorkommen und je mehr Markierungen Sie sehen, wenn Sie die Aufgabe fertig bearbeitet haben, umso eher werden Sie von einer psychologischen Beratung oder Therapie profitieren. (**Anmerkung: Falls Sie Suizidgedanken haben, sollten Sie sofort professionelle Hilfe aufsuchen!**) Falls Sie sich für therapeutische Hilfe entscheiden, können Sie diese Übung jederzeit während der Therapie verwenden, um sich Ihre Erfolge zu verdeutlichen.

Wir empfehlen, dass Sie sich diese Übung mehrfach kopieren und die Checkliste jetzt, ungefähr in einem Monat und danach etwa monatlich bearbeiten. Es ist gut möglich, dass Sie zu den verschiedenen Zeitpunkten Erfolge sehen können. Falls Sie keinen Rückgang Ihrer qualvollen Emotionen sehen, kann Ihnen das als nützliches Signal dienen, eine Therapie zu beginnen bzw. weiter fortzuführen.

	Markieren Sie, welche Häufigkeit auf Ihr Verhalten am ehesten zutrifft				
Emotionales Verhalten vom: (Datum) ______	sehr oft	oft	manch-mal	fast nie	nie
Verbale Wutausbrüche					
Überschäumende Wut empfinden					
Mit Gegenständen werfen					
Auf Gegenstände einschlagen					
Sich hoffnungslos fühlen					
Sich hilflos fühlen					

	Markieren Sie, welche Häufigkeit auf Ihr Verhalten am ehesten zutrifft				
Emotionales Verhalten vom: (Datum) ______	sehr oft	oft	manch-mal	fast nie	nie
Veränderungen im Schlafverhalten					
Veränderungen im Essverhalten					
Sich traurig und melancholisch fühlen					
Gedanken daran, sich selbst zu verletzen					
Andere Menschen schlagen**					
Selbstverletzendes Verhalten**					
Suizidversuche**					
Suizidgedanken**					
Übermäßiges Grübeln/sich Sorgen					
Kopfschmerzen					
Bauchschmerzen/ Verdauungsstörungen					
Nackenschmerzen					
Rückenschmerzen					
Angst					
Panikattacken					
Sonstiges: ______					
Sonstiges: ______					

** *Bitte beachten Sie:* Falls Sie in den mit ** gekennzeichneten Zeilen eine andere Häufigkeit als „nie" markiert haben, sollten Sie sofort psychologische Hilfe aufsuchen, unabhängig von dem Gesamtergebnis dieser Übung.

Interpretation Ihrer Einschätzungen

Es gibt keinen Test, der vollständig bestimmen kann, wie dringend Sie psychologische Unterstützung brauchen. Die Auswertung dieser Selbsterkundungsübung ist lediglich ein Faktor, der zu Ihrer Entscheidung beitragen kann, ob Sie in dieser schwierigen Zeit Ihres Lebens professionelle Hilfe aufsuchen möchten. Je häufiger Sie unter den aufgeführten Verhaltensweisen und Gefühlen leiden, umso wahrscheinlicher benötigen Sie psychologische Hilfe, um zu einem besseren Umgang mit diesen Dingen zu gelangen.

Richten Sie besondere Aufmerksamkeit auf die Punkte, die Sie mit „sehr oft“ oder „oft“ bewertet haben. Vermutlich fühlen Sie sich durch diese Gefühle oder Verhaltensweisen in großem Ausmaß gequält. Es ist wahrscheinlich, dass Ihre Heilung eher früher als später professionelle psychologische Hilfe erfordern wird. Diese Probleme belasten Sie vielleicht sehr stark. Falls Sie keinen Weg finden, sie beizulegen, können sie eine erfolgreiche Heilung behindern.

Beachten Sie auch, wie viele Markierungen Sie in den drei häufigsten Spalten gemacht haben. Falls Sie viele, sagen wir fünf oder mehr, entdecken, kann es sein, dass es Ihnen schwerfallen wird, sich durch all diese Dinge alleine hindurchzukämpfen. Die bloße Anzahl solcher Verhaltensweisen oder Gefühle ist ein weiterer Hinweis darauf, dass professionelle Unterstützung sehr hilfreich für Sie sein könnte, um die Häufigkeit unproduktiver Gefühle und Verhaltensweisen zu senken und Ihr Leben allgemein besser zu bewältigen.

Betrachten Sie nun die Punkte, die Sie mit „fast nie“ oder „nie“ bewertet haben. Mit Ausnahme der Zeilen, die mit ** gekennzeichnet sind, bereiten diese Dinge Ihnen vermutlich kaum oder keine Schwierigkeiten. Wegen dieser Themen haben Sie im Moment vermutlich wenig Bedarf an einer Psychotherapie. Mit dem Fortschritt Ihrer Heilung sollten zunehmend mehr der quälenden Gefühle und Verhaltensweisen in die „Nie“-Spalte hinüberwandern.

Schließlich dürfen Sie auch nicht vergessen: *Folgen Sie Ihrer Intuition*, wenn Sie das Bedürfnis nach professioneller Hilfe haben, obwohl diese Skala dafür spricht, dass es um Ihre Emotionen recht gut steht.

Wiederholen Sie diese Selbsterkundung nach etwa einem Monat. (Denken Sie daran: Wenn Sie auch nur ansatzweise Suizidgedanken haben, sollten Sie unverzüglich professionelle Hilfe aufsuchen.)

Vergleichen Sie Ihre Bewertungen mit denen vom vorigen Monat. Sie sollten sehen, dass quälende Gefühle und Verhaltensweisen insgesamt seltener geworden sind. Das heißt, Verhaltensweisen, die Sie vorher mit „sehr oft“ oder „oft“ bewertet haben, sollten allmählich öfter in der „Manchmal“-, der „Fast nie“- oder der „Nie“-Spalte zu finden sein, und es sollten zunehmend mehr der Verhaltensweisen, die Sie zuerst mit „manchmal“ oder „fast nie“ bewertet haben, mit „nie“ beurteilt werden.

Falls Sie keine Fortschritte erkennen können oder falls quälende Gefühle und Verhaltensweisen *häufiger* auftreten als vorher, kann dies ein wichtiges Zeichen dafür sein, dass Sie professionelle Hilfe suchen oder weiterhin in Anspruch nehmen sollten. Die Arbeit mit einem Therapeuten, der im Bereich Misshandlungen geschult ist, oder Gespräche mit Vertretern Ihrer örtlichen Kontakt- und Beratungsstelle können Ihnen helfen, diese Probleme zu überwinden und Ihre Heilung weiter voranzubringen.

Abschließend möchten wir nochmals betonen: Wenn die Auswertung dieser Skala darauf hindeutet, dass Sie mit Ihren Emotionen gut zurechtkommen und Sie dennoch das Gefühl haben, ein wenig professionelle Hilfe würde Ihnen guttun, dann *folgen Sie Ihrer Intuition!*

14
Wer sind Sie jetzt?

Mythen:

Nach dem Ende einer Misshandlungsbeziehung fühlt man sich sofort großartig.

Hat man sich von seinem Peiniger befreit, ist es einfach, an sich selbst zu glauben.

Es ist leicht zu wissen, wer man selbst ist, wenn man sich aus einer Misshandlungsbeziehung gelöst hat.

Die Macht und die Kontrolle, die Ihr Misshandler über Sie ausübte, basierten auf verschiedenen Faktoren: in seinem Glauben, er hätte das Recht, Sie als sein Eigentum anzusehen und zu behandeln, wie immer es ihm beliebte, und in seiner Entscheidung, Sie zu missbrauchen und jeden Aspekt Ihres Lebens zu kontrollieren. Wahrscheinlich wandte er außerdem die Methode an, Sie glauben zu machen, dass Sie nichts Besseres verdient hätten.

Vielleicht hat Ihr Ex-Partner Ihnen zu Beginn Ihrer Beziehung das Gefühl gegeben, Sie vollumfänglich zu bewundern. Sie hatten möglicherweise sogar das Gefühl, aus seiner Sicht gar nichts falsch machen zu können. Leider hat sich dies mit der Zeit geändert. Wahrscheinlich hat er nach und nach Fehler bei unwichtigen Dingen entdeckt. Vielleicht sagte er erst, dass alles nicht so schlimm sei. Im Laufe der Zeit kommentierte er diese „Fehler“ jedoch immer häufiger und fing an, es so darzustellen, als seien Sie seiner unwürdig. Ihr Misshandler arbeitete unermüdlich daran, in Ihnen dieses Gefühl der Unwürdigkeit auszulösen. Seine zunehmenden Bemerkungen und Andeutungen ließen Ihre Selbstachtung ins Bodenlose stürzen. Auch jetzt, nachdem Sie aus dieser Misshandlungsbeziehung entkommen sind, ist es um Ihre Selbstachtung vielleicht immer noch schlecht bestellt.

Manche Überlebenden hatten vielleicht schon zu Beginn der Misshandlungsbeziehung ein geringes Selbstwertgefühl – insbesondere dann, wenn sie bereits in ihrer Kindheit oder in früheren Beziehungen Erfahrungen mit Missbrauch oder Vernachlässigung gemacht haben. Wenn dies bei Ihnen der Fall war, griff Ihr Ex-Partner diese Schwäche wahrscheinlich auf. Er wusste genau, was er sagen und wie er sich verhalten musste, um zum Kern Ihrer Unsicherheit vorzudringen.

Wie würden Sie sich selbst gegenüber einer fremden Person beschreiben, der Sie noch nie zuvor begegnet sind und die nichts über Sie weiß? Überlegen Sie, was Sie erzählen würden, wenn dieser fremde Mensch Sie bitten würde, sich möglichst genau zu beschreiben und dabei sowohl positive als auch negative Seiten in diese Selbstbeschreibung einzubeziehen. Welche Liste wäre länger, die Ihrer Stärken oder die Ihrer Schwächen? Gefällt Ihnen, wer Sie sind? Glauben Sie, dass Sie im Leben Gutes verdienen? Besitzen Sie wertvolle Fähigkeiten und Fertigkeiten? Oder haben Sie irgendwie das Gefühl, Sie seien der Geschenke nicht würdig, die das Leben zu bieten hat?

Erfassen Sie Ihr momentanes Selbstbild

So verrückt diese Fragen auch klingen – daran können Sie schon in Ansätzen sehen, wie es momentan um Ihre Selbstachtung steht. Selbstachtung ist eine komplexe Angelegenheit; eine Mischung vieler Zutaten, die gemeinsam bestimmen, wie Sie sich selbst beurteilen. Ein gesunder Selbstwert bedeutet, dass Sie in sich einen Menschen sehen, der dasselbe Recht auf Freude und Zufriedenheit hat wie jeder andere.

Wenn Sie Ihrer Selbstachtung bisher keine Aufmerksamkeit geschenkt haben, ist es an der Zeit, dass Sie damit beginnen. Erstellen Sie eine Liste Ihrer einzigartigen, gesunden und herausragenden Merkmale. Nennen Sie alle Eigenschaften, die Sie zu einem guten Menschen machen, und zählen Sie die Charakterzüge auf, die Sie an sich besonders mögen. Ihre Liste könnte wesentliche Eigenschaften wie Ehrlichkeit, Humor, Vertrauenswürdigkeit oder Feinfühligkeit gegenüber den Gefühlen anderer enthalten. Sie sollte auch einige äußerliche Merkmale beinhalten, zum Beispiel die Form Ihrer Nase oder Ihre Art zu lachen oder zu tanzen.

Ist es Ihnen schwergefallen, Ihre Liste fertigzustellen? Wenn es Ihnen geht wie den meisten Überlebenden von Misshandlungsbeziehungen, haben Sie bisher nicht viel Zeit dafür aufgebracht, Ihre guten Eigenschaften zu betrachten – zu Zeiten Ihrer Beziehung vielleicht überhaupt keine. Leider kommt es nur allzu oft vor, dass Opfer von Beziehungsgewalt vollkommen vergessen, was für wunderbare Menschen sie sind.

Haben Sie sich dabei unwohl gefühlt, Ihre positiven Charaktermerkmale aufzulisten? War es Ihnen unangenehm? Hatten Sie Sorge, dass jemand die Liste sehen und Sie entsetzlich eingebildet finden könnte? An sich selbst zu glauben, hat nichts mit Einbildung oder Arroganz zu tun. Es bedeutet, dass Sie sich mögen. Das ist alles. Und das ist gut.

Wer waren Sie vor den Misshandlungen?

Vielleicht stimmt es nicht ganz, dass Ihr Leben fantastisch wäre, wenn Sie doch nur nicht diese Beziehung durchlitten hätten. Ist es möglich, dass Ihr Leben schon *vor* den Misshandlungen nicht vollkommen perfekt war?

Während Ihre Heilung beginnt und Sie Ihr Leben ändern, denken Sie einmal darüber nach, wann die Schwierigkeiten angefangen haben, die Sie jetzt erleben. Wie war Ihr Selbstgefühl vor der Misshandlungsbeziehung? Waren Sie voll Selbstvertrauen und Selbstsicherheit? Hatten Sie ein positives und gesundes Selbstbild? Sahen Sie sich als eine gute Freundin, eine gute Partnerin, eine liebevolle Mutter, eine produktive Arbeiterin? Wie viel Zeit brachten Sie dafür auf, sich um andere zu kümmern, wie viel hingegen kümmerten Sie sich um sich selbst und *Ihre* Bedürfnisse? Waren Sie zu sich selbst ebenso gut wie zu allen anderen in Ihrem Leben? Oder neigten Sie dazu, eher für andere zu sorgen und sich selbst zu vernachlässigen?

Vielleicht hatten Sie vor der Beziehung einen gesunden Selbstwert; vielleicht waren es tatsächlich die Misshandlungen, die Ihren Glauben an sich selbst vernichteten. Vielleicht war Ihr Selbstbild jedoch schon lange Zeit vor den Misshandlungserfahrungen nicht vollständig positiv. Bei einigen Misshandlungsopfern sind Selbstachtungs- und Selbstsicherheitsprobleme schon vorher da und werden durch die Misshandlungen nur verstärkt. Viele Menschen leiden unter geringer Selbstachtung. Die Gründe hierfür sind häufig unklar. Erziehungsmuster, Familiendynamik, Kultur, Freunde und Gleichaltrige spielen alle eine wichtige Rolle für das Selbstkonzept eines erwachsenen Menschen. Während Sie sich wieder zu einer vollständig gesunden Persönlichkeit entwickeln, ist es folglich hilfreich, Einflüsse aus Ihrer Vergangenheit ausfindig zu machen, an denen Sie möglicherweise arbeiten müssen, während Sie sich von den Misshandlungen erholen.

Kritische Stimmen im Kopf

Haben Sie manchmal das Gefühl, dass Ihnen kleine Stimmen in Ihrem Kopf zuflüstern, Sie seien nicht gut genug? Stimmen, die Dinge sagen wie: „Was glaubst du eigentlich, wer du bist? Denkst du, *du* könntest ..." oder „Als wenn *du* es jemals schaffen würdest, ..." Haben Sie einmal darüber nachgedacht, wer dort eigentlich spricht? Vielleicht sollten Sie das jetzt tun.

Wenn Sie nächstes Mal eine dieser herabsetzenden oder entwürdigenden Stimmen in sich hören, überlegen Sie doch einmal, wer diese

Worte schon zu Ihnen gesagt hat. Vermutlich werden Sie zunächst auf Ihren Misshandler kommen. Aber gab es in Ihrer Vergangenheit auch andere, die Ihnen das Gefühl gaben, nicht gut genug zu sein? Gab es jemanden, der alles negativ kommentierte, ganz gleich, was Sie taten oder wie sehr Sie sich auch anstrengten? Wer hat Ihre guten Leistungen mit Schweigen beantwortet – keine Kritik, aber auch keine Komplimente, kein Lob geäußert? Gab es jemanden, der Sie in gewisser Hinsicht unterstützte, Sie aber in anderen Kontexten heruntermachte? Wer hat Sie auseinandergenommen?

Ihr Misshandler verkörperte vermutlich all diese Menschen. Wenn Sie heute auf die Beleidigungen und Erniedrigungen zurückblicken, ist es einfach zu erkennen, mit welchen Mitteln Sie dazu gebracht wurden, den Glauben an sich selbst aufzugeben. Um Ihre Selbstachtung zu zerstören, musste Ihr Misshandler Sie brechen und Ihnen das Gefühl vermitteln, wertlos zu sein. Dies war eine sehr wirkungsvolle Strategie, um Kontrolle über Sie zu erlangen.

Allerdings ist es gut möglich, dass es andere gab, die lange vor Ihrer Beziehung Voraussetzungen für Ihren geringen Selbstwert geschaffen haben. Jetzt, innerhalb des Prozesses, in dem Sie sich selbst lieben lernen und ein starker Mensch mit Selbstvertrauen werden, ist es wichtig, dass Sie all diese Einflüsse betrachten.

Die Stimme Ihres Misshandlers

In diesem Buch war immer wieder davon die Rede, wie Ihr Misshandler sich verhielt, um Ihre Selbstachtung zu zerstören. Es ist für Sie unerlässlich, sich immer wieder daran zu erinnern, weshalb Ihr Ex-Partner diese grauenhaften Dinge zu Ihnen sagte. All die verbalen, psychischen und körperlichen Misshandlungstaten waren darauf ausgerichtet, Kontrolle über Sie auszuüben.

In dem Ausmaß, in dem Ihr Ex-Partner Sie von Ihrer Wertlosigkeit überzeugen konnte, gewann er stärkere Macht über Sie. Misshandler können dies sehr gut: Sie wissen genau, an welcher Stelle sie ansetzen müssen. Sie identifizieren die Schwachstellen des Opfers, finden die Punkte, an denen die Selbstachtung bereits bröckelt, und schießen sich darauf ein. Bei all den Beleidigungen und Erniedrigungen ging es aber eigentlich gar nicht um Sie. Sie resultierten aus dem krankhaften Machtbedürfnis Ihres Misshandlers.

Um heilen zu können, ist es unumgänglich, dass Sie den wahren Zweck all der Herabwürdigungen und Beleidigungen erkennen und in Erinnerung behalten. Jedes Mal, wenn Sie die Stimme in Ihrem Kopf hören, rufen Sie sich ins Gedächtnis, dass all diese Worte vollkommen ungerechtfertigt waren. Selbst wenn Sie manchmal einen Funken Wahrheit darin finden, behalten Sie im Kopf, dass Ihr Misshandler alles überspitzte, um es als Waffe gegen Sie einzusetzen. Beispielsweise hat Ihr Misshandler vielleicht unerfüllbare Erwartungen an Sie gestellt, nur um Ihnen Unzuverlässigkeit und mangelnde Vertrauenswürdigkeit vorzuwerfen, wenn Sie diesen Erwartungen nicht gerecht wurden. In Wirklichkeit ging es dabei aber nicht um *Ihre* Unzulänglichkeiten, sondern um seine. Obwohl Sie nun „frei" sind und nicht mehr unter seiner Kontrolle stehen, sehen Sie sich vielleicht immer noch als unachtsam oder unzuverlässig an. Falls dies auf Sie zutrifft, steht dahinter die Stimme Ihres Misshandlers, die noch immer Kontrolle auf Sie ausübt.

Niemand ist perfekt, somit ist es ungerecht, wenn Sie von sich Perfektion erwarten, auch wenn Ihr Misshandler das getan hat. Vielleicht *wollen* Sie bestimmte Aspekte an sich ändern, und das ist gesund. Jeder Mensch hat Eigenschaften oder Verhaltensweisen, die er verändern möchte. Wenn Sie sich ändern möchten, bedeutet es aber noch lange nicht, dass Sie, so wie Sie jetzt sind, kein guter Mensch sind.

Wenn es nicht die Stimme Ihres Misshandlers ist

Manchmal gehört die abwertende Stimme in Ihrem Kopf vielleicht zu einer Person aus Ihrem Leben vor der Misshandlungsbeziehung (z.B. Mutter, Vater, ältere Geschwister, ein Freund). Falls es so ist, sollten Sie sich einmal genauer damit beschäftigen. Jeder, der einen negativen Einfluss auf Ihre Selbstachtung hatte, als Sie aufwuchsen, kann Ihnen damit eine beschwerliche und nachhaltige Last auferlegt haben.

Wenn Sie sich eingestehen, dass jemand aus Ihrer Vergangenheit zu Ihrem negativen Selbstbild beigetragen hat, bedeutet es nicht, dass Sie diese Person hassen, beschuldigen oder ihr dies vorhalten müssen. Es bedeutet, dass Sie an diesen Problemen arbeiten müssen. Manchmal schmerzt die Erkenntnis, dass ein Freund oder Familienmitglied Ihre Selbstachtung beschädigt hat. Es kann sein, dass diese Menschen Sie nicht absichtlich dazu gebracht haben, weniger von sich zu halten. Bewirkt haben sie es trotzdem. Es gibt viele Gründe, weshalb Freunde oder Familienmitglieder nicht immer eine Stütze sind oder sich nicht förderlich verhalten. Meist erkennen diese Menschen gar nicht, wie Ihre Handlungen und Worte sich auswirken. Womöglich haben sie geglaubt, Sie zu einem stärkeren Menschen zu machen, indem sie „mit Ihnen ehrlich waren" und Ihnen sagten, wie sie die Dinge sahen. Oder sie haben Sie abgewertet, um sich selbst „größer" zu fühlen. Vielleicht behandelten sie Sie so, wie sie als Heranwachsende selbst behandelt wurden. Welchen Grund sie auch immer hatten – während Sie an Ihrer Heilung von den Misshandlungen arbeiten, sollten Sie den Einfluss berücksichtigen, den diese Menschen auf Ihre Selbstachtung hatten.

Vielleicht fühlen Sie sich durch Stimmen beeinflusst, die nicht auf Ihren Misshandler zurückzuführen sind, aber dennoch aus der Zeit *während* der Misshandlungsbeziehung stammen. Vielleicht hallen Stimmen von Leuten nach, die Ihnen direkt oder indirekt sagten, Sie seien selbst an den Misshandlungen schuld oder Sie seien verrückt, so lange bei Ihrem Misshandler zu bleiben. Die Gründe für das Verhalten dieser Menschen werden in Kapitel 11 „Die Reaktionen anderer" diskutiert. Die Meinungen und Kommentare dieser Menschen gingen wahrscheinlich darauf zurück, dass sie nichts über Misshandlungsbeziehungen wussten; oder vielleicht konnte Ihr Misshandler sie durch seinen Charme und seine äußere Fassade über seine Taten hinwegtäuschen. Diese Personen haben nicht erkannt, was Sie in Wahrheit durchlebten. Eine nüchterne Betrachtung dieser Kommentare wird Ihnen helfen, sie loszulassen.

Stimmen der Vergangenheit auslöschen

Wenn Sie einen nachvollziehbaren Grund dafür finden, warum Freunde oder Familienangehörige Sie schlecht behandelt haben, wird es Ihnen leichter fallen, von den negativen Überzeugungen abzulassen, die dadurch entstanden sind. Wenn Sie keine solche Erklärung finden, haben Sie vielleicht das Gefühl, die Stimmen werden Sie für immer verfolgen.

Von den Stimmen der Vergangenheit loszukommen, erfordert, dass Sie erkennen, welche schädlichen Gedanken dadurch in Ihrem Kopf entstanden sind, und dass Sie daran arbeiten, diese Gedanken zu verändern. Sie werden einige Zeit brauchen, um die Stimmen in Ihrem Kopf ins rechte Licht zu rücken. Wenn Sie erst einmal die wahren Beweggründe dahinter begriffen haben, so halten Sie sich immer wieder vor Augen, dass die Worte nicht zutreffen. Sie müssen nicht noch weiter darunter leiden.

Vielleicht ist es auch hilfreich, wenn Sie mit Familienangehörigen sprechen, denen Sie vertrauen oder mit anderen, die zu Zeiten der alten Beziehungen bei Ihnen waren (siehe Selbsterkundungsübung am Ende dieses Kapitels). Sprechen Sie mit ihnen über Ihre Sicht der Dinge, die vorgefallen sind, und erzählen Sie ihnen, wie Sie sich damals fühlten. Vielleicht hören Sie Antworten wie: „Ich weiß genau, was du meinst. Ich hatte exakt dasselbe Gefühl." Es kann herrlich beruhigend sein zu wissen, dass Sie damals nicht allein waren und es auch heute nicht sind. Eventuell werden Sie auch feststellen, dass andere Ihnen zu neuen Einsichten hinsichtlich der zurückliegenden Ereignisse verhelfen. Solche neuen Einsichten helfen manchmal dabei, die alten, schmerzhaften Stimmen schneller zum Schweigen zu bringen.

Falls nichts Abhilfe verschaffen kann und die Stimmen sich weiterhin auf Ihr Selbstbild auswirken, ist es vielleicht an der Zeit, dass Sie sich professionelle Hilfe suchen, um sie ein für alle Mal aus Ihrem Kopf zu verbannen (siehe Kapitel 13 „Die Heilung beginnt").

Wenn es Ihre eigene Stimme ist

Haben Sie die Rolle Ihres Misshandlers übernommen und machen sich selbst schlecht? Gehen Sie mit sich selbst weniger respektvoll und sorgsam um, als Sie es verdienen? Wenn Menschen nur lange genug von jemandem niedergemacht, beleidigt und erniedrigt werden, beginnen sie oft daran zu glauben, dass die Äußerungen über sie wahr sind. Die übermächtigen Urteile beginnen am Selbstbild zu nagen. Mit der Zeit wird diese fremde Stimme zu ihrer eigenen. Ihr Misshandler ist fort, seine Stimme ist allmählich verklungen, aber im Geiste hören Sie die Worte noch immer – im Klang Ihrer eigenen Stimme. Wenn dies geschieht, hat die selbstzerstörerische Kritik in Ihrem Kopf absolute Macht über Sie. Wenn es sich bei der kritischen Stimme um Ihre eigene handelt, bedarf es vielleicht einiger zusätzlicher Anstrengung und Zeit, um diese ungesunden Überzeugungen wieder abzulegen. Es wird Zeit, dass Sie anfangen, *sich selbst* mit Würde und Wertschätzung zu begegnen.

Selbsterkundungsübung 1

Wer sind Sie?

Der erste Schritt auf dem Weg zu mehr Selbstachtung besteht darin, wieder zu entdecken, wer Sie wirklich sind. Die nachfolgende Übung soll Sie dabei unterstützen, Ihren Charakter, Ihre Persönlichkeit, Ihre Werte und Ihre Fähigkeiten zu betrachten. Notieren Sie in jeder Kategorie möglichst viele Ihrer positiven Eigenschaften. Beschreiben Sie diese so detailliert wie möglich. Wenn Sie feststellen, dass Sie irgendwo „hängenbleiben" und nicht weiterkommen, überspringen Sie diesen Bereich zunächst, aber behalten Sie ihn etwa über einen Monat hinweg im Hinterkopf. Versuchen Sie im Alltag weitere positive Merkmale zu entdecken, die sich den Kategorien zuordnen lassen, und ergänzen Sie Ihre Liste kontinuierlich.

Wie bei einigen der vorherigen Selbsterkundungsübungen empfehlen wir, diese Übung im Verlauf Ihres Heilungsprozesses zu wiederholen. Kapitel 15 „Von der Versuchung zurückzugehen" wird Ihnen dabei helfen, Ihr Selbstbild genauer zu beurteilen und an der Steigerung Ihres Selbstwertgefühls zu arbeiten. *Bearbeiten Sie diese Aufgabe sowie die Aufgaben in Kapitel 15 nach etwa einem Monat erneut.* Vergleichen Sie Ihre Antworten vom ersten und vom zweiten Zeitpunkt. Ähneln sich Ihre Notizen vom ersten und vom zweiten Durchgang und haben Sie das Gefühl, dass es Ihnen noch immer in manchen Kategorien an positiven Eigenschaften mangelt, haben Sie noch an Ihrem Selbstbild zu arbeiten. Enthält die zweite Liste jedoch deutlich mehr positive Eigenschaften, sind Sie auf dem besten Weg, Ihr Selbstbewusstsein und Ihre Selbstachtung zurückzuerlangen.

Berufsbezogene Fähig- und Fertigkeiten (fleißiger Arbeiter, gewissenhaft, engagiert, teamfähig usw.)

____

____

____

____

Zwischenmenschliche Fähigkeiten (guter Zuhörer, kann Gedanken und Gefühle gut herüberbringen, großzügig usw.)

____

____

____

____

Werte und Moralvorstellungen (ehrlich, vertrauenswürdig, spirituell usw.)

____

____

____

____

Positives Weltbild (optimistisch, guten Mutes, humorvoll usw.)

____

____

____

____

Verhältnis zu Ihrer Umwelt (auf die Gefühle anderer bedacht, umweltbewusst, tierlieb usw.)

____

____

____

____

Sonstiges (bitte aufzählen)

____

____

____

____

Denken Sie daran, diese Übung in etwa einem Monat zu wiederholen. Analysieren Sie die Veränderungen, die Sie über diese vier Wochen feststellen (falls vorhanden). Sie können diese Selbsterkundungsübung wiederholen, wann immer Sie wollen, um Ihren Fortschritt in diesem Bereich im Auge zu behalten.

Selbsterkundungsübung 2

Ungesunde Einflüsse in Ihrem Leben

Vielleicht fühlen Sie sich bei dieser Übung unwohl, weil Sie gegenüber den Menschen in Ihrem Leben, die Sie mögen oder lieben und mit denen Sie verwandt sind, keine kritische Haltung einnehmen möchten. Wenn jedoch Ihr Selbstwert, Ihr Selbstbild oder Ihre Selbstachtung darunter gelitten haben, wie diese Menschen Sie behandelt haben, kann es förderlich und heilsam sein, deren Verhalten genauer zu betrachten. Denken Sie daran: Niemand außer Ihnen selbst braucht Ihre Aufzeichnungen zu sehen.

Welche Gefühle über SICH SELBST haben andere bei Ihnen hervorgerufen?

Menschen in Ihrem Leben	Wie er bzw. sie zu Ihrem Selbstwert beigetragen oder ihn geschmälert hat
Mutter	
Vater	
Bruder/Brüder	
Schwester(n)	
Freund(in) 1	
Freund(in) 2	
Freund(in) 3	
Lehrer	
Therapeut	
Ihr Misshandler	
Weitere Person (bitte ergänzen)	
Weitere Person (bitte ergänzen)	

Diese Übung wird Ihnen helfen herauszufinden, durch wen in Ihrem Leben Ihr Selbstwert am stärksten beeinflusst wurde, sowohl positiv als auch negativ. Dies wird die Taktiken Ihres Misshandlers (wie er Ihre Schwächen ausgenutzt hat) und deren Auswirkungen (warum die Taktiken bei Ihnen so erfolgreich waren) besser verdeutlichen.

15
Von der Versuchung zurückzugehen

Mythen:

Misshandlungsopfer, , die ihre Gewaltbeziehung verlassen haben, würden nie mehr in Erwägung ziehen, zu ihrem Peiniger zurückzukehren.

Misshandlungsopfer, die zu ihrem Peiniger zurückkehren, sind schwach und könnten ihr Leben vermutlich gar nicht eigenständig bewältigen.

Misshandlungsopfer, die ihren Peiniger verlassen und dann zu ihm zurückkehren, sind selbst schuld, wenn weitere Misshandlungen vorfallen.

Sie wissen, wie schwer es für Sie war, Ihren Peiniger zu verlassen. Sie wissen, weshalb Sie ihn verlassen haben: Angst, Demütigung, Verlust an Selbstachtung, Isolation, körperliche Gefahr und so weiter. Aus diesen Gründen haben Sie Ihr Leben verändert und sind der ständigen Kontrolle entflohen. Letzten Endes können nur Sie allein entscheiden, ob Sie zurückkehren. Falls Sie darüber nachdenken, erneut die Beziehung zu ihm einzugehen, kann Ihnen dieses Kapitel helfen, eine wohlüberlegte und begründete Entscheidung zu treffen. *Wir sprechen hier in keiner Weise die Empfehlung aus, dass Sie zu ihm zurückgehen sollen.* Vielmehr wollen wir zum Ausdruck bringen: *Wenn* Sie darüber nachdenken zurückzugehen, so sollten Sie es sehenden Auges tun.

Menschen, die keine Misshandlungsbeziehung durchstehen mussten, finden es meist sehr schwer zu verstehen, wie man auch nur einen einzigen Moment darüber nachdenken kann, zu seinem Peiniger zurückzukehren.

Falls Sie in Betracht ziehen zurückzugehen und versucht haben, dies mit Freunden oder Familienangehörigen zu besprechen, haben diese wahrscheinlich schockiert, ungläubig und wütend reagiert oder Ihnen Schuldzuweisungen gemacht. Paradoxerweise mussten Sie vielleicht feststellen, dass Sie sich in dieser Angelegenheit nur Ihrem Ex-Partner anvertrauen konnten.

Wie wir schon oft zum Ausdruck gebracht haben, ist es niemals einfach, sein Leben nach einer Misshandlungsbeziehung wieder neu zu ordnen. Ihr neues Leben beinhaltet so viele neue Quellen von Angst, Zweifel und Stress. Sie empfinden starke Verlustgefühle. Es ist vollkommen verständlich, dass Sie die positiven Aspekte Ihres Lebens in der Beziehung vermissen. Die schrecklichen, schmerzhaften und traumatischen Ereignisse haben die guten Zeiten möglicherweise nicht vollständig überdeckt. Hin und wieder erscheint es einfacher, schlichtweg zurückzugehen.

Gefühle wie diese sind in keiner Weise ein Zeichen dafür, dass Sie zurückkehren sollten. Sie sind ein normaler Teil Ihres Heilungsvorgangs. Allerdings muss jeder Überlebende die Vor- und Nachteile einer Rückkehr gegeneinander abwägen und entscheiden, welche Vorgehensweise am besten ist. Es ist in Ordnung, darüber *nachzudenken*. Sie haben nun die Kontrolle über Ihr Leben, und es ist an Ihnen, die Entscheidungen zu treffen, die für Ihr Leben am besten sind.

Abwägung der Vor- und Nachteile

Wie bei jeder wichtigen Entscheidung sollten Sie die Möglichkeiten, die Ihnen offenstehen, sehr gründlich durchdenken. Papier und Bleistift sind bei solchen schwierigen Entscheidungen oftmals sehr hilfreich. Notieren Sie alle Vor- und Nachteile einer Rückkehr sowie alle Vor- und Nachteile davon, weiterhin getrennt zu sein.

Beginnen Sie, indem Sie die positiven Merkmale der Beziehung aufführen, zum Beispiel finanzielle Sicherheit, einen engen Partner zu haben, ein Haus zu besitzen und so weiter. Dann schreiben Sie positive Eigenschaften Ihres Ex-Partners auf, wie beispielsweise sein Sinn für Humor, gemeinsame Interessen, sein Aussehen oder andere Merkmale, die Sie mochten. Nehmen Sie sich Zeit für diese Aufzählungen. Drängen Sie sich nicht damit, fertigwerden zu müssen. Sie können auch zunächst nur einige wenige Aspekte notieren, dann eine Weile warten und weitere Punkte später hinzufügen.

Wenn Sie die Liste der positiven Seiten fertig haben, fahren Sie mit der nächsten Liste fort: den Nachteilen. Zählen Sie alle schmerzhaften, erniedrigenden, beängstigenden und traumatischen Ereignisse auf, die Sie während der Zeit mit Ihrem Peiniger erlebt haben. Nehmen Sie in die Liste alles auf: körperliche Misshandlungen, Erniedrigungen und Bloßstellungen vor anderen, wie er darüber bestimmte, was Sie taten und sich vornahmen, wohin Sie gingen und mit wem Sie befreundet sein durften. Zählen Sie danach alle negativen Persönlichkeitseigenschaften Ihres Ex-Partners auf. Versuchen Sie, sich auf die Eigenschaften zu konzentrieren, die Ihnen damals geschadet haben und die Ihnen vermutlich wieder schaden würden, wenn Sie zurückgingen. Diese Liste könnte zum Beispiel die irrationale Eifersucht Ihres Ex-Partners enthalten oder sein kontrollergreifendes Wesen, seine Neigung zu Gewalt oder seine Art, Sie als seinen Besitz zu betrachten. Nennen Sie auch grundsätzliche menschliche Bedürfnisse, die in der Beziehung nicht befriedigt wurden, etwa den Wunsch nach emotionaler Sicherheit, Respekt, Vertrauen und einem gewaltfreien Leben. Nennen Sie alle Aspekte, die dazu führten, dass Sie gegangen sind.

Verständlicherweise kann es für Sie schmerzhaft sein, diese Listen mit Vor- und Nachteilen zu erstellen. Denken Sie immer wieder daran, dass Sie jetzt frei sind und stärker werden. Es ist Ihre Entscheidung, ob Sie zurückgehen oder nicht. Niemand kann Ihnen sagen, was für Sie am besten ist. Ein Blick auf Ihre Antworten der Selbsterkundungsübungen der Kapitel 1 „Waren Sie in einer Misshandlungsbeziehung?“ und 4 „Verdeckter Horror: Sexueller Missbrauch“ kann Ihnen helfen, Ihre Listen zu vervollständigen.

Wenn Sie die Listen fertig haben, betrachten Sie sie genau. Was sehen Sie? Überwiegt die Wirkung der Vor- oder der Nachteile in Ihrem Leben? Sie werden sich dies reiflich überlegen müssen, bevor Sie ernsthaft über eine weitere große Veränderung in Ihrem Leben nachdenken. Ein unbedachter, überstürzter Entschluss könnte zu mehr Gewalt, weiteren Schmerzen und seelischen Qualen führen.

Wenn Sie sich wiederholt mit Gedanken an eine Rückkehr herumquälen, können sich Ihre Pro-Contra-Listen mehr als nur einmal als nützlich erweisen. Sehen Sie sich die Listen jedes Mal an, wenn Sie eine Rückkehr erwägen, und ergänzen oder entfernen Sie Vor- bzw. Nachteile, wenn Sie möchten.

Warum Sie ihn verlassen haben

Vielleicht ist es für Sie hilfreich, sich noch einmal vor Augen zu führen, warum Sie überhaupt gegangen sind. Sie sind gegangen, weil Sie misshandelt wurden. Sie sind gegangen, weil Sie Angst hatten. Sie sind gegangen, weil man Ihnen Ihr Leben und Ihre Würde genommen hat. Erinnern Sie sich noch, wie furchtbar schwer es Ihnen gefallen ist, aus der Beziehung auszubrechen; wie lange es dauerte und wie viele Vorbereitungen Sie dafür treffen mussten?

Vielleicht glauben Sie, jetzt wäre alles anders. Vielleicht hat Ihnen Ihr Ex-Partner erzählt, wie anders ein gemeinsames Leben mit ihm nun sein könnte (ähnlich wie er es immer nach einem Misshandlungsvorfall getan hatte). Wenn Sie noch mal über die Gründe nachdenken, aus denen Sie gegangen sind, wird es Ihnen leichter fallen, sich zu erinnern, wie Ihr Leben damals wirklich war. Bevor Sie sich entschließen zurückzugehen, müssen Sie ganz sicher sein, dass Sie nicht in die alten Misshandlungsmuster zurückfallen.

Misshandlung ist ein Verhaltensmuster, das extrem schwer zu durchbrechen ist. Sofern Ihr Ex-Misshandler nicht ernsthaft eine dauerhafte Therapie macht, die speziell auf Menschen mit einer Misshandlernatur ausgerichtet ist, werden die Misshandlungen wieder beginnen. Die Teilnahme an einem Antiaggressionstraining oder einer entsprechenden Beratung wird nichts bewirken können, denn höchstwahrscheinlich hatte Ihr Misshandler kein Problem damit, seine Aggressionen zu kontrollieren. Es war nicht so, dass er in der Arbeit regelmäßig ausrastete oder sich mit seinen Freunden prügelte. Er hat sich gezielt überlegt, wie er Sie kontrollieren und missbrauchen könnte, und diese Überlegungen in die Tat umgesetzt. Dies ist etwas völlig anderes, als seine Aggressionen nicht unter Kontrolle zu haben (siehe nächster Abschnitt „Therapieprogramme für Täter“).

Es ist selten, dass Missbrauch von allein ein Ende findet. Selbst Misshandelnde, die eine wirkungsvolle Therapie machen, benötigen viel Zeit und große Änderungsbereitschaft. Leider sind viele Täter nie in der Lage, den Zyklus zu durchbrechen, sodass sich die Misshandlungen bei einer Partnerin nach der anderen und gegebenenfalls auch bei der zurückkehrenden Partnerin wiederholen.

Therapieprogramme für Täter

Für Menschen, die andere misshandeln, sind sehr spezifische Behandlungsverfahren entwickelt worden. Von einer Paartherapie (manchmal auch als Eheberatung bezeichnet) wird *dringend abgeraten*. Sie kann für Paare mit einem kontrollierenden und misshandelnden Partner sogar gefährlich sein. Wenn das Opfer neben seinem Peiniger sitzt, ist es oftmals zu ängstlich und eingeschüchtert, um hinsichtlich der wahren Probleme in der Beziehung zum Therapeuten ehrlich zu sein. Vielfach bewirkt dies, dass der Therapeut sich nicht über die Ernsthaftigkeit der Lage klar wird und sich, manchmal ohne es zu merken, auf die Seite des Misshandlers stellt. Wagt der Misshandelte es, die Misshandlungen zu erwähnen, werden sie nach der Sitzung manchmal schlimmer. Somit kann Paartherapie die Macht und die Kontrolle von Misshandelnden noch vergrößern und Bedingungen schaffen, die zu einer Häufigkeitszunahme und einer Eskalation der Misshandlungen führen.

Unter Fachleuten herrscht die Meinung vor, dass eine Gruppentherapie für Männer mit Gewaltproblemen die einzige Therapie ist, die bei Misshandelnden eine Wirkung erzielt. Diese Gruppen (die in erster Linie auf männliche Misshandler ausgerichtet sind) zwingen Misshandelnde dazu, ihre Vorstellungen über Frauen und Beziehungen zu untersuchen und sich direkt mit ihrem gewalttätigen Verhalten und den Wurzeln ihrer Gewalt auseinanderzusetzen. Allerdings reicht es für einen Misshandler nicht aus, einfach mit der Teilnahme an einem solchen Tätertherapieprogramm zu beginnen. Es ist notwendig, dass er das komplette Behandlungsprogramm durchläuft, was in der Regel bis zu einem Jahr dauert. Selbst dann gibt es keine Garantie dafür, dass die Gewalt nicht wieder hervordringt, insbesondere gegenüber dem Menschen, gegen den die Misshandlungen vorher gerichtet waren. Auch mit den besten Behandlungsmethoden kann es passieren, dass Ihr Misshandler wieder zu kontrollierenden, misshandelnden oder gewalttätigen Handlungen übergeht.

Das bedeutet, dass Sie sehr vorsichtig und wachsam sein müssen, wenn Ihr Ex-Partner eine Behandlung macht oder sich zu bessern scheint, damit Sie sicher sein können, dass es wirklich wahr ist. Wie Sie vermutlich sehr gut wissen, sind Misshandler Experten der verdeckten Manipulation und Täuschung. Oft sind Misshandlungstendenzen keineswegs verschwunden, sondern werden vom Misshandler lediglich mit neuen Mitteln verschleiert. Wenn Sie meinen, dass Ihr Peiniger sich geändert hat, und Sie darüber nachdenken, zu ihm zurückzugehen, müssen Sie nach den unauffälligsten Zeichen Ausschau halten. Vielleicht wendet er zunächst keine körperliche Gewalt an, sondern setzt auf weniger offensichtliche Misshandlungstaktiken. Anstatt Gegenstände zu schmeißen oder Sie zu schlagen, wird er vielleicht nur die Faust ballen. Sie wissen, was diese Faust bedeutet, und fallen womöglich direkt in alte Muster der Angst und Kontrolle zurück, indem Sie genau das tun, was er will. Das wohlbekannte ungute Gefühl in Ihrem Bauch kehrt dann zurück.

Falls Ihr Partner Alkohol getrunken oder andere Drogen genommen hat und das in irgendeiner Weise mit den Misshandlungen zusammenhing, sollten Sie auch auf diesen Punkt Acht geben. Wir sagten bereits an anderer Stelle, dass Alkohol und andere Drogen niemals die

Ursache für Beziehungsgewalt sind, aber sie können sie verstärken. Vergessen Sie nicht, dass Misshandler oft versuchen, ihr Verhalten zu entschuldigen, indem sie Alkohol oder andere Drogen dafür verantwortlich machen. Falls Ihr Ex-Partner angibt, von Alkohol und Drogen abgelassen zu haben, dass er nüchtern ist und seine Gewalttendenzen fort sind, dürfen Sie sich trotzdem nicht zu dem Glauben verleiten lassen, dass damit alle Probleme gelöst seien. Die Aufgabe von Alkohol oder anderen Drogen an sich beendet noch nicht die Misshandlungen.

Letztendlich müssen Sie auf Ihr Bauchgefühl und Ihr Herz hören. Falls die Kontakte mit Ihrem Misshandler Ihren Selbstwert, Ihr Unabhängigkeitsgefühl oder Ihr Sicherheitsempfinden auch nur im Geringsten mindern, sollten Sie sehr bedächtig mit der Entscheidung umgehen, in die Beziehung zurückzukehren.

Berücksichtigen Sie, was Sie schon erreicht haben

Wenn Sie über eine Rückkehr zu Ihrem Misshandler nachdenken, welche sind dann Zeichen dafür, dass Sie schon bereit sind, die Beziehung wieder aufzunehmen? Ebenso wie Sie mit einem ausgeprägten Bewusstsein für das mögliche Verhalten Ihres Partners zurückgehen sollten, ist es hilfreich, sich anzuschauen, inwiefern Sie selbst sich seit der Trennung verändert haben.

Dies wird Ihnen bei der Entscheidung helfen, ob eine Rückkehr wert ist, all das aufs Spiel zu setzen, was Sie während Ihres Heilungsprozesses erreicht haben. Auch wird es Ihnen helfen, die persönlichen Stärken und Merkmale zu bestimmen, die für eine möglichst ungefährliche Wiederaufnahme der Beziehung notwendig sind.

Haben Sie das Gefühl, dass Sie dieses Mal in der Lage wären, sich – sollte es wieder zu Misshandlungen kommen – dagegen zu wehren? Wodurch? Was ist jetzt anders an Ihnen? Wenn Sie jemals eine Rückkehr in Erwägung ziehen, müssen Sie sicher sein, dass Ihr Selbstwert und Selbstvertrauen, Ihr Sicherheitsgefühl und Ihre innere Kraft stark genug sind, dass Sie sich erneut aus der Beziehung befreien könnten.

Wie kommen Sie mit Ihrem Schmerz, Ihrer Wut, der Angst und den anderen Emotionen, die Sie erleben, klar? Sich in eine Beziehung zurückzubegeben, in der ungelöste negative Gefühle bestehen, bedeutet, sich auf eine schwierige Zeit einzulassen. Wahrscheinlich werden Gefühle, die seit Ihrer Trennung nicht heilen konnten, auch nicht heilen, wenn Sie wieder zurück in der Beziehung sind. Wenn Sie eine Rückkehr in Betracht ziehen, sollten Sie sicher sein, dass Sie sich als selbstbewusste, selbstsichere Person sehen, die weiß, was sie verdient, und sich nicht mit weniger zufrieden gibt.

Falls Sie gegen Alkohol- oder Drogenprobleme ankämpfen, wäre es vielleicht sinnvoll, sie zu überwinden, bevor Sie eine Rückkehr zu Ihrem Ex-Partner in Erwägung ziehen. Falls Sie die Beziehung wieder aufnehmen, wird es für Sie wichtig sein, körperlich und geistig voll funktionsfähig zu sein. Es wird für Sie notwendig sein, Ihre Umgebung sehr klar wahrnehmen zu können. Alkohol und andere Drogen dämpfen die Wahrnehmung und machen es Ihnen schwerer, eine realistische Sicht auf die Beziehung zu nehmen und subtile Zeichen zu erkennen, die Sie vor weiteren Misshandlungen durch Ihren Partner warnen können.

Wie wir bereits betont haben, können letzten Endes nur Sie selbst entscheiden, ob es zu Ihrem Besten ist, in diese früher gewalttätige Beziehung zurückzukehren. Vielleicht wäre es sinnvoll, Ihre Entscheidung noch mal mit einem Freund, einem Familienmitglied, einer Kontakt- und Beratungsstelle oder einem Therapeuten zu besprechen. Suchen Sie dafür jemanden aus, der Sie darin unterstützen wird, alle Seiten zu betrachten, die für diese Frage wichtig sind, und der hinsichtlich seiner Sicht der Dinge ehrlich zu Ihnen ist, aber dennoch nicht versucht, Ihre Entscheidung zu steuern.

Falls es bestimmte Faktoren gibt, die Ihnen das Gefühl geben, dass Sie keine andere Wahl hätten als zurückzugehen, zum Beispiel finanzielle Aspekte, bestimmte Lebensbedingungen, Einsamkeit oder Hilfe mit den Kindern, dann rufen Sie sich in Erinnerung, dass Sie *immer* eine Wahl haben. Stellen Sie sicher, dass Sie vorher jede weitere Möglichkeit durchdacht haben. Im Gespräch noch einmal Ihre Möglichkeiten zu beleuchten, kann Ihnen helfen, eine Alternative zur Rückkehr zu finden.

Die Entscheidung, nicht zurückzugehen

Falls Sie beschließen, nicht in die Beziehung zurückzugehen, vergeuden Sie Ihre Zeit nicht mit quälenden Gedanken darüber, weshalb Sie es überhaupt in Erwägung gezogen haben. Die Verlockung, zum Misshandler zurückzukehren, ist eine vollkommen normale Phase im Heilungsprozess, die bei vielen Misshandlungsopfern vorkommt. Sie sind deshalb nicht schwach oder psychisch unausgeglichen.

Es mag sein, dass solche Gedanken an eine Rückkehr von Zeit zu Zeit wieder aufkommen. Holen Sie dann die Listen hervor, auf denen Sie die Vor- und Nachteile notiert haben. Rufen Sie sich in Erinnerung, dass es in Ordnung ist, wenn Sie sich an die guten Seiten erinnern und sie vermissen, aber achten Sie darauf, dass Sie die negativen nicht übersehen.

Suchen Sie sich Unterstützung durch Freunde. Sagen Sie ihnen, wie sie helfen können, wenn Sie sich in einer Ihrer „Rückkehrphasen“ befinden. Falls es hilft, wenn Ihnen Freunde die Gründe für die Trennung in Erinnerung rufen, dann bitten Sie sie darum. Falls Sie einfach ein offenes Ohr brauchen, sagen Sie ihnen das.

Sie können auch versuchen, sich in die Rolle eines Freundes hineinzuversetzen. Betrachten Sie sich aus einer anderen Perspektive. Wie wäre es für Sie, wenn ein anderer Mensch, der Ihnen viel bedeutet, in der gleichen Situation wäre? Stellen Sie sich vor, wie Sie sich fühlen würden, wenn Ihre beste Freundin oder ein Familienmitglied es geschafft hätte, einer Misshandlungsbeziehung zu entfliehen und nun über eine Rückkehr nachdächte. Welche Gedanken hätten Sie? Welchen Rat würden Sie geben? Würden Sie nahelegen, dass eine Rückkehr die beste Entscheidung wäre? Dieser vorgestellte Rollentausch kann Ihnen vielleicht helfen, mehr Vertrauen in Ihre Entscheidung zu gewinnen. In jedem Fall sollten Sie darauf achten, dass Sie Ihre Entscheidung in Wahrung Ihrer besten Interessen treffen. Sie verdienen eine sichere, enge Beziehung, die durch gegenseitigen Respekt und einen liebevollen Umgang miteinander geprägt ist.

Wenn Sie sich entscheiden zurückzugehen

Wenn Sie beschließen, zu Ihrem Ex-Partner zurückzukehren, sollten Sie sicher sein, dass Sie es mit offenen Augen tun. Vorab sollten Sie wissen, dass die meisten Täter früher oder später wieder gewalttätig werden, ganz gleich, was sie gesagt oder versprochen haben. Sie sollten darüber nachdenken, sich auf jegliche Versöhnungsgespräche nur unter der Bedingung einzulassen, dass er an einem Tätertherapieprogramm vollständig teilnimmt. Falls das Bedürfnis, Sie zurückzubekommen, Ihren Ex-Partner verzweifelt und manipulativ werden lässt, seien Sie darauf vorbereitet, dass er Sie über die Teilnahme an solchen Programmen belügt. Daher sollten Sie veranlassen, dass der Therapeut, der das Programm anbietet, Ihnen eine direkte Rückmeldung über die Anwesenheit und den Fortschritt Ihres Ex-Partners gibt.

Falls Sie eine Rückkehr erwägen, setzen Sie Ihre Forderungen und Grenzen *jetzt* fest. Legen Sie fest, was Sie in einer Beziehung unbedingt brauchen und was Sie nicht akzeptieren – und dann halten Sie sich daran. Diese Grenzen rechtzeitig für sich zu formulieren, sollte Ihnen helfen, schnell zu handeln, falls die Beziehung wieder zu Misshandlung und Gewalt verkommen sollte.

Erstellen Sie einen Handlungsplan. Wenn Sie einen Plan parat haben, wird es für Sie leichter sein, sich sicher vor Gefahren zu schützen, falls Sie das Gefühl haben, dass seine ausfallenden Verhaltensweisen langsam wieder zum Vorschein kommen.

Behalten Sie auf jeden Fall gut im Auge, wie Sie sich fühlen. Suchen Sie nach Anzeichen von Depressionen oder eines Rückgangs Ihrer Selbstachtung (siehe Kapitel 9 „Anzeichen von unerfüllter Heilung“). Falls Sie beginnen, diese vertrauten Reaktionen bei sich festzustellen, sollten Sie darin eine Warnung vor Schwierigkeiten sehen, die möglicherweise auf Sie zukommen.

Falls Sie beschließen zurückzugehen, denken Sie darüber nach, wie Sie mit anderen Menschen in Ihrem Leben umgehen werden. Es wird äußerst wichtig sein, dass Sie ein wirkungsvolles Unterstützungsnetzwerk haben und dass Menschen in Ihrer Nähe sind, denen Sie vertrauen. Vielleicht stimmen diese nicht mit Ihrer Entscheidung überein. Lassen Sie sie dennoch wissen, dass Sie wirklich fühlen, dass es die richtige Entscheidung ist, dass Sie sehr ausführlich darüber nachgedacht haben und dass Sie sie weiterhin in Ihrem Leben brauchen werden.

Es kann sein, dass einige der Menschen, von denen Sie am meisten Unterstützung bekommen haben, sich sehr um Ihr Wohl sorgen und meinen, dass Sie dabei sind, die falsche Entscheidung zu treffen. Es ist sogar möglich, dass sich einige hintergangen fühlen, nachdem sie versucht haben, Ihnen zu helfen. Vielleicht stellen Sie fest, dass diese Personen sich von Ihnen zurückziehen. Versuchen Sie, den Kontakt zu ihnen aufrechtzuerhalten. Lassen Sie nicht zu, dass Sie wieder isoliert und vollkommen von Ihrem Partner abhängig werden.

Selbsterkundungsübung

Betrachtung Ihrer Möglichkeiten

Es gibt spezielle Leitlinien, die Ihnen die Entscheidung erleichtern können, ob Sie in eine Misshandlungsbeziehung zurückkehren sollen. Die folgenden Listen werden Ihnen helfen, verschiedene Aspekte Ihrer Beziehung zu betrachten.

Markieren Sie in der ersten Liste bei allen Persönlichkeitseigenschaften und Verhaltensweisen den Punkt auf der Skala, der Ihrer Meinung nach auf Ihren Ex-Partner zutraf, als Sie zusammen waren. Markieren Sie bei der zweiten Auflistung, wie Ihr Ex-Partner heute abschneiden würde, wenn Sie wieder zusammenkämen.

Als Sie zusammen waren

vertrauensvoll	— — — — — — — — — —	misstrauisch
respektvoll	— — — — — — — — — —	herablassend
berechenbar	— — — — — — — — — —	unberechenbar
Freiheit lassend	— — — — — — — — — —	besitzergreifend
auf Augenhöhe	— — — — — — — — — —	kontrollierend
sich Ihrer sicher	— — — — — — — — — —	eifersüchtig
guter Elternteil	— — — — — — — — — —	misshandelnder Elternteil
zuverlässig	— — — — — — — — — —	unzuverlässig
stetig	— — — — — — — — — —	unstet
ermutigend	— — — — — — — — — —	erniedrigend
änderungsbereit	— — — — — — — — — —	Probleme leugnend
nicht gewalttätig	— — — — — — — — — —	potenziell gewalttätig

Kennzeichnen Sie nun, wie Ihr Ex-Partner Ihrer Meinung nach abschneiden würde, wenn Sie die Beziehung wieder aufnehmen würden.

Wenn Sie nun zurückkehren

vertrauensvoll	— — — — — — — — — —	misstrauisch
respektvoll	— — — — — — — — — —	herablassend
berechenbar	— — — — — — — — — —	unberechenbar
Freiheit lassend	— — — — — — — — — —	besitzergreifend
auf Augenhöhe	— — — — — — — — — —	kontrollierend
sich Ihrer sicher	— — — — — — — — — —	eifersüchtig
guter Elternteil	— — — — — — — — — —	misshandelnder Elternteil
zuverlässig	— — — — — — — — — —	unzuverlässig
stetig	— — — — — — — — — —	unstet
ermutigend	— — — — — — — — — —	erniedrigend
änderungsbereit	— — — — — — — — — —	Probleme leugnend
nicht gewalttätig	— — — — — — — — — —	potenziell gewalttätig

Zusammen mit Ihren Antworten bei der Selbsterkundungsübung in Kapitel 1 „Waren Sie in einer Misshandlungsbeziehung?“ werden Ihnen diese Informationen helfen, eine fundierte und richtige Entscheidung über die Rückkehr zu Ihrem Misshandler zu treffen.

16
Ist Ihr Misshandler noch immer in Ihrem Leben?

Mythen:

Wer seine Misshandlungsbeziehung erst einmal verlassen hat, muss in keiner Weise mehr mit seinem Misshandler kommunizieren.

Nach einer Misshandlungsbeziehung haben Sie die Kontrolle über jede Begegnung mit Ihrem Ex-Partner.

Jetzt, wo Sie frei sind, hat Ihr Misshandler nicht mehr die Macht, Kontrolle über Sie auszuüben.

Wie gerne Sie Ihren Ex-Partner auch von Ihrem Leben ausschließen würden – es ist nicht immer möglich, dies zu tun. Es kann sein, dass Ihr Misshandler weiterhin auf unterschiedliche Weise ein Teil Ihres gegenwärtigen Lebens ist. Der Kontakt zu ihm ist vielleicht unvermeidbar, vor allem wenn Sie gemeinsame Kinder haben. Für Ihre Heilung ist es daher unverzichtbar, dass Sie wirksame Strategien für den Umgang mit Ihrem Ex-Partner entwickeln.

Angst vor dem Kontakt

Wie schon mehrfach erwähnt, führt die Beendung einer Misshandlungsbeziehung nicht immer zwangläufig dazu, dass alle Gefahr vorüber ist. In manchen Fällen vergrößert sie sich durch die Trennung sogar noch. Wenn Ihr Misshandler weiß, wo Sie wohnen oder arbeiten, und Sie Anlass haben, sich vor ihm zu fürchten, ist es umso zwingender, dass Sie Ihre persönlichen Sicherheitsmaßnahmen nochmals prüfen. Werfen Sie noch einmal einen Blick auf Kapitel 2 „Sind Sie jetzt in Sicherheit?“ und unternehmen Sie alle Schritte, um Ihre Sicherheit zu optimieren.

Falls Ihr Ex-Partner trotz einer rechtskräftigen gerichtlichen Verfügung versucht, in irgendeiner Weise mit Ihnen in Kontakt zu treten, rufen Sie unmittelbar die Polizei. Warten Sie nicht, bis die Situation außer Kontrolle gerät. Der einfachste Weg für Sie, Ihren Misshandler aus Ihrem Leben herauszuhalten, besteht darin, ihm in aller Deutlichkeit zu zeigen, dass Sie sich nicht mehr von ihm steuern lassen. Diesmal haben *Sie* die Kontrolle über Ihr Leben. Jede Situation hat ihre eigenen Besonderheiten, aber es wäre ratsam, dass Sie nach Möglichkeit niemals von sich aus Kontakt zu ihm aufnehmen. Wenn Sie das tun oder auf seine Annäherungsversuche eingehen, hat er womöglich „einen Fuß in der Tür“, und von dort ist es für die meisten Misshandler ein Leichtes, wieder einzudringen.

Kontakt über die Arbeit oder die Nachbarschaft

Falls Sie noch immer in derselben Nachbarschaft leben, können Sie vielleicht nicht beeinflussen, ob Sie einander sehen. Falls Sie denselben

Arbeitssort haben, haben Sie vielleicht häufig oder sogar täglich miteinander zu tun. Unter diesen Umständen ist es vielleicht ein wenig schwieriger, Ihr Leben voranzubringen.

Vielleicht ist es für Sie nicht möglich, den Kontakt zu vermeiden. Trotzdem haben Sie aber jedes Recht, darauf zu bestehen, dass sämtliche Gespräche und jeder Austausch nach Ihren Bedingungen stattfinden. Falls Ihr Ex-Partner sich weigert, die von Ihnen gesetzten Grenzen einzuhalten, werden Sie möglicherweise über eine gerichtliche Verfügung nachdenken müssen (siehe Kapitel 12 „Praktische Erwägungen“).

Indirekter Kontakt über Dritte

Es ist möglich, dass Ihr Misshandler über Ihre Familie oder Freunde wieder in Ihrem Leben auftaucht. Erinnern Sie sich noch, wie reizend andere Ihren Ex-Partner fanden? Misshandler sind äußerst talentiert darin, anderen vorzuspielen, dass sie wundervolle Partner wären. Wenn ein Misshandlungsopfer geht, sehnt sich sein Misshandler oft flehentlich danach, es zurückzubekommen. Viele Misshandler werden dann gefährlicher als jemals zuvor. Ihr Ex-Partner versucht möglicherweise alles, um Sie zurückzuerobern, und macht dabei auch nicht davor halt, sich die Menschen zunutze zu machen, die noch in Ihrem Leben sind.

Viele Misshandler halten den Kontakt zu Freunden oder zur Familie ihres Opfers. Sie versuchen diese Menschen zu überzeugen, dass niemals wieder etwas Schlimmes passieren wird, um ihre Gunst und Unterstützung zu gewinnen. Sie erzählen ihnen, dass sie sich geändert hätten, dass die Kinder sie bräuchten, dass sie sich hätten helfen lassen und dass sie alles tun würden, um noch mal eine Chance zu bekommen. Eine andere Taktik, die Ihr Misshandler versuchen könnte, besteht darin, Ihre Familie einzuschüchtern oder zu belästigen.

Erinnern Sie sich noch daran, wie *Sie* Ihrem Ex-Partner seine Beteuerungen geglaubt haben? Ihren Angehörigen geht es vielleicht genauso, insbesondere wenn sie wissen, dass Sie sich damit schwertun, alleine zurechtzukommen. Wahrscheinlich halten sie Ausschau nach einer Versöhnung, ersehnen ein märchenhaftes Ende. Sie wollen Sie glücklich sehen, und das macht sie anfällig dafür, auf die Annäherungen Ihres Misshandlers hereinzufallen.

Im Umgang mit Ihrer Familie und Freunden werden Sie ebenso verständnisvoll wie standhaft sein müssen. Zeigen Sie ihnen, wie sehr Sie ihre Anteilnahme schätzen. Zeigen Sie ihnen, dass Sie sehr wohl wissen, wie überzeugend Ihr Misshandler wirken kann. Versuchen Sie dann, ihnen dabei zu helfen, die Täuschung zu erkennen. Versuchen Sie verständlich zu machen, warum Sie sich dafür entschieden haben, niemals zu einem Partner zurückzukehren, der andere misshandelt. Falls einige nicht in der Lage oder willens sind, diese Wahrheit zu sehen, werden Sie sehr genau darüber nachdenken müssen, ob und in welchem Maße diese Menschen Teil Ihres neuen Lebens sein sollen (siehe Kapitel 11 „Die Reaktionen anderer“).

Ungewollter Kontakt mit seinem Umfeld

Möglicherweise erleben Sie auch, dass die Familie oder Freunde Ihres Misshandlers sich bei *Ihnen* melden. Vermutlich versuchen sie, Sie davon zu überzeugen, dass es Ihrem Ex-Partner leidtue und er wirklich ein toller Mensch sei. Sie müssen vorbereitet sein, um auf diese Begegnungen bestimmt und wirksam reagieren zu können.

Menschen, die Ihren Ex-Partner regelmäßig sehen oder sprechen, durchblicken wahrscheinlich nicht vollständig, was in Ihrer Beziehung vorgefallen ist. Unter diesen Umständen ist es vermutlich vergebens, sie darüber aufklären zu wollen. Wenn diese Personen den Kontakt zu Ihnen suchen, ist es am besten, ihnen mit sehr deutlichen Worten zu sagen, wie Sie sich fühlen und was Sie wollen und was nicht. Lassen Sie sich auf keine Diskussion mit ihnen ein. Argumentieren Sie nicht mit ihnen. Machen Sie ihnen einfach klar, wo Ihre Grenzen liegen.

Behalten Sie im Kopf, dass Ihr Ex-Partner alles erfahren wird, was Sie diesen Leuten mitteilen. Gehen Sie also sehr vorsichtig damit um, wie viel Sie sagen. Sie müssen Ihre Entscheidungen vor niemandem rechtfertigen oder erklären. Sie müssen lediglich mitteilen, was Sie möchten und was Sie erwarten, und zwar nicht nur von Ihrem Misshandler, sondern auch von seinem Umfeld. Wenn Sie keinen weiteren Kontakt wünschen, sagen Sie es. Nochmals: Seien Sie deutlich und bestimmt.

Kontakt über die Kinder

Kinder zählen zu den häufigsten Gründen, weshalb Überlebende von Misshandlungsbeziehungen gezwungen sind, zu Ihrem Ex-Partner Kontakt zu haben. Falls Sie mit Ihrem Ex-Partner gemeinsame Kinder haben, sind möglicherweise feste Besuchsregelungen vorgeschrieben (siehe Kapitel 10 „Und die Kinder?"). Es ist auch möglich, dass Sie gezwungen waren, Ihre Kinder bei Ihrem Misshandler zurückzulassen, als Sie geflohen sind. Um Ihre Kinder nun sehen zu können, müssen Sie vielleicht auch Ihren Misshandler sehen.

Falls Ihr Ex-Partner ein Besuchsrecht hat, ist es wichtig, die Besuche so zu gestalten, dass sie für Ihre Kinder und Sie selbst möglichst ungefährlich sind. Einige Vereine und Initiativen stellen Räumlichkeiten bereit, in denen Eltern und Kinder sich in einer sicheren Umgebung unter sozialpädagogischer oder psychologischer Begleitung sehen können. Fragen Sie bei Ihrer örtlichen Kontakt- und Beratungsstelle für häusliche Gewalt nach Informationen über Besuchsräumlichkeiten in Ihrer Nähe. Kapitel 10 „Und die Kinder?" bietet weitere Informationen zum Thema Sicherheit bei Besuchen.

Falls es in Ihrer Nähe keine Besuchseinrichtung gibt, suchen Sie nach einer Besuchsregelung, die größtmögliche Sicherheit bietet. Versuchen Sie, eine Abmachung zu treffen, bei der die Übergabe der Kinder in der Öffentlichkeit stattfindet. Bitten Sie einen Erwachsenen, dem Sie vertrauen, Sie bei der Übergabe der Kinder zu begleiten, falls Sie sich dann besser fühlen. Wenn Ihr Misshandler die Kinder bei Ihnen zu Hause abholen darf, können Sie darüber nachdenken, ob Sie bei der Übergabe nicht einen Freund oder einen Angehörigen der Familie dabeihaben oder jemanden mit der Übergabe betrauen wollen, statt dies selbst zu übernehmen.

Was die Kinder Ihnen erzählen

Vielleicht haben Sie keinen direkten Kontakt mit Ihrem Ex-Partner, hören aber von ihm. Aus der Ferne kann er versuchen, Sie durch Ihre Kinder zu beeinflussen und zu manipulieren. Wohl wissend, dass die Kinder alles weiterleiten werden, macht er vielleicht bestimmte Bemerkungen oder setzt Geschichten in die Welt. Es ist nur allzu wahrscheinlich, dass Ihre Kinder Ihnen von den Besuchen erzählen werden, falls sie Ihren Ex-Partner sehen. Das kann für Sie sehr schmerzhaft sein. Aber es wäre noch schmerzhafter, Ihren Kindern zu verbieten, von ihm zu sprechen. Damit geraten Ihre Kinder zwischen die Fronten, und vielleicht will er genau das erreichen. Es ist wichtig für Sie, manipulative Verhaltensweisen Ihres Ex-Partners vorherzusehen. Dazu gehört auch die Ausnutzung Ihrer Kinder als „Waffe". Je besser Sie auf solche indirekten Manöver vorbereitet sind, umso leichter wird es Ihnen fallen, mit entsprechenden Situationen umzugehen.

Vielleicht glauben Sie, Ihr Misshandler würde Ihren Kindern niemals etwas antun, da die Misshandlungen sich immer nur gegen Sie gerichtet haben. Traurigerweise kommt es vor, dass Misshandler nach dem Ende der Beziehung zu neuen Taktiken übergehen, um Kontrolle zu ergreifen, und dazu zählt auch die Misshandlung der Kinder.

Vielleicht wird es nötig, dass Sie sehr genau auf die Sicherheit Ihrer Kinder achtgeben. Wenn der Kontakt Ihres Ex-Partners mit den Kindern in den Räumen einer Einrichtung stattfindet, vergewissern Sie sich, dass Sie die Regeln der Einrichtung genau kennen. Es wird strenge Regelungen geben, die während der Besuche eingehalten werden müssen. Diese Regeln werden jegliche Gewalt oder Androhung von Gewalt gegen Sie oder Ihre Kinder verbieten. Durch die Regeln wird auch unterbunden, dass Ihr Misshandler über die Kinder herausbekommt, wo Sie im Moment leben, oder dass er sich auf irgendeine Weise Zugang zu Ihnen verschafft. Geschulte Mitarbeiter sollten dafür sorgen, dass die Kinder in keiner Weise dazu benutzt werden können, Ihnen weiter zu schaden.

Wenden Sie sich bei einem Regelverstoß umgehend an einen Mitarbeiter der Einrichtung. Lassen Sie es nicht als kleine Grenzüberschreitung durchgehen. Wenn Misshandler mit einem Regelverstoß davonkommen, neigen sie dazu, gesetzte Grenzen weiter auszudehnen.

Denken Sie daran: Ihr Ex-Partner möchte die Kontrolle über Ihr Leben besitzen. Unterbinden Sie alle seine diesbezüglichen Bemühungen.

Die Kinder belügen

Es kann passieren, dass Ihr Misshandler versucht, Kontrolle über Sie auszuüben, indem er den Kindern Lügen erzählt – indem er sie überzeugt, dass Sie der Grund seien, weshalb die Familie nicht mehr zusammen ist, oder dass Sie diejenige waren, die sich grausam verhalten hat. Er erfindet vielleicht Lügen, die dazu dienen, die Kinder gegen Sie aufzubringen. Es kann Sie emotional tief treffen zu hören, wie Ihre Kinder diese Lügen wiederholen. Einige Kinder kleiden solche Lügen in eine Frage, andere geben sie als bestehende „Fakten" wieder. Falls Ihre Kinder sie als Fragen formulieren, versuchen Sie, bei der Antwort nicht wütend zu werden. Widerstehen Sie möglichst auch der Versuchung, den Kindern ihr Bedürfnis nach Antworten zu verwehren. Falls Sie nicht in der Lage sind, ruhig zu antworten, sagen Sie ihnen einfach, dass Sie später mit ihnen darüber sprechen werden – und halten Sie dieses Versprechen auf jeden Fall ein.

Behalten Sie im Gespräch mit Ihren Kindern im Kopf, dass sie von Ihrem Misshandler benutzt und zwischen die Fronten gestellt werden. Ihre Kinder versuchen gerade, eine sehr verwirrende Situation zu verstehen. Möglicherweise lieben sie Ihren Ex-Partner, und er kann ihnen erzählt haben, dass Sie ihm weh getan haben. Fragen, die Ihre Kinder Ihnen dazu stellen, zeigen, dass sie Ihnen vertrauen und davon ausgehen, dass Sie ihnen helfen werden, die Situation besser zu begreifen. Versuchen Sie, Ruhe zu vermitteln und einen anklagenden Ton zu vermeiden. Seien Sie bereit zuzuhören, wenn sie Ihnen erzählen, wie verletzt und aufgebracht Ihr Ex-Partner sich fühlt. Gestehen Sie ihnen zu, dass es beunruhigend sein muss, dies zu hören. Sie müssen ihnen auch sagen, dass Sie keine Wahl haben. Sie können nicht mehr alle zusammenleben. Und obwohl die Kinder es im Moment vielleicht nicht verstehen können, können Sie nichts tun, damit Ihr Ex-Partner sich besser fühlt.

Ermutigen Sie Ihre Kinder, immer zu Ihnen zu kommen, wenn sie verwirrt sind oder Fragen haben. Zeigen Sie ihnen, dass Sie sie immer lieben werden, ganz gleich, was sie sagen oder fragen. Gehen Sie sicher, dass Ihre Kinder wissen, dass sie keine Schuld an dem trifft, was zwischen Ihnen und Ihrem Misshandler vorgefallen ist.

Eine andere Methode, mit der Ihr Misshandler Kontrolle auf Sie ausüben kann, ist der Versuch, die Erinnerungen Ihrer Kinder an die Geschehnisse zu verzerren. Ihr Ex-Partner mag ihnen erzählen, dass *Sie* diejenige gewesen seien, die gewalttätig war. Er wird vermutlich erzählen, dass er Sie oder die Kinder niemals verletzt habe oder dass die Misshandlungen aus reiner Liebe geschahen. Er wird versuchen, die Kinder einer Gehirnwäsche zu unterziehen. Sie wissen aus eigener Erfahrung, wie gut ihm das gelingen kann.

Ihr Ex-Partner erzählt Ihren Kindern vielleicht, dass Sie eines Tages wieder als Familie zusammenleben werden und dass alle glücklich sein könnten, wenn Sie nur nachgäben. Er würde möglicherweise alles dafür tun, um Ihre Kinder gegen Sie aufzubringen oder um sie als Mittel einzusetzen, mit dem er wieder die Kontrolle über Sie gewinnen kann. Versuchen Sie auch hier wieder, schonend und vernünftig mit Ihren Kindern über die wirkliche Situation zu sprechen, ohne Ihren Ex-Partner dabei direkt des Lügens zu bezichtigen.

Sein Einfluss auf Ihre Aktivitäten

Ein weiteres Machtmittel Ihres Misshandlers ist die Beeinflussung Ihrer zeitlichen Planung über die Kinder, indem er Sie möglichst lange darüber im Unklaren lässt, wann, wo und in welcher Form er die Kinder sehen wird. Er wird vielleicht versuchen, Ihnen bei der Ausübung seines Besuchsrechts möglichst viele Umstände zu bereiten. Vielleicht setzt er die Kinder sogar als Waffe ein, indem er androht, sie gar nicht mehr zu treffen, wenn Sie sich nicht in bestimmter Weise verhalten.

Hinter diesen Spielchen müssen Sie seinen Versuch erkennen, wieder Kontrolle über Sie zu ergreifen. Wenn Sie das Gefühl haben, dass das Verhalten Ihres Misshandlers zu schwierig oder unzuträglich für Ihre Kinder wird, müssen Sie sich fragen, ob sie Ihren Ex-Partner überhaupt noch sehen sollten. Und wenn Ihr Misshandler damit droht, den Kontakt zu den Kindern vollkommen abzubrechen, um Sie zu einer bestimmten

Handlung oder Äußerung zu bewegen, dann ist die Auflösung des Kontaktes möglicherweise der beste Schritt, den Sie unternehmen können.

Ihm nicht die Kontrolle überlassen

Viele Überlebende von Misshandlungsbeziehungen fühlen sich äußerst frustriert, wenn es ihrem früheren Misshandler gelingt, in ihrem Leben zu bleiben. Sie brauchten unglaublich viel Mut und Kraft, um zu gehen. Vielleicht haben Sie jetzt das Gefühl, dass Sie Ihren Ex-Partner niemals los sein werden. Sie müssen nun entscheiden, welche Rolle (wenn überhaupt eine) Ihr Misshandler in Ihrem Leben wird einnehmen dürfen. Falls Sie beschließen, dass er gar keine Rolle spielen darf, dann lassen Sie möglichst nicht zu, dass der Kontakt – sei er direkt oder indirekt – ihm Kontrolle über Sie verleiht. Wenn Sie die Begegnungen mit Ihrem Ex-Partner nicht vermeiden können, dann arbeiten Sie daran, Strategien zu finden, die es für Sie emotional so leicht wie möglich machen. Wenn Sie nicht die innere Kraft dazu finden, dann ziehen Sie die Hilfe von Freunden, der Familie, eines Beraters bzw. Therapeuten oder der Polizei heran. Hilfe zu suchen, ist kein Zeichen von Schwäche. Schließlich haben Sie es hier mit einer sehr schwierigen Situation und einem gefährlichen Menschen zu tun.

Selbsterkundungsübung

Vorbereitung auf mögliche Begegnungen

Teil I

Was werden Sie tun, wenn Ihr Misshandler Ihnen gegenübersteht? Es ist sinnvoll, jetzt darüber nachzudenken und vorauszuplanen. Wenn es dann dazu kommt, werden Sie so gut wie möglich vorbereitet sein und die größtmögliche Kontrolle besitzen. Die untenstehende Übung beinhaltet Situationen, in denen Sie möglicherweise mit Ihrem Ex-Partner in Kontakt kommen. Markieren Sie die Situationen, von denen Sie glauben oder wissen, dass sie auf Sie zutreffen könnten. Notieren Sie dann in der rechten Spalte, wie Sie am besten und wirkungsvollsten in entsprechenden Situationen handeln können. Sie können diese Übung jederzeit später wieder hervorholen und Ihre Pläne nach Bedarf abändern.

Kontaktsituation	Handlungsplan
____ Mein Misshandler taucht bei meiner Arbeitsstelle auf.	
____ Ich laufe meinem Misshandler in der Öffentlichkeit über den Weg.	
____ Mein Misshandler kommt zu mir nach Hause.	
____ Unsere Wege kreuzen sich bei einer Familienfeier.	
____ Wir sehen uns bei der Arbeit oder in der Schule/Ausbildungsstelle/Hochschule.	
____ Mein Misshandler ist bei Freunden, wenn ich dort ankomme, um sie zu besuchen.	
____ Wir sitzen im selben Restaurant.	
____ weitere mögliche Kontaktsituationen (bitte aufzählen): ______________________ ______________________	

Teil II: Die Kinder

Wie beschrieben, kommt es bei einigen Misshandlungsopfern am häufigsten durch die Kinder zum Kontakt mit ihrem früheren Peiniger. Falls dies auf Sie zutrifft, soll diese Übung Ihnen helfen, im Voraus zu überlegen, wie Sie mit diesen Situationen umgehen werden. Markieren Sie wieder alle Situationen, die auf Sie zutreffen könnten. Notieren Sie bei jedem der untenstehenden, möglichen Szenarien einige Ideen, was Sie Ihren Kindern erzählen könnten, falls diese Dinge passieren.

Situationen mit den Kindern	Ihre mögliche Reaktion
____ Ihr Misshandler erzählt den Kindern, dass die Misshandlungen Ihre Schuld waren.	
____ Ihr Misshandler erzählt den Kindern, Sie würden verhindern, dass Sie eine glückliche Familie sind.	
____ Ihr Misshandler stimmt zu, die Kinder zu bestimmten Zeiten zu sehen, und erscheint dann nicht zur Verabredung.	
____ Ihr Misshandler erzählt den Kindern, Sie würden verhindern, dass sie mehr Zeit mit ihm verbringen.	
____ weitere Situationen, die sich auf die Kinder beziehen (bitte aufzählen): ______________ ______________	

Denken Sie daran: Wenn Ihr Misshandler noch in Ihrem Leben ist, können Sie nicht vorhersehen, was passieren wird. Eine der besten Verteidigungsstrategien gegen unerwartete und potenziell gefährliche Begegnungen besteht darin, über mögliche Situationen nachzudenken, die schwierig sein könnten, und so gut wie möglich vorauszuplanen.

17
Neue Liebe

Mythen:

Überlebende von Misshandlungsbeziehungen sind dazu verdammt, den Misshandlungszyklus zu wiederholen.

Wenn man eine Misshandlungsbeziehung übersteht, wird man zum Experten bei der Prognose, ob ein potenzieller nächster Partner zu Kontrolle oder Gewalt neigt.

Die meisten Misshandlungsopfer sind nie wieder in der Lage, zu einer aufrichtig innigen, liebevollen Beziehung zu finden.

Als Überlebende einer Misshandlungsbeziehung finden Sie es vielleicht sehr schwierig, wieder Intimität in Ihrem Leben zuzulassen. Sie sind nicht mehr in der Lage, arglos und vertrauensvoll eine neue Beziehung einzugehen. Sie tragen nun das Wissen – und noch wichtiger: die Weisheit – in sich, wie sehr Liebe schiefgehen kann. Ihre Misshandlungserfahrung bedeutet, dass Sie neuen Beziehungen möglicherweise mit großer Vorsicht begegnen werden. Das ist vollkommen normal und sehr klug.

Sind Sie dazu verdammt, die Vergangenheit zu wiederholen?

Dass Sie eine Misshandlungsbeziehung überstanden haben, bedeutet noch lange nicht, dass Sie in Zukunft weitere solcher Beziehungen ertragen müssen. Allenfalls werden Sie besser gerüstet sein, um Warnsignale zu entdecken, die auf die Neigung eines zukünftigen Partners zu kontrollierendem und gewalttätigem Verhalten hinweisen. Sie können sich das, was Sie (auf die harte Tour) gelernt haben, zunutze machen, um Anzeichen für Misshandlungen zu erkennen, die ein möglicher Partner aussendet.

Inzwischen sollten Sie keinen Zweifel mehr hegen, dass Sie nicht die Schuld an der zurückliegenden Misshandlungsbeziehung tragen. Sie waren nicht dumm oder blind oder zu vertrauensvoll. Misshandler sind Experten darin, ihre gewalttätigen und missbrauchenden Züge zu verbergen. Es gab für Sie keine Möglichkeit, den äußeren Charme und die Anziehungskraft zu durchschauen. Jetzt, wo Sie die furchtbare Qual durchgemacht und überstanden haben, können Sie auf Ihre Beziehung zurückblicken und sich die Anzeichen bewusster machen, die die Misshandlungen ankündigten.

Was ist eine gesunde Beziehung?

Es gibt nirgendwo zwei Partner, die an ihre Beziehung exakt dieselben Wünsche stellen. Dinge, die Ihnen sehr viel bedeuten, können für einen anderen Menschen weniger wichtig sein. Es gibt allerdings Schlüsselmerkmale einer gesunden Beziehung, die jeder von seinem Partner verdient.

Gleichheit ist sehr wichtig. Damit ist nicht gemeint, dass Sie und Ihr Partner gleich sind. Es bedeutet nicht, dass beide Partner alle Tätigkeiten zu gleichen Anteilen erledigen (wie Autoreparaturen, Abwaschen, Rechnungen bezahlen, Gartenarbeit). Es bedeutet, dass in Ihrer Beziehung eine gewisse Ausgewogenheit besteht. Dies sollte auf sämtliche Tätigkeiten zutreffen, von kleineren Aufgaben über Erwerbsarbeit bis hin zum gleichberechtigten Treffen von Entscheidungen über familiäre Angelegenheiten.

Jeder verdient von einem engen Partner *Respekt*. Dieser sollte alle Aspekte einer Beziehung durchdringen. Es reicht nicht aus, jemanden nur für sein Aussehen, seine Kochkünste oder seine Musikalität zu achten. Sie verdienen es, als der Mensch, der Sie sind, respektiert zu werden, mit Ihren positiven Eigenschaften, Ihren Fehlern und allem.

Vertrauen ist ein weiterer wichtiger Bestandteil einer gesunden Beziehung. Es ist unentbehrlich zu wissen, dass Sie sich auf Ihren Partner verlassen können. Das heißt, Ihr neuer Partner sollte ehrlich und beständig sein. Es sollte niemals so sein, dass Sie infrage stellen müssen, ob das, was er Ihnen erzählt, wirklich stimmt. Und wichtiger als alles andere ist: Sie sollten ihm darin vertrauen können, dass es niemals zu Misshandlungen oder Gewalt kommen wird.

Was möchten Sie von einer intimen Beziehung?

Nur Sie allein können bestimmen, wer der richtige Partner für Sie ist, wer die Fähigkeit besitzt, Sie glücklich und zufrieden zu machen. Allerdings ist es vielleicht leichter gesagt als getan, diese Kriterien festzusetzen. Es ist für Sie aber unentbehrlich, sich sehr deutlich zu machen, was Sie in einer Beziehung möchten und sich dies immer in Erinnerung zu rufen, wenn ein potenzieller Partner in Ihr Leben tritt. Dieses Kapitel und die Selbsterkundungsübung „Wonach suchen – was vermeiden?“ am Schluss dienen dazu, Ihnen bei dieser Aufgabe zu helfen.

Warnzeichen

Als Sie Ihrem Ex-Partner damals zum ersten Mal begegneten, suchten Sie nicht nach Warnsignalen, die auf Misshandlung hindeuten. Sie hielten nicht mit weit geöffneten Augen nach Worten oder Taten Ausschau, die Hinweise auf das hätten liefern können, was folgen sollte. Zumindest hielten Sie sicher nicht ständig im Geiste die Äußerungen, Gesten und Taten fest, bei denen sich Ihr Magen zusammenkrampfte.

Einige Misshandler sind so talentiert darin, ihr wahres Selbst zu verbergen, dass niemand – sei er auch noch so gut informiert und erfahren – in der Lage wäre vorherzusehen, dass sie zu solchen Misshandlungen und Gewalttaten fähig sind. Von anderen Misshandlern gehen so subtile Anzeichen aus, dass sie nur von Menschen entlarvt werden können, die darin trainiert wurden, nach solchen versteckten Hinweisen zu suchen.

Welches sind also verschleierte Anzeichen, die Sie auf dem „Misshandlungsradar“ behalten sollten? Es gibt zwei Kategorien von Anzeichen. Erstens: unterschwellige negative Vorläufer der Misshandlungen. Und zweitens: paradoxerweise stärker offensichtliche Zeichen in Form von scheinbar wundervollem, übertrieben reizendem Verhalten.

Zu viel des Guten

Misshandler erscheinen manchmal als liebenswürdige, gebende, liebe- und hingebungsvolle Partner. Vom ersten Moment an leisten sie Mehrarbeit, um Sie zu bezaubern, beeindrucken und in eine Beziehung hineinzulocken. Während sie jemanden umwerben, wirken sie unendlich wundervoll. Woran können Sie nun erkennen, ob ein potenzieller Partner schlicht der vortreffliche, liebevolle Mensch ist, den sie suchen, oder ein Wolf im Schafspelz?

Ein altes Sprichwort besagt, es sei wunderbar, in den Himmel gehoben zu werden, und genau das, was ein jeder von einem engen Partner wirklich wolle. Bedauerlicherweise kann dieses In-den-Himmel-gehoben-Werden auch ein Warnsignal sein. Indem dies mit Ihnen gemacht wird, werden Sie in einen Partner verwandelt, wie ihn sich der andere *idealerweise* vorstellt – jemand ohne Fehler, der immer genau das tun und so sein wird, wie es von ihm erwartet wird. Das sind Vorstellungen Ihres Partners und sie haben mit dem Menschen, der Sie wirklich sind, nicht viel zu tun. Auf diese Weise in den Himmel gehoben zu werden, kann also sehr gefährlich sein.

Sie sind „perfekt“

Niemand ist perfekt. Wenn Ihr Partner Ihnen sagt, wie perfekt Sie doch seien, dann weckt dies Erwartungen, denen niemand gerecht werden kann. Wenn ein potenzieller Partner Sie in ein solches Licht stellt, ist es wichtig, dass Sie herausfinden, was das wirklich bedeutet. Falls es nur ein Weg ist, Ihnen zu sagen, wie wundervoll Sie sind, und damit wahre, bedingungslose Liebe auszudrücken, ist dies wahrscheinlich ein positives Zeichen. Wenn Ihr Partner Sie aber wahrhaftig als *perfekt* ansieht, ist es möglicherweise gefährlich.

Wenn Sie besorgt sind, dass Ihr Partner Perfektion erwartet, sollten Sie auf jeden Fall vermeiden, Ihre Fehler zu verstecken. Falls Sie nicht immer der pünktlichste Mensch sind, reißen Sie sich kein Bein aus, um immer auf die Minute pünktlich zu sein. Falls Ihr Haushalt nicht der ordentlichste ist, dann lassen Sie Ihren Partner Ihr Zuhause so sehen, wie es normalerweise aussieht: nicht völlig makellos. *Seien Sie einfach Sie selbst.*

Falls Sie die Vorstellungen, die Ihr Partner von Ihnen hat, nicht erfüllen und er auf Ihre Mängel nicht wütend oder mit Kritik reagiert, haben Sie wahrscheinlich wenig Anlass zur Sorge. Wird ein potenzieller Partner allerdings wütend, macht abwertende Bemerkungen oder Witze oder wirft Ihnen vor, bestimmten „Vorstellungen“ nicht zu genügen, sollten in Ihrem Kopf die Alarmglocken schrillen.

Aufdringlichkeit

Außergewöhnlich starke Beharrlichkeit ist eine weitere verführerische Eigenschaft, die ein Warnzeichen dafür sein kann, dass Sie es mit einem Misshandler zu tun haben. Falls Sie zögern, sich einzulassen, und ein potenzieller Partner ein Nein als Antwort nicht akzeptiert, sollten Sie hellhörig werden. Wenn jemand Interesse an Ihnen hat, ist das eine Sache.

Ihnen aber selbst dann unaufhörlich zu folgen, wenn Sie schon den Rückzug antreten und um Abstand bitten, ist ein sehr beunruhigendes Zeichen.

Dieser Übereifer kann sich auch in dem Wunsch äußern, dass die Beziehung nur allzu schnell voranschreitet. Wenn Ihr Partner schon sehr bald nach dem ersten Treffen häufig eine starke Sehnsucht nach einer festen Bindung (verbindliche Beziehung, Zusammenleben, Heirat) äußert, haben Sie guten Grund, sich Sorgen zu machen. Denken Sie darüber nach, warum jemand sich wünschen oder es brauchen könnte, dass die Beziehung sich mit so rasender Geschwindigkeit weiterentwickelt. Ist es Liebe oder ist es starke Eifersucht, Unsicherheit oder der Drang nach Kontrolle, der bereits zum Vorschein kommt?

Wenn der Wunsch Ihres Partners nach Verbindlichkeit in Ihnen Unbehagen auslöst, probieren Sie einmal aus, was passiert, wenn Sie die Notbremse ziehen. Wenn es sich um wahre und gesunde Liebe handelt, sollten Sie das Gefühl bekommen, dass Ihre Bedürfnisse und Wünsche respektiert werden. Wenn Sie sagen, dass Sie alles etwas langsamer angehen möchten, sollte dieser Wunsch respektiert werden. Sie sollten an diesem Punkt das Gefühl haben, dass Sie die Kontrolle besitzen. Das bedeutet, dass Ihr Partner sich einverstanden zeigen sollte, die Dinge so ruhig anzugehen, wie Sie es möchten, ohne Druck auf Sie auszuüben oder sich über Sie lustig zu machen, weil Sie zu langsam seien.

Nimmt er Sie in Beschlag?

Sie sollten auch darauf achten, wie viel Zeit ein potenzieller Partner mit Ihnen verbringen möchte. Natürlich bringen Partner in einer neuen Beziehung den Wunsch zum Ausdruck, dass sie die andere Person gerne kennenlernen möchten, und natürlich es ist sehr aufregend, einen neuen Menschen zu erforschen. Wie können Sie also zwischen dem echten Bedürfnis nach Zweisamkeit und ersten Versuchen, Kontrolle über Sie auszuüben, unterscheiden?

Sie könnten Ihre gemeinsame Zeit am Anfang einer neuen Beziehung ganz bewusst auf bestimmte, geplante Aktivitäten beschränken. Dadurch werden klare Grenzen gesetzt. Wenn Ihr potenzieller Partner häufig ohne Ankündigung auftaucht, sollten Sie vorsichtig sein. Sagen Sie, dass Sie für die Zeit, die Sie gemeinsam verbringen, lieber geplante Verabredungen treffen möchten. Falls er bei Ihrer Arbeitsstelle erscheint, erklären Sie, dass es kein guter Zeitpunkt und Ort ist, um sich zu treffen. Wenn Sie das Gefühl haben, dass Ihre Wünsche ignoriert werden, bedeutet dies, dass sich am Horizont Probleme zusammenbrauen.

Wenn ein potenzieller Partner jeden Abend und jedes Wochenende mit Ihnen verbringen möchte und sich dazwischen häufig meldet, so machen Sie deutlich, dass Sie noch nicht bereit sind, sich in diesem Ausmaß auf jemanden einzulassen. Schlagen Sie vor, dass Sie sich nur an einigen Abenden in der Woche sehen. Bestehen Sie darauf, dass Sie an anderen Abenden und an Wochenenden etwas anderes vorhaben und dass Sie Zeit für sich selbst brauchen. Achten Sie darauf, wie dies aufgenommen wird, und denken Sie über diese Reaktionen nach. Wenn Sie sich herabgesetzt fühlen, beginnt er, Sie in der Hand zu haben.

Eifersucht

Wenn Ihr neuer Partner schon früh Anzeichen von Eifersucht zeigt, bei Ihrer ersten oder zweiten Verabredung, noch bevor Sie überhaupt ein Paar sind, weist dies deutlich auf ein Problem hin. Wenn Sie spüren, dass Besitzgier oder -ansprüche im Laufe der Beziehung stärker werden, seien Sie wachsam. Es sollte in Ihnen ein Alarm angehen, wenn ein potenzieller Partner grundlos eifersüchtig wird. Ein weiterer Grund zur Beunruhigung liegt vor, wenn Eifersucht in ihm aufkommt, die in keinem Verhältnis zu Ihren harmlosen Interaktionen mit anderen Menschen steht. Eine solche Eifersucht kommt nicht durch die starke Anziehung zu Ihnen zustande oder dadurch, wie begehrenswert Sie für andere sind. Sie mögen sich dadurch sehr geschmeichelt fühlen – dennoch müssen Sie erkennen, dass es bei übertriebener Eifersucht um Unsicherheit und den Kontrollwahn Ihres Partners geht. Es geht dabei *nicht* um Liebe und Fürsorge.

Werden Sie isoliert?

Wenn Ihr Partner Sie in Ihrem Leben von anderen Menschen isoliert, ist dies ein sehr beunruhigendes Anzeichen drohender Gefahr. Wenn er immer mit Ihnen allein sein möchte und sich immer dagegen wehrt, Zeit mit Ihrer Familie und Ihren Freunden zu verbringen, so sind dies erste Versuche, Sie zu isolieren. Ein weiteres Anzeichen für diese Kontrolltaktik ist die Tendenz, Sie dazu zu bewegen, Verabredungen mit anderen abzusagen, damit Sie unter sich sein können. Wieder kann dies romantisch klingen, aber ein solches Verhaltensmuster ist nicht romantisch, sondern gefährlich.

Eine Methode, wie Sie sich vor zukünftigen Misshandlungsbeziehungen schützen können, besteht darin, Freundschaften zu erhalten und eigene Beschäftigungen beizubehalten. Erlauben Sie einem potenziellen Partner niemals, darüber zu bestimmen, wen Sie sehen oder nicht sehen, wohin Sie gehen oder nicht gehen dürfen oder was Sie in Ihrem Leben tun oder lassen sollen.

„So schlimm ist es nicht“

Es ist sehr wichtig, dass Sie Verhaltensweisen im Auge behalten, die Ihnen nicht wirklich wie Alarmsignale erscheinen, Sie aber durchaus ärgern. Jemand, der nicht dieselbe Erfahrung mit Misshandlung hat wie Sie, tendiert leicht dazu, solche Zeichen abzutun. Hier sind einige Beispiele.

- Wie wir bereits erwähnten, kann seine übertriebene Eifersucht für Sie mit dem Gefühl beginnen, dass Sie ständig überwacht werden. Es ist ein beunruhigendes Zeichen, wenn Ihr Partner Sie zu häufig zu Hause oder bei der Arbeit anruft und es sich zur Gewohnheit macht, Sie darüber auszufragen, wo oder bei wem Sie zu einem bestimmten Zeitpunkt gewesen sind. Ein Misshandler erfindet möglicherweise einfallsreiche Ausreden für die ständigen Anrufe und Fragen oder verbucht sie darunter, dass er Sie so sehr vermisst hat. Aber Sie wissen es besser.
- Seien Sie sehr achtsam, wenn Sie feststellen, dass Ihr Partner Ihnen folgt. Es muss gar nicht zu einer direkten Begegnung kommen. Vielleicht sehen Sie nur ein bekanntes Auto an Ihrem Haus oder Ihrer Arbeitsstelle vorbeifahren. Vielleicht taucht Ihr Partner „zufällig“ auf, wenn Sie mit Ihren Freunden unterwegs sind. All das sind Anzeichen von eifersüchtigen und kontrollierenden Wesenszügen. Dies sind deutliche Warnhinweise.

- Seien Sie auf der Hut, wenn Ihr Partner versucht, den größten Teil der Entscheidungen in Ihrer Beziehung zu übernehmen, zum Beispiel darüber, wohin Sie gemeinsam gehen, wen Sie gemeinsam besuchen werden oder welchen Tätigkeiten Sie zusammen nachgehen. Was passiert, wenn Ihre Vorstellungen auseinandergehen? Scheinen Ihnen Ihre eigenen immer zweitrangig? Fühlen Sie sich unterschwellig herabgesetzt und ignoriert, wenn Sie versuchen, gemeinsame Aktivitäten auszuwählen? Auch das sind deutliche Hinweise auf Kontrolltendenzen.
- Ein weiterer Hinweis auf sein Bedürfnis, Sie zu beherrschen, sind Scherze und unterschwellige herabsetzende Bemerkungen über Sie und über Themen, die Ihnen wichtig sind. Dies kann darin Ausdruck finden, dass er Sie erniedrigt, ärgert oder Witze über Ihre persönlichen Eigenarten macht, z. B. über Ihre Unpünktlichkeit, Ihre etwas unordentliche Wohnung oder Ihren vorsichtigen Fahrstil. Diese Warnhinweise sind leichter zu bemerken, wenn er Sie auch im Beisein anderer aufzieht oder Witze über Sie macht.

Falls Sie unsicher sind, ob bestimmte alarmierende Verhaltensweisen darauf hindeuten, dass Probleme auf Sie zukommen, so stellen Sie sie auf den Prüfstand. Provozieren Sie diese Verhaltensweisen. Weigern Sie sich, sie zu akzeptieren. Warten Sie ab, ob Ihr Partner auf Sie hört; ob er sich mit den Veränderungen, die Sie ihm abverlangen, einverstanden zeigt und sich daran hält. *Es gibt keine Beziehung, die Sie überstürzt eingehen müssen.* Es mag einige Zeit dauern, bis Sie jemandem vertrauen können, aber es wird sich lohnen, auf jemanden zu warten, der Ihnen wirklich guttut.

Fühlen Sie in sich hinein

Woher wissen Sie, ob Sie bereit für eine neue Beziehung sind? Neben der gründlichen Prüfung einer potenziellen Beziehung wird es hilfreich sein, wenn Sie Ihre *eigene* Bereitschaft für eine neue Liebesbeziehung einschätzen.

Was bedeutet es, für eine neue intime Beziehung „bereit" zu sein? Im weiteren Sinne bedeutet es, dass Ihre emotionale und psychische Verfassung gut genug ist, um eine neue, liebevolle Partnerschaft zu beginnen. Natürlich ist niemand frei von Unsicherheiten und Fehlern. Nach welchen Zeichen für Ihre Bereitschaft können Sie also suchen?

Für einen engen Partner im eigenen Leben bereit zu sein, bedeutet, ein aufrichtig gutes Gefühl zu sich selbst zu haben. Glauben Sie wirklich daran, dass Sie eine liebe- und respektvolle, misshandlungsfreie und vertrauensvolle Beziehung verdienen? Sind Sie überzeugt, dass Sie für einen anderen Menschen ein fürsorglicher und liebevoller Partner sein können? Mit anderen Worten: Ist Ihr Selbstvertrauen groß genug, um als *ebenbürtiger* Partner in eine Beziehung hineinzugehen? Dieses Gefühl, jemand zu sein, der grundsätzlich gleichberechtigt ist, ist ein notwendiger Bestandteil dafür, dass jedwede zukünftige Beziehung erfolgreich und gesund verläuft.

Ihre Bereitschaft für eine neue Beziehung zeigt sich auch darin, wie gut Sie gelernt haben, mit den schwierigen Aspekten in Ihrem Leben nach den Misshandlungen umzugehen. Wie kommen Sie inzwischen mit Depressionen, Ängsten, dem Vertrauen in andere, Wut und Problemen mit Alkohol oder anderen Drogen zurecht? Nach dem, was Sie durchgemacht haben, wäre es ungerecht sich selbst (und Ihrem Partner) gegenüber, wütend, depressiv oder abhängig eine neue Beziehung aufzunehmen. Wenn es eine Chance auf einen neuen engen Partner in Ihrem Leben gibt, sollten Sie beide bereit sein, es langsam anzugehen und zu warten, bis Sie sich wieder unversehrt fühlen und wirklich für das Geben und Nehmen bereit sind, das eine erfolgreiche Beziehung erfordert.

Neue Beziehungen können aufregend und beglückend sein. Sie können jedoch auch anstrengend sein. Jede Lebensveränderung, ob gut oder schlecht, bringt in gewissem Maß Stress mit sich. Stellen Sie sicher, dass Sie die anderen Belastungen in Ihrem Leben in einem vernünftigen Maße bewältigen können, bevor Sie eine neue Beziehung beginnen. Das Letzte, was Sie wollen, ist der Beginn einer neuen Beziehung zu einem Zeitpunkt, an dem andere Dinge Sie vollkommen überwältigen. Jede gute Beziehung erfordert Zeit, Energie und Arbeit.

Falls Ihr früherer Partner Sie sexuell missbraucht hat, müssen Sie auch diesen Teil des Traumas verarbeiten, bevor Sie mit einem neuen Partner intim werden können. Vielleicht ist es Ihnen schon gelungen, dies auf sich gestellt zu tun; vielleicht benötigen Sie die Hilfe eines professionellen Therapeuten. So oder so: Wenn Sie mit Ihrem nächsten Partner intim werden, sollten sowohl die körperliche Begegnung als auch die Aussicht darauf in Ihnen Gefühle von angenehmer Lust und Liebe wecken. Sie sollten keine Angst oder Scham hervorrufen, und Sie sollten sich davon nicht überwältigt fühlen.

Einige Misshandlungsopfer erleben den Beginn einer neuen Beziehung aufgrund ihrer traumatischen Erfahrungen als beängstigendes Wagnis. Lassen Sie sich von niemandem drängen, etwas zu tun, bevor Sie dazu bereit sind. Zum rechten Zeitpunkt werden Sie in der Lage sein, sich zu behaupten und sich die Zeit zu nehmen, die Sie brauchen, um einen neuen Partner zu erkunden und eine neue, gesunde Beziehung aufzubauen.

Neue Beziehung – neuer Anfang

Es wird einen Punkt geben, an dem Sie sich langsam auf eine neue gesunde, enge Beziehung freuen können. Gleichzeitig werden Sie dann vielleicht immer noch eine sehr gegenwärtige Angst verspüren, dieses Risiko einzugehen. Es gibt unzählige gute Gründe für Ihre Angst und Ihr Zögern. Mehr als alles andere fürchten Sie sich wahrscheinlich davor, wieder an einen Partner zu geraten, der Sie misshandelt. Diese Sorge ist vollkommen normal. Aber wenn Sie die neue Beziehung mit Vorsicht und mit der Weisheit angehen, die aus Ihren Erfahrungen hervorgeht, wird Ihre Angst Platz machen für eine gesunde Verbindung mit einem liebevollen Partner. Es wird nicht über Nacht passieren, aber es *wird* mit der Zeit so kommen.

Selbsterkundungsübung

Wonach suchen – was vermeiden?
Die Leichtigkeit, mit der es Ihnen gelingt, diese Übung durchzuarbeiten, kann Ihnen einen Hinweis liefern, wie es um Ihre Bereitschaft für eine neue Beziehung steht.

A. Zählen Sie fünf Eigenschaften auf, auf denen Sie bei einem neuen Partner auf jeden Fall bestehen werden (z. B. Respekt für meine Gefühle oder Sanftmut). Diese sind nicht verhandelbar.

Eigenschaften, auf denen ich bestehen werde:

1. ______________________________

2. ______________________________

3. ______________________________

4. ______________________________

5. ______________________________

B. Nennen Sie fünf Eigenschaften, die Sie bei der Wahl eines neuen Partners bewusst vermeiden werden (z. B. eine übermäßig kritische Einstellung mir gegenüber oder es zu schnell angehen lassen). Diese sind inakzeptabel.

Eigenschaften, die ich nicht akzeptieren werde:

1. ______________________________

2. ______________________________

3. ______________________________

4. ______________________________

5. ______________________________

C. Nennen Sie fünf „Alarmzeichen“, von denen Sie meinen, dass Sie daran in Ihrem persönlichen Fall am besten erkennen könnten, dass Sie entweder besonders vorsichtig mit einer neuen Beziehung umgehen müssen oder sich vollkommen von ihr lösen müssen (z. B. Eifersucht, Isolation von anderen Menschen).

Meine „Alarmzeichen“ für potenzielle Misshandlungen:

1. ______________________________

2. ______________________________

3. ______________________________

4. ______________________________

5. ______________________________

Teil IV
Anhang

Beratungsangebote und Kontaktadressen für Opfer häuslicher Gewalt

Deutschland

Berliner Interventionszentrale bei häuslicher Gewalt BIG e.V.
Durlacher Straße 11 a, 10715 Berlin
http://www.big-berlin.info
Zentrale Notruf-Nummer: Tel.: 030/6110300 (täglich von 8–23 Uhr)
Bei Bedarf mehrsprachige Beratung.

Bundesverband Frauenberatungsstellen und Frauennotrufe
Frauen gegen Gewalt e.V.
Petersburger Straße 94, 10247 Berlin
Tel.: 030/322 995 00
http://www.frauen-gegen-gewalt.de/de
Die Internetseite bietet eine Suchfunktion, mit der Sie Hilfseinrichtungen in Ihrer Nähe finden können, außerdem eine Linksammlung zu vielen weiteren Vereinen, Verbänden und Behörden, die Beratung und Schutz bei häuslicher Gewalt bieten.

Frauenhauskoordinierung e.V.
Tucholskystraße 11, 10117 Berlin
Tel.: 030/338 43 42-0
http://www.frauenhauskoordinierung.de
Die Frauenhaussuche auf dieser Internetseite bietet gewaltbetroffenen Frauen die Möglichkeit, per Telefon oder per E-Mail kurzfristig Kontakt zu den nahezu 400 Frauenhäusern in Deutschland aufzunehmen.

Weißer Ring e.V. – Verein zur Unterstützung von Kriminalitätsopfern und Verhütung von Straftaten
Bundesgeschäftsstelle
Weberstraße 16, 55130 Mainz
Opfer-Telefon 116 006
http://www.weisser-ring.de

Maneo – Überfalltelefon für Schwule und Bisexuelle
Maneo c/o Mann-O-Meter e.V.
Bülowstraße 106, 10783 Berlin
Tel.: 030/216 33 36 (täglich 17–19 Uhr)
Fax: 030/236 381 42
http://www.maneo.de
Hier finden Sie neben Beratungs- und Vermittlungsleistungen auch eine Liste mit weiteren Notfalladressen für verschiedene Opfergruppen in Berlin und anderen deutschen Städten.

Beratungsstellen der Polizei
Fast alle Polizeidienststellen vor Ort haben Beratungsangebote und auf häusliche Gewalt spezialisierte Kontaktstellen. Eine Suchmaschine für solche Angebote finden Sie auf der Internetseite http://www.polizei-beratung.de. Unter „Opferinformationen" finden Sie hier auch Erläuterungen zum Ablauf von Strafverfahren etc. Unter http://www.polizei.de finden Sie Links zu den Internetseiten von Polizeidienststellen Ihres Bundeslandes. Meistens gibt es dort auch Informationen, an wen Sie sich vor Ort wenden können, um Hilfe zu erhalten. In einer akuten Notfallsituation wählen Sie immer den kostenlosen Notruf 110!

Österreich

Interventionsstelle gegen Gewalt in der Familie
In mehreren Bundesländern gibt es Interventions- oder Gewaltschutzstellen, an die sich Betroffene von häuslicher Gewalt wenden können. Die vor Ort zuständige Stelle mit Kontaktadresse und Telefonnummer findet man auf der Internetseite http://www.gewaltschutzzentrum.at

Autonomes Frauenzentrum
Starhembergstraße 10, 4020 Linz
Notruf-Tel.: 0732/60 22 00
http://www.frauenzentrum.at

Weißer Ring Opfernotruf
Alserbachstraße 18, 1090 Wien
Notruf-Tel.: 0800/112 112
http://www.opfer-notruf.at

Informationsstelle gegen Gewalt des Vereins autonomer österreichischer Frauenhäuser
Bacherplatz 10/4, 1050 Wien
Tel.: 01/544 08 20
http://www.aoef.at
Die Informationsstelle gegen Gewalt ist eine österreichweit tätige Einrichtung, die Aktivitäten zur Prävention von Gewalt an Frauen und Kindern in der Familie ausübt.

Verein „MANNS-BILDER"
Beratung und Hilfe für Männer
Männerberatung Innsbruck
Anichstraße 11/1, 6020 Innsbruck
Tel.: 0512/57 66 44
http://www.mannsbilder.at

Schweiz

DAO – Dachorganisation der Frauenhäuser der Schweiz und Liechtenstein
Postfach 1357, 8031 Zürich
Tel.: 077 535 56 25
http://www.frauenhaus-schweiz.ch
Auf der Internetseite gibt es Informationen über Schweizer Frauenhäuser, Kontaktadressen und Telefonnummern sowie einen Online-Belegungsplan, aus dem ersichtlich ist, wo Plätze frei sind.

BIF – Beratungsstelle für Frauen gegen Gewalt in Ehe und Partnerschaft
Postfach, 8036 Zürich
Tel.: 044 278 99 99
http://www.bif-frauenberatung.ch

Frauen-Nottelefon Winterthur
Opferhilfe für Frauen · gegen Gewalt
Technikumstraße 38, 8401 Winterthur
Not-Tel.: 052 213 61 61
http://www.frauennottelefon.ch
Auf der Internetseite gibt es auch eine umfangreiche Liste vieler Organisationen und örtlicher Beratungsstellen zum Thema häusliche Gewalt.

Männer plus
Beratung für gewaltbetroffene Jungen und Männer
Steinenring 53, 4051 Basel
Tel.: 061 205 09 10
http://www.opferhilfe-beiderbasel.ch

Schweizerische Verbindungsstellen-Konferenz Opferhilfegesetz (SVK OHG)
Tel.: 031 320 29 97
http://www.opferhilfe-schweiz.ch
Nach dem schweizerischen Opferhilfegesetz bekommen Opfer von Gewalttaten kostenlose Beratung, Information und Begleitung durch eine anerkannte Opferberatungsstelle. Auf der Internetseite finden Sie weitere Informationen über Ihre Rechte sowie Kontaktadressen und Telefonnummern bei Ihnen vor Ort.

Die Autoren

Meg Kennedy Dugan, MA, ist Geschäftsführerin von *Voices Against Violence*, einem Krisenzentrum in Plymouth, New Hampshire. Sie gehört dem örtlichen Krisenteam gegen sexuelle Gewalt (SART) an und ist Vorstandsmitglied des *New Hampshire Violence Against Women Campus Consortium*, einer Vereinigung, die Gewalt gegen Frauen an Universitäten und anderen Bildungseinrichtungen bekämpft. Seit über 17 Jahren arbeitet sie mit Überlebenden häuslicher und sexueller Gewalt sowie Stalking-Opfern.

Roger R. Hock, PhD, ist Professor für Psychologie und Sexualwissenschaft am Mendocino College im Norden Kaliforniens. Er ist Autor der Bücher *Forty Studies that Changed Psychology: Explorations into the History of Psychological Research* (7. Auflage 2012, Pearson) und *Human Sexuality* (5. Auflage 2016, Pearson). Seinen PhD erwarb er an der University of California in San Diego.

Sachwortverzeichnis

D

L